# 审计教学案例精选

## The Case of Audit Teaching

李晓慧　郑海英 主编

图书在版编目（CIP）数据

审计教学案例精选/李晓慧，郑海英主编．—北京：北京大学出版社，2018.9
（财经类专业硕士教学案例丛书）
ISBN 978-7-301-29841-1

Ⅰ．①审… Ⅱ．①李… ②郑… Ⅲ．①审计学—研究生—教案（教育）—汇编 Ⅳ．①F239.0

中国版本图书馆 CIP 数据核字（2018）第 199079 号

| | |
|---|---|
| 书　　　名 | 审计教学案例精选<br>SHENJI JIAOXUE ANLI JINGXUAN |
| 著作责任者 | 李晓慧　郑海英　主编 |
| 责 任 编 辑 | 黄炜婷 |
| 标 准 书 号 | ISBN 978-7-301-29841-1 |
| 出 版 发 行 | 北京大学出版社 |
| 地　　　址 | 北京市海淀区成府路 205 号　100871 |
| 网　　　址 | http://www.pup.cn |
| 微信公众号 | 北京大学经管书苑（pupembook） |
| 电子信箱 | em@pup.cn　QQ：552063295 |
| 电　　　话 | 邮购部 010-62752015　发行部 010-62750672　编辑部 010-62752926 |
| 印 刷 者 | 三河市北燕印装有限公司 |
| 经 销 者 | 新华书店 |
| | 730 毫米×1020 毫米　16 开本　22.5 印张　345 千字<br>2018 年 9 月第 1 版　2018 年 9 月第 1 次印刷 |
| 定　　　价 | 49.00 元 |

未经许可，不得以任何方式复制或抄袭本书之部分或全部内容。
**版权所有，侵权必究**
举报电话：010-62752024　电子信箱：fd@pup.pku.edu.cn
图书如有印装质量问题，请与出版部联系，电话：010-62756370

## 编委会
(按姓氏笔画排序)

| | | | |
|---|---|---|---|
| 马海涛 | 王瑞华 | 尹　飞 | 白彦锋 |
| 朱建明 | 李建军 | 李晓林 | 辛自强 |
| 张学勇 | 赵景华 | 袁　淳 | 唐宜红 |
| 殷先军 | 戴宏伟 | | |

# 总　序

中国改革开放四十年来尤其是党的十八大以来,经济社会发展取得了举世瞩目的成就,党和国家事业发生历史性变革,中国人民向着决胜全面建成小康社会,实现中华民族伟大复兴的宏伟目标奋勇前进。党的十九大报告指出"建设教育强国是中华民族伟大复兴的基础工程,必须把教育事业放在优先位置",要"加快一流大学和一流学科建设,实现高等教育内涵式发展"。

实现高等教育内涵式发展,研究生教育是不可或缺的重要部分。2013年,教育部、国家发展改革委、财政部联合发布《关于深化研究生教育改革的意见》,明确提出研究生教育的根本任务是"立德树人",要以"提高质量、满足需求"为主线,以"分类推进培养模式改革、统筹构建质量保障体系"为着力点,更加突出"服务经济社会发展""创新精神和实践能力培养""科教结合、产学结合"和"对外开放"。这为研究生教育改革指明了方向,也势必对专业学位研究生教育产生深远影响。

深化研究生教育改革,要重视发挥课程教学在研究生培养中的作用,而高水平教材建设是开展高水平课程教学的基础。2014年教育部发布《关于改进和加强研究生课程建设的意见》,2016年中共中央办公厅、国务院办公厅发布《关于加强和改进新形势下大中小学教材建设的意见》,2017年国务院成立国家教材委员会,进一步明确了教材建设事关未来的战略工程、基础工程的重要地位。

中央财经大学历来重视教材建设,推进专业学位研究生教学案例集的建设是中央财经大学深化专业学位研究生教育改革、加强研究生教材建设的重要内容之一。从2009年起,中央财经大学实施《研究生培养机制综合改革方案》,提出了加强研究生教材体系建设的改革目标,并先后组织了多批次研究生精品教材和案例集建设工作,逐步形成了以"研究生精品教材系列""专业学位研究生教学案例集系列""博士生专业前沿文献导读系列"为代表的具有中央财经大学特色的研究生教材体系。其中,首批九部专业学位研究生教学案例集已于2014年前后相继出版。

呈现在读者面前的财经类专业硕士教学案例丛书由多部精品案例集组成,涉及经济学、管理学、法学三个学科门类,所对应课程均为中央财经大学各专业学位研究生培养方案中的核心课程,由教学经验丰富的一线教师组织编写。编者中既有国家级教学名师等称号的获得者,也不乏在全国百篇优秀案例评选中屡获佳绩的中青年学者。本系列丛书以"立足中国,放眼世界"的眼光和格局,本着扎根中国大地办大学的教育理念,突破案例来源的限制,突出"全球视角、本土方案",在借鉴国外优秀案例的同时,加大对本土案例的开发力度,力求通过相关案例的讨论引导研究生思考全球化带来的影响,培养和拓宽其国际视野。

财经类专业硕士教学案例丛书的出版得到了"中央高校建设世界一流大学(学科)和特色发展引导专项资金"的支持。我们希望本套丛书的出版能够为相关课程开展案例教学提供基础素材,并启发研究生围绕案例展开讨论,提高其运用理论知识解决实际问题的能力,进而帮助其完成知识构建与知识创造。

编写面向专业学位研究生的教学案例集,我们还处在尝试阶段,虽力求完善,但难免存在这样那样的不足,恳请广大同行和读者批评指正。

财经类专业硕士教学案例丛书编委会
2018年8月于北京

# 前　言

随着会计专业硕士和会计人才培养的创新与发展,我们在会计专业硕士和审计专业硕士的培养过程中,尝试编写较为实用和规范的教学案例并出版了《审计专题教学案例精选(第一辑)》,受到全国同行以及会计专业硕士、审计专业硕士的好评。为此,在《审计专题教学案例精选(第一辑)》的基础上,我们依据研究生层次讲授审计专题的逻辑体系要求,从风险导向审计、内部控制、公司治理与内部审计、公共部门与政府审计以及会计师事务所管理四个模块中精心选取十二个案例进行研究。案例正文部分强调事实与时间的逻辑顺序,侧重故事性与事实资料;案例使用说明部分侧重于与案例相关的政策、法规、理论和知识的描述,引导学员分析和讨论案例,以此构建相关知识体系和理论框架并升华案例本身。在使用本案例集时,不同的人可以采用不同的方案。

其一,对于系统学习会计、审计专业的学员,完整的案例及其分析可以让学员从生动的事例中形象地理解审计基础理论和审计知识体系,利用规范的教学案例教会学员针对当前经济生活中的典型事件收集资料、梳理案例、讨论案例。为此,在学习"高级审计理论与实务研究""审计专题研究""会计师事务所管理"等专业课程的过程中,本案例集能够起到抛砖引玉的作用,虽然录入的案例是昨日的故事,但学员可以结合当下经济生活中出现的新问题和事例,参考和模仿已有案例的选择思路、资料的收集方式、逻辑的构建方法、理论的切入角度,动手择取最近发生的事例并予以整理、编写和讨论。这样,学员就能在"干中学"的过程中主动收获审计知识,并把知识转化为能力。

其二,对于讲授审计专题的教师,在会计专业硕士、审计专业硕士的培养中,合理运用案例教学形式,改革课堂教学方式和方法,既可以根据所讲授的专题内容选择不同的案例以丰富授课内容、增强课堂活力,也可以基于案例资料,从其他层面引导学员分析相关专题内容。"案例使用说明"仅仅是编写者分析问题的一个角度,所有案例都可以由授课教师根据自己的理解从不同角度进行分析和运用。

其三,对于身处各行各业的企业管理者,本案例集可以引领他们从烦琐的事务中跳出来,理性地将身边发生的事情与基础理论和政策规定相联系,提升决策能力和管理能力。

为此,《审计教学案例精选》的特征有:一是案例的典型性与理论知识结合紧密;二是行文的逻辑性可提升阅读者的审计思维和逻辑推理能力;三是知识的通透性升华了案例故事本身,赋予人们对常见现象的理性认知高度。

很多案例本身在社会上存在较广泛的争论,成为我们收集教学案例的源泉,衷心感谢提供资料来源和出处的所有朋友,衷心感谢中央财经大学研究生部、中央财经大学会计学院为教学研究团队提供机会,衷心感谢编辑们的辛苦付出。

李晓慧

2018 年 8 月 16 日

# 目录

## Contents

### 风险导向审计

獐子岛：生物资产审计 …………………………………… 李晓慧   003

挂牌公司与上市公司：关联交易与审计关注 ……………… 吕广原   036

ABC自动化公司：挂牌审计的风险控制 …………………… 刘超铭   062

### 内部控制、公司治理与内部审计

W中学内部控制信息公开流程再造 ………………………… 王春莲   103

泸州老窖：存款失踪背后的内部控制及其整改 …………… 郑海英   129

贵糖股份：内部控制重大缺陷及其认定 …………………… 郑海英   150

### 公共部门与政府审计

华西区审计局：审计外包业务的质量管理 ………………… 殷   浩   191

A单位：政府采购审计的实施与问题 ……………………… 张   阔   222

水污染防治专项资金审计：打酱油的钱能否买醋 ………… 李晓慧   252

### 会计师事务所管理

绿大地：会计师事务所变更 ………………………………… 曹   强   275

A会计师事务所：员工激励机制改善 …………… 张樱川   申   君   291

Z会计师事务所：员工绩效评价体系构建 ………………… 肖   红   331

# 风险导向审计

# 獐子岛：生物资产审计[①]

李晓慧

**摘　要**：2014年10月，獐子岛发布公告称，因遭遇异常"冷水团"，在黄海北部区域，公司拥有的100多万亩虾夷扇贝绝收，对该部分存货的核销处理影响净利润达7.63万元，使得公司业绩从预计盈利转为亏损约8.12亿元。在人们的一片质疑声中，大华会计师事务所对此发表了无保留意见内部控制审计报告。针对上述事件引发的如何盘点和监管生物资产的关注，引导学员进一步思考如何控制生物资产减值审计风险。

**关键词**：生物资产审计　　减值损失

## 一、公司概况

獐子岛集团股份有限公司（股票代码002069，简称"獐子岛"）由"大连獐子岛渔业集团有限公司"改制改名而来，2006年9月28日，獐子岛在深交所上市，是以海洋水产业为主，集海珍品育苗、养殖、加工、贸易、冻鲜品冷藏物流、客运、休闲渔业于一体的大型综合性海洋食品企业。

作为农业产业化国家重点龙头企业，獐子岛在黄海北部拥有2 000余平方

---

[①] 本案例中的计量单位与公司财务报告保持一致。

公里远离大陆的国家一类清洁海域——亚洲最大的现代海洋牧场，依托北纬39°地域的资源优势，在国内最大的海珍品养殖基地、国家级虾夷扇贝原良种场的基础上，形成以虾夷扇贝、海参、鲍鱼、海胆、海螺等海珍品为主要产品的完整产业链，并建立了全程质量管控可追溯体系，坚持以HACCP、BRC标准检验并通过国际MSC渔场认证，与世界权威检测机构SGS联合成立食品检测实验室，确保食品"从产地到餐桌"的安全。獐子岛的海参、鲍鱼、扇贝被国家质监总局认定为"国家地理标志保护产品"，虾夷扇贝获得中国食品行业首个碳标识认证。

# 二、公司生物资产盘点等制度

## （一）存货明细情况

公司截至 2014 年 12 月 31 日的存货账面价值合计 17.07 亿元，其中消耗性生物资产账面价值为 10.77 亿元，占比 63.10%。存货及消耗性生物资产明细如表 1 及表 2 所示。

表 1　2014 年年末存货明细　　　　　　　　　　单位：万元

| 项目 | 账面余额 | 跌价准备 | 账面价值 |
| --- | --- | --- | --- |
| 消耗性生物资产 | 110 328.71 | 2 631.42 | 107 697.29 |
| 库存商品 | 51 288.80 | 3 612.20 | 47 676.60 |
| 原材料 | 12 578.71 | 0.58 | 12 578.13 |
| 周转材料 | 2 524.43 | — | 2 524.43 |
| 委托加工物资 | 173.89 | — | 173.89 |
| 在产品 | 25.22 | — | 25.22 |
| 合计 | 176 919.76 | 6 244.20 | 170 675.56 |

## （二）存货盘点制度

公司存货实行永续盘存制度，于每年年末进行财产清查盘点工作，盘点范围包括原材料、库存商品、周转材料、在产品以及消耗性生物资产等全部存货。其中，原材料、库存商品、周转材料等存货的盘点方法与工业企业相同，实行全面盘点。

表 2　2014 年年末消耗性生物资产账面余额

单位：万元

| 品种 | 合计 | 苗种费 | 海域使用金 | 资本化利息 | 运费 | 工资薪酬 | 饵料费 | 浮筏摊销 | 其他 |
|---|---|---|---|---|---|---|---|---|---|
| 合计 | 110 328.71 | 88 063.10 | 8 954.45 | 3 792.13 | 3 513.17 | 1 598.47 | 1 377.31 | 825.78 | 2 204.30 |
| 一、水产育苗业 | 876.94 | 221.40 | 14.52 | | | 297.72 | 27.80 | 39.61 | 275.89 |
| 虾夷扇贝苗 | 188.35 | 8.79 | | | 1.22 | 79.86 | | 1.88 | 96.60 |
| 海参苗 | 209.86 | 136.84 | | | 0.11 | | | 24.36 | 48.55 |
| 鲍鱼苗 | 215.90 | 29.58 | | | 1.87 | 72.80 | 27.80 | 0.27 | 83.58 |
| 海湾扇贝苗 | 17.41 | 6.90 | | | 1.33 | 7.64 | | | 1.54 |
| 真海鞘苗 | 61.43 | | | | 0.26 | 16.28 | | 35.68 | 9.21 |
| 魁蚶苗 | 120.46 | 37.49 | | | 8.33 | 52.62 | | 1.74 | 20.28 |
| 贻贝苗 | 63.53 | 1.80 | | | 1.40 | 44.16 | | 0.04 | 16.13 |
| 二、水产养殖业 | 109 451.77 | 87 841.70 | 8 954.45 | 3 792.13 | 3 498.65 | 1 300.75 | 1 349.51 | 786.17 | 1 928.41 |
| 1. 浮筏养殖 | 8 738.72 | 3 766.52 | 95.47 | | 224.51 | 886.82 | 1 349.51 | 774.62 | 1 641.27 |
| 虾夷扇贝 | 1 778.29 | 1 465.65 | 2.93 | | 0.01 | 204.58 | | 31.81 | 73.31 |
| 鲍鱼 | 4 741.39 | 1 647.45 | 5.84 | | 223.26 | 588.17 | 1 349.51 | 484.53 | 442.63 |
| 海胆 | 2.50 | 2.50 | | | | | | | |
| 牡蛎 | 911.77 | 412.65 | | | 1.24 | 12.01 | | 29.67 | 456.20 |
| 魁蚶 | 134.30 | 41.76 | | | 0.03 | | | 21.42 | 68.09 |
| 真海带菜 | 160.01 | 101.51 | 3.04 | | | | | 23.89 | 31.57 |
| 2. 底播增殖 | 1 010.46 | 95.00 | 83.63 | | | 79.06 | | 183.30 | 569.47 |
| 虾夷扇贝 | 99 214.65 | 82 671.76 | 8 847.68 | 3 724.61 | 3 273.61 | | | 413.93 | 283.06 |
| 海参 | 83 098.49 | 68 685.74 | 7 911.62 | 2 659.10 | 3 161.08 | | | 413.93 | 267.02 |
| 鲍鱼 | 8 805.51 | 7 650.48 | 549.19 | 600.08 | 112.53 | | | | 5.76 |
| 魁蚶 | 3 055.23 | 2 779.90 | 72.13 | 80.39 | | 12.01 | | | 10.28 |
| 海螺 | 4 245.78 | 3 546.00 | 314.74 | 385.04 | | | | | |
| 3. 围堰养殖 | 9.64 | 9.64 | | | | | | | |
| 海参 | 1 498.40 | 1 403.42 | 11.30 | 67.52 | 0.53 | | | 11.55 | 4.08 |
| | 1 498.40 | 1 403.42 | 11.30 | 67.52 | 0.53 | | | 11.55 | 4.08 |

考虑到生物特殊性,公司消耗性生物资产的盘点一般采用抽盘的方式,具体如下:

1. 消耗性生物资产——浮筏养殖产品

公司的浮筏养殖产品包括浮筏鲍鱼、虾夷扇贝、牡蛎等。浮筏养殖产品对每个笼吊按标准投苗,根据季节进行分苗。日常根据长势情况,对产品进行规格分选。年末盘点时,抽取一定数量的养殖笼吊进行清点,确定每吊养殖的数量、重量、规格,再根据同类产品总挂养的笼吊数,测算出该品种的在养存量。

2. 消耗性生物资产——底播养殖产品

海域划分:内区(潜水员采捕区域)为养殖虾夷扇贝、海参、鲍鱼等多品种的养殖区域;外区(拖网采捕区)为以虾夷扇贝为主的养殖区域。当年新增的底播虾夷扇贝、海参等,由于底播时间为临近年末的 11 月或 12 月,因此利用投苗记录作为盘点数量,不再进行实物盘点。

内区盘点方法:确定每个抽点面积,到达指定区域,潜水员将该点位的盘点产品全部采捕上来,进行数量、重量、规格测量清点,并据此测算各调查海域的存量。

外区盘点方法:主要为底播虾夷扇贝,采用科研船上的水下摄像系统进行视频观测,观测宽度为 0.5—0.6 米,观测距离为 100—400 米,每个抽样点的观测面积为 50—240 平方米,根据视频观测和计量数量,统计出该区域内的虾夷扇贝数量;各年份扇贝使用底栖贝类采集器随机取样,将抽样点内的产品采捕上来,进行虾夷扇贝个体重量的测量、称重,根据采捕上来的虾夷扇贝个体平均重量以及水下摄像系统观测的计数,计算出抽样点区域的存量,再据此测算各底播海域同类虾夷扇贝存量。

### (三)存货成本结转制度和具体结转方法

消耗性生物资产捕捞、销售时的具体分摊结转方法如下:

1. 消耗性生物资产——自育苗种

当自育苗种转为浮筏或底播养殖时,若实际单位成本低于市场同类产品价格,则按照实际成本结转至浮筏或底播养殖成本;若实际单位成本高于市场同类产品价格,则按照市场价格结转至浮筏或底播养殖成本,高于市场价格的差额直接计入育苗业当期损益。对外销售苗种,按实际成本结转至主营业务成本。

2. 消耗性生物资产——底播养殖产品

底播养殖产品在收获期进行采捕、销售时,根据捕捞面积与养殖面积的比例计算应转账面存货成本,采捕费、看护费直接计入当期收获产品成本。凡到收获期的底播养殖产品,根据公司的采捕计划安排。若在该收获年度全部捕捞完毕,其成本全部结转完毕,则该底播养殖产品成本年末无余额。若因底播养殖产品的生长情况、市场需求等当期没有全部捕捞完毕的,年末则会根据尚未收获的养殖面积留存一定数额的存货成本。

3. 消耗性生物资产——浮筏养殖产品

浮筏养殖产品在收获时按照蓄积量比例法计算应结转账面存货成本。已结转的账面存货成本再按照实际对外销售数量与用于内部加工数量占收获总量的比例,在主营业务成本与加工存货成本之间进行分配。

### (四) 消耗性生物资产计提存货跌价准备

报告期末,公司按照消耗性生物资产的品种类别、养殖年度分别测算可变现净值。

具体测算过程为:

某类在养产品的可变现净值 = 该类产品的预计销售价格 × 年末实有存量 - 继续养殖费用 - 销售费用等预计费用

具体测算依据为:

1. 预计销售价格的确定

公司主要养殖品种虾夷扇贝、海参、鲍鱼、海螺、牡蛎等产品的预计销售价格,由于市场需求旺盛、价格稳定,因此根据该产品年末对外销售价格或最近销售价格确定。养殖新品种,在尚未大量上市销售、没有稳定销售价格参照的情况下,按照意向销售区域的市场价格较低值作为预计销售价格的确定的参照。

2. 年末实有存量的确定

年末在养产品的实有存量,以年末存货盘点数量为依据,考虑自然生长及成活率等因素进行调整确定。

已到收获期的底播在养产品,按年末抽查盘点的平均亩产及期末在养面积直接测算;未到收获期的底播在养产品,按年末抽查盘点的数量及到采捕期时的预计成活率,测算单位亩产数量,再根据到采捕期时的预计单位体重测算平均亩产,乘以期末在养面积测算出年末实有存量。

已到收获期的浮筏养殖在养产品,年末在测算实有存量时,按照年末抽查盘点养殖笼吊的平均量及期末总挂养的笼吊数直接测算出年末实有存量;若未到收获期,则依据年末抽盘的养殖笼吊的平均存量数乘以在养的笼吊数,测算出在养的年末数量,再以年末数量乘以到收获期时的成活率及平均体重,测算出年末实有存量。

3. 继续养殖费用的确定

底播在养产品的继续养殖费用包括海域使用金、借款的资本化利息、运费、暂养费用、看护费、采捕费等。其中,海域使用金以底播亩数和每亩海域使用金标准测算;借款利息资本化按占用资金和利率测算(已到收获期的底播产品不再承担利息);运费是用活水运输船把产品从养殖基地运输到活品暂养基地发生的费用;活品暂养费用为分拣、暂养产品的费用。运费及活品暂养基地费用参照本年及以前年度该项费用的实际发生额占采捕重量的比例及预计采捕重量测算。

浮筏养殖产品的继续养殖费用包括浮筏摊销、养殖期内发生的职工薪酬、能源成本、海域使用金、资本化利息等。鲍鱼养殖还要考虑饵料费用。

4. 销售费用的确定

根据公司本年及以前年度实际发生的销售费用占销售收入的比例和预计销售收入测算。

综上,报告期末,公司主要养殖产品市场需求旺盛、销售价格稳定,在测算消耗性生物资产可变现净值时,根据该产品年末对外销售价格或最近销售价格确定。对于养殖新品种,在未大量上市销售、没有稳定销售价格参照的情况下,按照意向销售区域的市场价格较低值作为预计销售价格的确定的参照。

(五) 生物资产监测情况

公司对存货中的消耗性生物资产实施监测,虾夷扇贝是主要的增殖品种。

截至 2013 年年末,底播虾夷扇贝占消耗性生物资产的比例为 83.38% 以上。虾夷扇贝的主要生产过程包括"人工陆地育苗—海上苗种中间育成—海域底播养成"几个主要阶段,相应的监测过程如下:

1. 人工陆地育苗阶段

该阶段的主要监测制度有《虾夷扇贝苗种出库定量操作指导书》,监测时间是在贝苗出库阶段(贝苗大小达到 500—800 微米),大概在每年 3、4 月份;由技术人员按照指导书的抽样标准抽样计数,算出相应的密度,然后根据规模算出总出库苗量并记录。

2. 海上苗种中间育成阶段

出库的扇贝幼苗在特定的海区进行中间育成,此阶段有两个主要过程:一是将出库的一级苗在网袋内养至 3 毫米左右的二级苗,二是将二级苗在网笼内养至 3 厘米左右的三级苗。

该阶段的监测制度有《虾夷扇贝苗种和浮筏养成品种管理规定》和《虾夷扇贝三级苗采购操作指导书》,大概在每年的 5、6 月份进行倒笼,10、11 月份收获,期间每月进行调查测量,由技术人员依据指导书进行测量并记录。

3. 海域底播养成阶段

每年 10 月起将三级苗底播在指定海域进行增殖直至收获。该阶段的监测制度主要有《虾夷扇贝存量抽查管理规定》,监测时间每年两个周期,分别在 4 月、5 月和 9 月、10 月,由海洋生物技术研发中心技术人员依据规定采取拖网与视频结合的方式,对相应底播海域虾夷扇贝的生长情况进行统计并记录。

# 三、2014 年随风而去的扇贝以及人们的质疑

## (一)2014 年随风而去的扇贝

2014 年 10 月 31 日,獐子岛突然发布公告称,在 2014 年 9 月 15 日至 10 月 12 日按照制度进行秋季底播虾夷扇贝存量抽测时,发现部分海域的底播虾夷扇贝存货出现异常。

根据抽测结果,獐子岛决定放弃对 73 461.93 万元的底播虾夷扇贝存货的

本轮采捕,进行核销处理,对 30 060.15 万元的底播虾夷扇贝存货计提跌价准备 28 305 万元,合计影响净利润达 7.63 亿元。

受此影响,獐子岛 2014 年前三个季度的业绩也"大变脸",由上半年的盈利 4 845 万元转而变为亏损约 8.12 亿元。

2015 年 2 月 27 日的晚间公告表示,2014 年度归属于上市公司股东的净利润为 −1 155 570 314.77 元,上年同期为 96 942 753.45 元,同比降 1 292.01%;2014 年度基本每股收益为 −1.63 元,上年同期为 0.14 元,同比降 1 264.29%。报告期内,公司净利润亏损 11.56 亿元主要是 2014 年度受底播虾夷扇贝遭受重大灾害损失、鲍鱼行业持续低迷、转型升级成本增加等因素的影响。

## (二)智能化系统和 24 小时监控都去哪了

早在 2013 年 1 月,獐子岛就与大连华信计算机技术股份有限公司签署了海洋牧场智能化管理系统协议,该系统涵盖育苗过程管理、养殖过程管理、海洋环境监测预警、船舶航迹监测和预警、生产过程风险预警、关键指标记录和跟踪、正反向数据追溯体系等各个方面。2013 年 5 月,獐子岛在接受申银万国调研时表示,为了提高精准养殖的能力,公司采取了各种保护措施。獐子岛称,公司对獐子岛海域地质和水文等生物生长环境要素进行了全面勘察。除了与企业合作,在 2012 年年报以及 2013 年半年报、年报中,獐子岛反复强调,公司在獐子岛海域构建了北黄海冷水团监测潜标网,对底层水温变化实施了 24 小时不间断监测,提升了海域环境监控能力。

2013 年 8 月,獐子岛在雪球网回答投资者提问时表示,公司底播的虾夷扇贝存活率保持在较高水平,且东北地区的洪水并未对公司海域造成影响。其原话为"公司海域的气温未达到持续高温的标准,且公司以深海野生、底播海参为主,因此情况稳定"。

在 2014 年 7 月最后一次接受机构调研时,獐子岛表示,"根据存量调查,底播虾夷扇贝存活率同比大幅增长"。可见在此之前,獐子岛对外释放的一直是利好消息,公司也对自然灾害做到了实时监控。然而即便如此,公司仍旧遭受"意外灾害"。

## 四、大华会计师事务所对獐子岛存货的监盘

2015年4月28日,针对獐子岛2014年年度报告中列示的各项财务数据,大华会计师事务所出具了标准无保留的审计意见,2014年獐子岛净利润为-11.95亿元。

针对獐子岛存货内部监测制度及其执行情况,大华会计师事务所执行了的核查程序如下:

(1) 了解存货的内部监测制度,查阅獐子岛制定的关于存货内部监测的相关制度,主要为《虾夷扇贝三级苗种育成操作指导书》《虾夷扇贝底播增养殖作业指导书》《虾夷扇贝苗种和浮筏养成品种管理规定》(浮筏)和《虾夷扇贝存量抽查管理规定》(底播)等。

(2) 查阅2011年至2014年的存货监测资料,主要为《苗种调查测量记录表》《底播虾夷扇贝春季、秋季存量调查报告》等。

根据上述核查程序,大华会计师事务所认为獐子岛建立了存货的内部监测制度,未发现在监测时间、监测程序、监测方法等方面未按照相关制度执行的情形。

根据公告,獐子岛于2014年9月15日至10月12日进行了秋季底播虾夷扇贝存量抽测,抽测方法为拖网配合视频。因为受到天气等客观因素的影响,在抽测盘点时,会计师只能选取几个点参加。据公告称,大华会计师监盘日期为10月18日、10月20日、10月25日三天,参加盘点人员有盘点船只的船长及船上作业人员、公司财务人员、会计师事务所监盘人员。对2011年度底播在獐子岛南部及西南方向的76.0834万亩海域,共抽取65个点,总监盘面积为757.90亩;对2012年度底播在獐子岛西部方向的29.575万亩海域,共抽取56个点,总监盘面积为740.49亩。监盘结果如表3所示。

表3  监盘结果

| 底播年度 | 监盘面积<br>(亩) | 平均壳高<br>(公分) | 数量<br>(枚) | 平均重量<br>(克) | 平均亩产<br>(公斤) |
|---|---|---|---|---|---|
| 2011 | 757.90 | 9.20 | 14 667 | 101 | 1.95 |
| 2012 | 740.49 | 9.80 | 12 272 | 141 | 2.34 |

大华会计师事务所分别对2011年和2012年底播苗抽取65个点和56个点进行监盘。在出海盘点前，会计师将预先随机选取的点位分配给各个拖网船，各船船长按照点位将船只开到指定海域，船上工作人员下网，盘点人员在盘点表上记录下网时点和下网经纬度。每个点位根据实际情况，拖网宽度为单个网宽2米，有的船只进行双网捕捞作业（网宽4米）。拖网船只平均以东西1 440米、南北1 850米作为拖网行驶单位距离，平均拖网作业时间为10—20分钟。拖网完成后，盘点人员记录收网时点和收网时经纬度。船上工作人员将网收起，对采捕上来的扇贝进行除杂分拣，盘点人员在分拣过程中测量壳高并计数（因时间较短、采集数量较多，盘点人员无法对采集上来的全部扇贝测量壳高，故随机选取部分扇贝进行测量，取平均壳高），随后装入器皿进行称重。整个计数、测量、称重过程产生的数值，全部由盘点人员记录于盘点表中。监盘人员的主要工作包括观察实际盘点时是否按事先选定的点位下网、起网；对于采捕上的虾夷扇贝的计数、测标、称重是否正确，盘点数据是否正确、完整地记录于盘点表中。海上盘点工作完成以后，拖网船长、公司盘点人员和会计师事务所监盘人员在盘点表上签字确认。其中，抽测面积（6.21亩和2.43亩）分别只占相应底播面积的0.000816%和0.000822%。上年底播扇贝，根据养殖海域水深不同，以不同的采捕方式进行抽点。水深超过20米的养殖区域（占公司目前养殖海域的90%以上）采用拖网采捕盘点的方式（每100亩抽点1亩，抽点比例不低于1%），抽测结果如表4所示。

表4 抽测结果

| 底播年度 | 抽测面积（亩） | 平均壳高（公分） | 数量（枚） | 平均重量（克） | 平均亩产（公斤） |
| --- | --- | --- | --- | --- | --- |
| 2011 | 6.21 | 9.10 | 71 | 96 | 1.10 |
| 2012 | 2.43 | 8.10 | 50 | 104 | 2.14 |

显然，大华会计师事务所抽测样本量太小，不足以说明情况，为此其在专项说明中指出：①大华会计师按照规定执行了监盘工作；②监盘数据与公司存量调查报告基本吻合；③公司关于核销和计提跌价准备的会计处理符合规定。对于当年底播扇贝的监盘，公司在11月进行苗种底播，而12月是盘点月，因底播时间较短、平均个体较小，盘点会导致幼苗受伤或死亡，故以实投数量为盘点数。

## 五、中国证监会对獐子岛存货内部控制的评价

2014年12月4日,中国证监会大连监管局下发的《行政监管措施决定书》,主要包括《关于对獐子岛集团股份有限公司采取责令改正监管措施的决定》(以下简称《责令改正决定》)和《关于对獐子岛集团股份有限公司采取出具警示函措施的决定》(以下简称《警示函》)。决定书指出:

1. 关于《责令改正决定》

(1) 部分事项决策程序不规范。2009年以来,公司每年虾夷扇贝苗种底播计划经总裁办公会批准并以"总裁工作报告"的形式报董事会审议,未以单独议案的形式履行董事会审批程序。上述行为不符合《上市公司治理准则》第四十二条、《上市公司章程指引》第一百零七条等有关规定。

(2) 内部控制制度执行不规范。总裁办公会会议记录不规范,记录内容不详细,缺少参会人员签字;部分可能对公司产生较大影响的经营管理事项缺乏充分论证和可行性研究;部分款项支出未按财务制度规定履行签批程序。上述行为违反《企业内部控制基本规范》第六条等有关规定。

2. 关于《警示函》

(1) 海域收购决策存在瑕疵。公司2013年海域实际使用面积达到338万亩,是2006年上市时的5倍。海域面积扩大与虾夷扇贝苗种底播、海域使用金缴纳等后续支出紧密相关,在此过程中,公司未经充分研究即大幅扩增海域面积,决策过程存在风险隐患。

(2) 深海底播缺乏充分论证。自2010年起,公司底播虾夷扇贝进入45米以上海域,2011年45米以上海域底播面积达68万亩,占当年底播总面积的53.3%,至2012年45米以上海域底播面积近120万亩。在深海底播过程中,公司仅由内部职能部门进行初步调查,借鉴以往的开发经验即做出深海底播决定,未经充分论证和可行性研究,也未进行深海底播实验即大规模投入,存在较大的风险隐患。

(3) 公司深海底播信息披露及风险揭示问题。对于由浅海底播到进入45米以上深海底播的经营环境变化事项,公司仅在定期报告中进行简单披露,未对相关风险进行详细披露及揭示。

# 六、公司对扇贝存货核销及计提存货跌价准备的解释

2014年10月31日,獐子岛发布关于部分海域底播虾夷扇贝存货核销及计提存货跌价准备的公告如下:

**獐子岛集团股份有限公司**
**关于部分海域底播虾夷扇贝存货核销及计提存货跌价准备的公告**

本公司及董事会全体成员保证信息披露的内容真实、准确、完整,没有虚假记载、误导性陈述或重大遗漏。

一、特别风险提示

1. 2014年9月15日至10月12日,公司按制度进行秋季底播虾夷扇贝存量抽测,发现部分海域的底播虾夷扇贝存货异常。根据抽测结果,公司决定对105.64万亩海域、成本为73 461.93万元的底播虾夷扇贝存货放弃本轮采捕,进行核销处理,对43.02万亩海域、成本为30 060.15万元的底播虾夷扇贝存货计提跌价准备28 305万元,扣除递延所得税影响25 441.73万元,合计影响净利润76 325.2万元,全部计入2014年第三季度。公司披露的《2014年三季度报告》已包含本次对部分海域底播虾夷扇贝的存货核销及计提跌价准备对2014年前三季度业绩的影响。结合目前的实际情况,预计公司2014年全年亏损。

2. 为了提高公司风险分散的能力,降低增养殖海珍品客观存在和可能出现的自然灾害造成财产损失的风险,公司与中国人民财产保险股份有限公司于2013年8月7日签订《战略合作协议》,推出以风力指数作为承保理赔依据的创新型保险产品。但是,目前我国农业类相关保险的承保范围非常有限,诸如寒潮、冷水团异常、敌害繁衍等给公司经营造成重大损失的情形,均不在承保范围内。本次受灾海域不在保险范围内。

3. 公司与大华会计师事务所共同对秋季存量抽测发现的底播虾夷扇贝存货异常的海域进行盘点,受涉及海域面积大、存货盘点难度大、天气恶劣等因素影响,公司抽样盘点均匀分布,本次总监盘面积为1 498.39亩,分别为:对2011年度底播在獐子岛南部及西南方向的76.0834万亩海域,利用拖网船(15181

号、15223号、15233号)共抽取65个点,总监盘面积为757.90亩;对2012年度底播在獐子岛西部方向的29.575万亩海域,利用拖网船(15181号、15223号、15233号)共抽取56个点,总监盘面积为740.49亩。公司其他海域存在根据后续的盘点或作业情况进行调整的可能性,敬请投资者注意风险。具体的盘点方法详见公司于10月31日刊登在《证券时报》《中国证券报》及巨潮资讯网(http://www.cninfo.com.cn)上的《关于獐子岛集团股份有限公司部分海域底播虾夷扇贝监盘、核销及计提跌价准备会计处理的专项说明》中的"部分海域底播虾夷扇贝监盘情况(四)具体盘点方法"。

4. 公司正在积极与有关政府部门进行沟通,在深海开发中的灾情损失、灾害区域的海域使用金缴纳标准等方面争取积极支持和优惠政策。由于具体政府补助和优惠政策尚存在一定的不确定性,待获得相关政府文件及款项后,公司将及时履行信息披露义务。敬请投资者注意投资风险。

## 二、释义

……

## 三、概述

(一)基本情况

公司海洋牧场的底播虾夷扇贝(会计科目归属于消耗性生物资产)确权底播面积约340万亩,由于持续监测难度大,根据虾夷扇贝在4月前后繁殖期和7—9月高温期后存量变化较大的规律,公司规定于每年4—5月和9—10月分别进行春季、秋季的系统存量抽测。

2014年9月15日至10月12日,公司按制度进行秋季底播虾夷扇贝存量抽测,根据抽测结果发现部分海域底播虾夷扇贝存货异常,将产生重大损失。因此,公司申请自10月14日至今公司股票停牌,目前已完成核查确认、原因分析。具体情况为:

1. 根据抽测结果,公司决定对105.64万亩海域成本为73 461.93万元的底播虾夷扇贝存货放弃本轮采捕,进行核销处理,对43.02万亩海域成本为30 060.15万元的底播虾夷扇贝存货计提跌价准备28 305万元,扣除递延所得税影响25 441.73万元,合计影响净利润为76 325.2万元,全部计入2014年第三季度。上述148.66万亩海域包括2011年底播海域119.1万亩、2012年底播海域29.56万亩。2013年底播海域(2016年年初进入收获期)抽测情况良好。

2. 2014年10月21日,中国科学院海洋研究所召集海洋环境监测与观测、物理海洋、海洋地质、海洋生态、海水养殖、海洋生物等领域的专家,围绕獐子岛海洋牧场确权海域的水文监测、洋流和底质调查、生态调查、虾夷扇贝养殖生物学、养殖生态学现场实验等资料,分析了中国科学院近海观测研究网络黄海站监测数据和开放航次调查数据,研讨了影响底播虾夷扇贝存活和生长的生态因子及其效应,探讨了獐子岛海域底播虾夷扇贝亩产下降的原因,并形成了《中国科学院海洋研究所会议纪要》,具体内容公司于10月31日刊登在《证券时报》《中国证券报》及巨潮资讯网(http://www.cninfo.com.cn)上。

根据公司存量抽测结果、中国科学院近海观测研究网络黄海站监测数据和开放航次调查数据及《中国科学院海洋研究所会议纪要》,综合判定公司海洋牧场发生了自然灾害,灾害主要源于北黄海冷水团低温及变温、北黄海冷水团和辽南沿岸流锋面影响、营养盐变化等综合因素。

(二)政府救灾援助

大连市政府正在密切关注此事项。根据辽宁省海洋与渔业厅下发的《关于推进长海县海洋牧场试点示范工作的报告》及辽宁省海洋与渔业厅的"关于印发《长海县现代海洋牧场试点示范项目协调推进会会议纪要》的通知"(辽海渔业字[2014]151号),长海县作为辽宁省现代海洋牧场建设示范县,省市政府对其承担的海洋牧场示范区建设任务非常重视,已确定相应扶持政策并给予资金支持。獐子岛集团作为现代海洋牧场建设的主体单位,将享受相关政策和资金支持。长海县人民政府于2014年10月29日下发《长海县政府十七届八次常务会议纪要》,做出以下决定:

1. 同意免收獐子岛集团深水底播受灾海域的部分海域使用金。

2. 同意对此次已确认灾害区中2015年新转为常规的海域给予深水开发优惠政策。鉴于尚未收到正式的政府文件,待公司获得相关政府文件或收到款项后,将及时履行信息披露义务。

(三)公司审批程序

公司于2014年10月30日召开的第五届董事会第十七次会议,以7票同意、0票反对、0票弃权,审议通过了"关于部分海域底播虾夷扇贝存货核销及计提存货跌价准备的议案",该项议案尚需提交公司股东大会审议。

**四、本次事项对公司的影响**

(一)对公司当期资产和经营业绩的影响

本次事项将导致存货核销及计提跌价准备,扣除递延所得税影响合计 76 325.2 万元(占公司最近一个会计年度经审计的净利润绝对值的比例为 787.32%),全部计入 2014 年第三季度,将导致公司所有者权益相应减少,从而减少公司 2014 年第三季度净利润为 76 325.2 万元。

1. 存货核销的具体情况如下:

| 资产名称 | 账面价值(元) | 核销依据 | 核销原因说明 |
| --- | --- | --- | --- |
| 2011 年底播虾夷扇贝 | 586 425 617.20 | 亩产过低,放弃本轮采捕 | 亩产过低,放弃本轮采捕 |
| 2012 年底播虾夷扇贝 | 148 193 732.67 | 亩产过低,放弃本轮采捕 | 亩产过低,放弃本轮采捕 |

2. 计提存货跌价准备的具体情况如下:

| 资产名称 | 账面价值(元) | 资产可回收金额(元) | 跌价准备依据 | 跌价准备金额(元) | 原因说明 |
| --- | --- | --- | --- | --- | --- |
| 2011 年底播虾夷扇贝 | 300 601 467.51 | 17 551 467.51 | 期末存货按成本与可变现净值孰低原则计价 | 283 050 000.00 | 无 |

注:资产可收回金额的计算过程为:经公司秋季底播虾夷扇贝存量调查,2011 年底播虾夷扇贝为 43.02 万亩,预计存量为 2 417.84 吨,并预计可实现销售收入为 6 165.48 万元,扣除收获费用和销售费用 4 410.33 万元,可变现净值为 1 755.15 万元。

(二)对未来经营业绩和持续发展的影响

1. 直接影响。本事项涉及的 148.66 万亩海域包括 2011 年底播海域 119.1 万亩、2012 年底播海域 29.56 万亩;2013 年底播海域(2016 年年初进入收获期)抽测情况良好。据此判断,本事项的影响主要将体现在 2014 年度内,对公司的未来经营业绩不会持续造成重大影响。

2. 持续影响。以生态、环保的模式可持续开发海洋,是中国乃至人类应对不断增长的食物需求的重要途径之一,因此海洋牧场建设具有较大的社会价值。大连市、长海县、獐子岛镇三级政府救灾援助相关文件的出台,将有效降低公司的深海开发成本与风险。公司将以此为契机,稳健推进长效机制,提升海洋牧场建设水平：(1)优化底播增殖结构，进行虾夷扇贝增殖等级划分，针对不同等级选用不同增殖策略；(2)根据环境特点，通过种质创制提高产品对环境的抗逆性；(3)开展海域养殖生态容量评估，控制养殖总量，优化养殖布局，实现稳产、优质和产业可持续发展；(4)加强海域生态环境监测，实现年度生态环境综合评估与预测。同时，公司将围绕资源、市场、技术三大核心要素，加快战略转型升级：(1)着力打造海洋牧场种业平台。以轻资产模式发挥公司的技术优势，形成海洋牧场第二利润增长级，推动海洋牧场由规模效益型向质量效益型提升。(2)加强全球资源整合。充分发挥新设立(并购)的北美资源整合平台、北海道资源整合平台及朝鲜半岛资源整合平台的作用，实现境外优质资源与国内消费需求的深度对接，以外部资源有效补充海洋牧场资源、扩大公司的国内市场份额。(3)加速O2O消费者服务平台建设。2014年内公司电商业务倍数增长、终端布局初见成效、海外贸易盈利显著改善，公司将继续提升市场端能力，尽早实现由食材企业向食品企业的升级。

**五、董事会审计委员会关于相关会计处理是否符合《企业会计准则》说明**

经审核，公司董事会审计委员会认为：基于谨慎性原则，根据《企业会计准则》和公司会计政策的相关规定，公司对部分海域底播虾夷扇贝的存货核销及计提跌价准备的依据充分，数据公允地反映了公司实际状况，使公司会计信息更加真实可靠、更具合理性，同意本次部分海域底播虾夷扇贝的存货核销及计提跌价准备，并将该议案提交董事会审议。

**六、监事会关于相关会计处理是否符合《企业会计准则》的意见**

经审核，公司监事会认为：公司本次对部分海域底播虾夷扇贝的存货核销及计提跌价准备的决议程序合法，依据充分，符合《企业会计准则》和公司相关会计政策的规定，符合公司实际情况，进行相关会计处理后能公允反映公司财务状况，同意此事项。

**七、会计师关于本事项的专项意见**

大华会计师事务所出具了"关于獐子岛集团股份有限公司部分区域底播虾夷扇贝监盘、核销及计提跌价准备会计处理的专项说明"，结论意见为：(1)本次监盘区域底播虾夷扇贝的平均亩产与獐子岛集团2014年秋季存量调查中相同区域平均亩产的数据差异不大，基本吻合；(2)獐子岛集团根据2014年秋季存量调查报告中数据，对资产负债表日(2014年9月30日)的存货进行了相应的会计处理。我们认为存货核销计入营业外支出、计提跌价准备计入资产减值损失的会计处理方式符合《企业会计准则》的相关规定。

**八、中国科学院海洋研究所关于本事项的说明**

经过交流和讨论，中国科学院海洋研究所专家对獐子岛海域底播虾夷扇贝亩产下降的原因达成如下共识：(1) 2014 年 1—8 月的水温波动幅度高于历年平均水平，北黄海冷水团强度减弱、宽度加大、水温日变幅加大。较大的水温日变幅会对虾夷扇贝生长、存活产生影响。(2) 受北黄海冷水团和辽南沿岸流锋面的影响，獐子岛西部底播海域的底层水温在 6—8 月下旬波动很大，日温差达 4℃左右。水温日变化频繁且幅度较大将对虾夷扇贝生长、存活产生较大影响。(3) 北纬 38°55′以南海域，因受北黄海冷水团东北部外缘的影响，虾夷扇贝不适生长期(水温低于 5℃)较北部增加 2 个月，虾夷扇贝最佳生长适温期(水温为 10—20℃)逐渐缩短，从北部区域的 6 个月减至南部区域的 4 个月，生长适温期短。较低的水温也影响贝类饵料生物的生长，特别是对深水区域饵料生物的负面影响更大，易造成虾夷扇贝的基础摄食率不足、生长趋慢和营养积累不足。(4) 与 2010 年相比，2014 年主要增养殖海域中的可溶性氮含量增加、磷含量显著减少、硅含量增加，导致氮磷比升。推测上述变化导致浮游植物的种类和数量发生变化，致使虾夷扇贝饵料藻类质量下降。

**九、独立董事的意见**

基于审慎、独立判断，公司独立董事认为：公司本次对部分海域底播虾夷扇贝的存货核销及计提跌价准备履行了必要的审批程序，依据充分，符合《企业会计准则》和公司相关制度的规定，真实、准确地反映了公司财务相关信息，我们同意此事项。

**十、备查文件**

1.公司第五届董事会第十七次会议决议；2.公司第五届监事会第九次会议决议；3.中国科学院海洋研究所会议纪要；4.大华会计师事务所"关于獐子岛集团股份有限公司部分区域底播虾夷扇贝监盘、核销及计提跌价准备会计处理的专项说明"。

特此公告。

獐子岛集团股份有限公司董事会<br>2014 年 10 月 31 日

# 七、注册会计师的解释

2014年10月31日,大华会计师事务所发布了"关于獐子岛集团股份有限公司部分区域底播虾夷扇贝监盘、核销及计提跌价准备会计处理的专项说明"。

关于獐子岛集团股份有限公司
部分海域底播虾夷扇贝监盘、核销及计提跌价准备会计处理的专项说明

大华特字〔2014〕003125号

獐子岛集团股份有限公司:

我们于2014年10月18日至25日期间对獐子岛集团股份有限公司(以下简称"獐子岛公司")部分海域底播虾夷扇贝的盘点工作进行了监盘。獐子岛公司在2014年9月末根据2014年秋季存量调查报告,针对部分海域底播虾夷扇贝的死亡、亩产大幅下降情况,采取了核销、计提跌价准备的会计处理。现将相关情况说明如下:

一、部分海域底播虾夷扇贝监盘情况

我们于2014年10月18日至10月25日期间对獐子岛公司2011年度、2012年度底播虾夷扇贝的部分海域的盘点情况进行了监盘。獐子岛公司管理层的责任是组织盘点工作、制定盘点程序,按照程序的规定在指定海域进行下网、起网、点数、测标及称重等,并保证盘点的内容真实、准确和完整,不存在虚假记载、重大遗漏。我们按照《中国注册会计师审计准则第1311号——对存货、诉讼和索赔、分部信息等特定项目获取审计证据的具体考虑》的规定执行了监盘工作。

(一)盘点日期

具体盘点日期为2014年10月18日、2014年10月20日、2014年10月25日,共计三天。

(二)盘点人员安排

参加盘点人员包括盘点船只的船长及船上作业人员、公司财务人员、会计师事务所监盘人员。

### (三) 盘点海域

对 2011 年度底播在獐子岛南部及西南方向的 76.0834 万亩海域,利用拖网船(15181 号、15223 号、15233 号)共抽取 65 个点,总监盘面积为 757.90 亩。

对 2012 年度底播在獐子岛西部方向的 29.575 万亩海域,利用拖网船(15181 号、15223 号、15233 号)共抽取 56 个点,总监盘面积为 740.49 亩。

### (四) 具体盘点方法

在出海盘点前,将预先随机选取的点位分配给各个拖网船,各船船长按照点位将船只开到指定海域,船上工作人员下网,盘点人员在盘点表上记录下网时点和下网经纬度。每个点位根据实际情况,拖网宽度为单个网宽 2 米,有的船只进行双网捕捞作业(网宽 4 米)。拖网船只平均以东西 1 440 米、南北 1 850 米作为拖网行驶单位距离,平均拖网作业时间为 10—20 分钟。在拖网完成后,盘点人员记录收网时点和收网时经纬度。船上工作人员将网收起,对采捕上来的扇贝进行除杂分拣,盘点人员在分拣过程中测量壳高并计数(由于时间较短、采集数量较多,盘点人员无法对采集上来的全部扇贝测量壳高,因此随机选取部分扇贝进行测量,取其平均壳高),随后装入器皿进行称重。整个计数、测量、称重过程产生的数值,全部由盘点人员记录在盘点表上。

监盘人员主要工作包括:观察实际盘点时是否按事先选定的点位下网、起网;对采捕上的虾夷扇贝的计数、测标、称重是否正确,盘点数据是否正确、完整地记录在盘点表上。海上盘点工作完成以后,拖网船长、公司盘点人员及会计师事务所监盘人员在盘点表上签字确认。

### (五) 盘点结果

通过对盘点表的加总核算,计算出抽取点位的平均亩产、平均重量、平均壳高如下:

| 年度 | 监盘面积(亩) | 平均壳高(公分) | 数量(枚) | 平均重量(克) | 平均亩产底播年度(公斤) |
|---|---|---|---|---|---|
| 2011 | 757.90 | 9.20 | 14 667 | 101 | 1.95 |
| 2012 | 740.49 | 9.80 | 12 272 | 141 | 2.33 |

## 二、獐子岛公司 2014 年秋季存量调查报告

根据獐子岛公司提供的 2014 年秋季存量调查报告,獐子岛公司于 2014 年

9月15日至10月12日进行秋季底播虾夷扇贝存量抽测,抽测方法采用拖网配合视频的调查方法。编制2014年秋季存量调查报告是獐子岛公司管理层的责任,并由其对秋季存量调查报告中相关数据的真实性、准确性及完整性负责。此次调查涉及点位共计87个,其中2011年度底播虾夷扇贝37个(獐子岛南部及西南部海域23个),2012年度底播虾夷扇贝26个(獐子岛西部海域9个),2013年度底播虾夷扇贝24个。通过对存量调查记录表中獐子岛南部及西南部、西部海域数字的加总核算,计算出抽测点位的平均亩产、平均重量、平均壳高如下:

| 底播年度 | 抽测面积（平方米） | 平均壳高（公分） | 数量（枚） | 平均重量（克） | 平均亩产（公斤） |
| --- | --- | --- | --- | --- | --- |
| 2011 | 4 140 | 9.10 | 71 | 96 | 1.10 |
| 2012 | 1 620 | 8.10 | 50 | 104 | 2.14 |

### 三、獐子岛公司2014年9月底播虾夷扇贝核销及计提跌价准备会计处理方式

獐子岛公司根据2014年秋季底播虾夷扇贝存量调查报告及关于放弃对部分海域采捕的决定,于2014年9月末进行相关的会计处理如下:

对2011年度底播虾夷扇贝760 834亩,账面成本为586 425 617.20元,予以核销,计入营业外支出。

对2012年度底播虾夷扇贝295 750亩,账面成本为148 193 732.67元,予以核销,计入营业外支出。

对2011年度底播虾夷扇贝430 220亩,账面成本为300 601 457.51元,计提283 050 000元存货跌价准备,计入资产减值损失。

### 四、结论

1. 本次监盘海域1 498.39亩底播虾夷扇贝的平均亩产分别为2011年度1.95公斤、2012年度2.33公斤,獐子岛公司2014年秋季存量调查报告中相同海域平均亩产分别为2011年度1.10公斤、2012年度2.14公斤,两者数据相比较,差异不大,基本吻合。

2. 《企业会计准则讲解》(2010)第六章生物资产中规定:生物资产盘亏或死亡、毁损时,应当将处置收入扣除其账面价值和相关税费后的余额先记入"待

处理财产损溢"科目,待查明原因后,根据企业的管理权限,经股东大会、董事会、经理(场长)会议或类似机构批准后,在期末结账前处理完毕。生物资产因盘亏或死亡、毁损造成的损失,在减去过失人或者保险公司等的赔款和残余价值之后,计入当期管理费用;属于自然灾害等非常损失的,计入营业外支出。企业至少应当于每年年度终了对消耗性生物资产和生产性生物资产进行检查,有确凿证据表明上述生物资产发生减值的,应当计提生物资产跌价准备或减值准备。企业首先应当注意消耗性生物资产和生产性生物资产是否有发生减值的迹象,在此基础上计算确定消耗性生物资产的可变现净值或生产性生物资产的可收回金额。

獐子岛公司根据2014年秋季存量调查报告中数据,对资产负债日(2014年9月30日)的存货进行了相应的会计处理。我们认为存货核销计入营业外支出、计提跌价准备计入资产减值损失的会计处理方式符合《企业会计准则》的相关规定。

**五、对报告使用者和使用目的的限定**

本专项说明仅供獐子岛公司2014年三季度报告披露目的之使用,不得用作任何其他目的。我们同意将本专项说明作为獐子岛公司三季度报告的必备文件,随其他文件一起报送并对外披露。

大华会计师事务所(特殊普通合伙)　　　中国注册会计师:
　　　　　　中国北京　　　　　　　　　中国注册会计师:
　　　　　　　　　　　　　　　　　　　二〇一四年十月三十日

# 案例使用说明

## 一、教学目标

适用课程:高级审计理论与实务。

适用对象:审计专业硕士、会计专业硕士,拓展适用于所有管理类的专业硕士(如 MBA 等),以及企事业单位高级管理人才。

教学目标:通过描述"獐子岛海鲜劫"事件中对生物资产盘点、监测、监盘、资产减值认定,以及针对人们的质疑、公司和审计师的解释,引导学员进一步关注生物资产应当如何盘点、监测以及确认减值损失,审计师如何审计生物资产以控制减值风险。

## 二、思考题

1. 生物资产盘点和监盘有哪些特征?
2. 如何审计生物资产?
3. 审计师如何规避生物资产减值风险?
4. 结合本案例,分析并讨论审计师对存货使用的监盘程序、时间和范围是否恰当。理由是什么?
5. 结合本案例,分析并讨论獐子岛生物资产损失计提的根源及其影响。

## 三、理论依据与案例分析

(一)生物资产及其审计的特征

生物资产是较为特殊的,根据我国《企业会计准则第 5 号》,生物资产分为消耗性、生产性、公益性三类。其中,消耗性和生产性生物资产均可以计提跌价准备,前者可以在原计提的跌价准备里转回,后者一旦计提跌价准备就不得转回;公益性生物资产不可以计提跌价准备。

"獐子岛海鲜劫"事件在资本市场造成剧烈震动,停牌一个月之后的獐子岛接连跌停板,导致包括社保基金在内的大股东和许多散户投资者损失惨重,关于农业企业生物资产计量问题也成为事件的焦点。

根据《企业会计准则第 5 号——生物资产》,獐子岛所养殖扇贝属于消耗性生物资产,这一类资产的价值会在未来一次性地转移到农产品价值中。对这类资产的初始计量,要按照实际发生成本入账。另外,在后续计量的过程中,准则强调当且仅当"有确凿证据表明生物资产的公允价值能可靠计量的,应当对生物资产采用公允价值计量"。应当说,这一项规定是比较符合我国国情的。目前,IFRS(国际财务报告准则)和 GAAP(一般公认会计原则)都倾向于采取公允价值计量,看重其能很好地反映生物资产的现实价值,避免历史成本带来的与实际价值偏离过大的问题。国外的各类交易市场(包括农产品交易市场)相对发达,取得公允价值较为容易的,但国内则不然。

本案例中,獐子岛的存货属于消耗性生物资产,半年报显示存货总额占总资产总额的约一半,注册会计师该如何考虑生物资产存货审计的风险呢?2006年,财政部颁发《企业会计准则第5号——生物资产》。该准则规定,生物资产应当按照成本进行初始计量。企业至少应当于每年年度终了时对消耗性生物资产和生产性生物资产进行检查,有确凿证据表明由于遭受自然灾害、病虫害、动物疫病侵袭或市场需求变化等,使消耗性生物资产的可变现净值或生产性生物资产的可收回金额低于其账面价值的,应当按照可变现净值或可收回金额低于账面价值的差额,计提生物资产跌价准备或减值准备并计入当期损益。上述可变现净值和可收回金额,应当分别按照《企业会计准则第1号——存货》和《企业会计准则第8号——资产减值》确定。

根据风险导向性审计的要求,注册会计师应当首先实施风险评估程序,了解被审计单位及其环境与被审计单位的内部控制,评估财务报表层次和认定层次的重大错报风险。对于獐子岛这类农业上市公司,鉴于生物资产存货的特殊性,我们通常可以认为其存货存在特别风险——需要注册会计师特别考虑的重大错报风险。对于特别风险,注册会计师应当评估相关控制的设计情况,并确定其是否已经得到有效执行。

(二)对存货的控制测试

从本案例的情况来看,獐子岛的存货主要是生物资产,而由于饲养方式的不同,这些存货的控制程序也不完全相同。大华会计师事务所对獐子岛生物资产的内部控制测试主要集中在与生物资产有关的内部控制制度设计和运行的某一方面。

根据COSO原则,内部控制包括五个方面,即控制环境、风险评估、控制活动、信息与沟通、监控。注册会计师在对存货进行控制性测试时,需要从上述五个方面着手评估。

除了上述五个方面的评估,注册会计师还应该针对虾夷扇贝这类存货进行有针对性的控制测试,主要措施包括:

(1) 检查存货的采购或领用是否有授权批准手续,是否严格按照授权批准手续采购和领用;检查存货入库是否有严格的验收手续,是否就名称、规格、型号、数量、价格与合同和原始单证进行核对;检查存货的发出是否按规定办理,有无不按规定发出存货的情况。

(2) 询问或观察存货的盘点过程。

(3) 询问和观察存货的保管程度,观察是否只有经过授权批准人员才能接近原材料等存货。

(4) 抽查记账凭证所附的原始凭证是否齐备、是否按顺序编号。

(5) 选取样本测试各费用项目的归集、分配、成本核算是否按企业确定的成本核算流程和账务处理流程进行核算与账务处理。

(6) 检查有关成本核算的记账凭证是否附有领发料、工时记录、人工费用、其他费用分配单等原始凭证,有无未附原始单证的记账凭证。

(7) 检查记录的工薪是否为实际发生。

(三) 对生物资产的监盘

从獐子岛的存货情况来看,难点在于底播虾夷扇贝的监盘。从案例内容来看,獐子岛每年分期对底播虾夷扇贝的生长情况进行抽查。因此,注册会计师应该利用獐子岛对底播虾夷扇贝的抽查进行相关存货的监盘。

1. 主要的监盘方法

(1) 网箱养殖产品及浮筏养殖鲍鱼实施全面盘点,以盘点数作为实有数量。

(2) 对于浮筏养殖虾夷扇贝、海胆等在产品,因数量较多,一般实施多点随机抽取浮筏进行盘点(抽点比例为10%)。抽点后,根据抽点结果与公司生产部门、财务部门当前的统计数据进行核对,若不存在差异或差异合理,则按盘点的在养量与台筏样本数相除求得单位台筏的在养量,再与养殖台筏总量相乘,最后推算出全部在养量,以推算的全部在养量作为实有数量;若存在异常差异的,则扩大至实施全面盘点,以盘点数作为实有数量。

（3）对于底播在产品,由于是在海底自然生长的活物,且养殖规模大,全部捕捞上来盘点不但会耗费大量费用,而且会影响正常的生产经营,因此在公司研发中心定期抽查检测的基础上,采取抽样盘点方式。

（4）对于虾夷扇贝,由于底播虾夷扇贝养殖周期为1年以上,分两个底播年份进行分区轮播,因此按分区抽查。当年底播扇贝,11月进行苗种底播,12月是公司盘点月份,因底播时间较短、平均个体较小,盘点会导致幼苗受伤或死亡,故以实投数量为盘点数;上年底播扇贝,根据养殖海域水深不同,以不同的采捕方式进行抽点。

① 采捕船只拖网盘点方式。水深超过20米的养殖区域（占公司目前养殖海域的90%以上）采用拖网采捕盘点的方式（每100亩抽点1亩,抽点比例为不低于1%）。具体方法为:在不同的养殖区块,随机选取多个样本点,采用船只拖网方式进行拖网（标准的拖网）捕捞,对捕捞的扇贝进行清点;同时,根据坐标位置计算捕捞面积,以清点的捕捞数量与捕捞面积相除求得每亩在养量,用盘点的每亩在养量与该区块养殖面积相乘推算该区块的在养总量,以推算的在养总量作为实有数量。

② 人工采捕盘点方式。沿岸水深不超过20米的养殖区域采用人工采捕的方式进行盘点。在不同的养殖区块,随机选取多个样本点（受养殖环境限制,面积较少,每50亩抽点90平方米,抽点比例为3‰左右）。具体方法为:将面积为30平方米铁框投入底播区,潜水员在圈定区域将扇贝全部捕捞,对捕捞的扇贝数量进行清点和称重,以清点的捕捞数量与捕捞面积相除求得每亩在养量,用盘点的每亩在养量与该区块养殖面积相乘推算该区块的在养总量,以推算的在养总量作为实有数量。

（5）利用獐子岛每年抽查检测存货的机会,注册会计师可以跟踪检查獐子岛存货（底播虾夷扇贝）的具体生长情况。鉴于注册会计师无法进入深海进行底播虾夷扇贝的盘点,也无法有效监督獐子岛水下工作人员的工作流程是否合规,因此可以采用全程录像的方式对獐子岛工作人员盘点虾夷扇贝过程进行录像,从而保证獐子岛虾夷扇贝的盘点工作程序合理、有效。

如何公允地对农产品（尤其指看不见的生物资产）存货进行监盘？这正是需要学员进一步关注的问题。

2. 存货监盘时间

对于本案例中獐子岛的虾夷扇贝,存货占了总资产很大的比例,审计师应该将其确定为认定层次的重大错报风险。为了对其是否存在和品质状况获取充分、适当的审计证据,审计师就要适时监盘程序。在设计和实施监盘程序时,审计师应该对深海底播养殖的每一个环节进行分析。首先,考虑存货的内部控制,包括描述组织结构和材料、凭证流动的流程图,观察企业内部权责划分情况,并询问一年中各职能执行人员的情况;其次,对与存货有关的交易执行实质性测试程序,找出风险点;最后,设计监盘计划,对该类深海底播养殖企业的存货进行盘存,查明深海中存货的真实性与准确性。为了避免天灾的借口,就要兼顾直接采样的数理分析和账面记录的回归分析。

分析底播在产品的监盘工作。由于该类产品是在海底自然生长的活物且养殖规模大,全部捕捞上来盘点会耗费大量的费用,也会影响正常的生产经营,因此在獐子岛研发中心定期抽查检测的基础上,采取抽样盘点方式。对于底播鲍鱼,其生长周期为四年,分四个底播年份进行分区轮播;海参生长周期为三年,分三个底播年份进行分区轮播。底播鲍鱼和海参都在水深较浅的海域养殖,相应地采用人工潜水采捕随机抽样盘点,具体方法同上述底播扇贝的人工采捕盘点。

根据公告,獐子岛于2014年9月15日至10月12日进行了秋季底播虾夷扇贝存量抽测,抽测方法为拖网配合视频。与獐子岛的盘点相比,大华会计师事务所的审计工作似乎是走过场。根据公告,大华会计师事务所监盘日期为2014年10月18日、10月20日和10月25日,仅盘点3天。

目前企业年度审计集中在4月底之前,但对部分农业企业来说,在冬天和春天期间盘点存货未必是较佳的时间,使得审计程序未能较好地履行。獐子岛在公告中也对存货问题解释称:公司底播虾夷扇贝有两个死亡高发期:一是每年4月左右,虾夷扇贝产卵后会出现死亡现象;二是高温期,每年在7—9月会出现死亡损耗。其他时间的成活率比较平稳,这是虾夷扇贝的自然生长规律。因此,獐子岛在4—5月、9—10月进行存量抽测。

3. 存货监盘范围

存货监盘范围即存货监盘的样本量。一般来说,存货监盘的观察程序应纳入盘点范围的存货；对于未纳入盘点范围的存货，审计人员应当查明原因。在实施存货监盘的过程中，审计人员应当跟随存货盘点人员，注意观察被审计单位事先制订的存货盘点计划是否得到了贯彻执行，盘点人员是否准确无误地记录了被盘点存货的数量和状况。盘点结束后，审计人员应当进行适当抽查，抽查样本量一般不低于盘点范围的10%，并将抽查结果与被审计单位盘点记录相核对，并形成相应记录。抽查不仅是为了证实被审计单位的盘点计划已得到适当的执行（控制性测试），也是为了证实被审计单位的存货实物总额（实质性测试）。审计人员应当考虑根据被审计单位的盘点记录选取抽查项目。

在本案例中，注册会计师对2011年度底播在獐子岛南部及西南方向的76.0834万亩海域，共抽取65个点，总监盘面积为757.90亩；对2012年度底播在獐子岛西部方向的29.575万亩海域，共抽取56个点，总监盘面积为740.49亩。其中，抽测面积（6.21亩和2.43亩）分别只占相应底播面积的0.000816%和0.000822%。在抽样不足1%的情况下，结果有效性自然存疑。

4. 替代审计程序

如果在存货盘点现场实施存货监盘不可行，注册会计师就应当实施替代审计程序（例如，检查盘点日后出售盘点日之前取得或购买的特定存货的文件记录），以获取有关存货的存在和品质状况的充分、适当的审计证据。正在日常审计实务中，由于存货的性质或位置等，注册会计师无法实施对存货的监盘，例如水产养殖的部分产品（如鳗鱼、文蛤）、有辐射的各种化学品，以及在生产过程中因特殊配方或制造工艺必须保密的存货等。

在本案例中，獐子岛负责人曾对媒体说，獐子岛在10月花了约一个月时间盘点，大浪等原因致使注册会计师只有3天能下海监盘。这就意味着105万亩、30天，而注册会计师只去了3天，意味着注册会计师可能只掌握了不到10%的情况。因此，基于如此现场监测的注册会计师意见难以令人信服。

水产养殖公司的存货和生物资产占比很大，而且绝大部分在水中甚至是深水海域，显得更特殊。这样的特殊性对存货盘点和计价而言是一个大难题，因为水里的存货即便能捞上一些做抽查，也很难比较准确地估计整体情况。那么，注册会计师就束手无策了吗？事实上，注册会计师可以采用替代审计程序，即从提查水里的存货转移到审查成本投入。有关专家介绍了一些水产养殖公司存货的盘点方法:关键点是对被审计单位存货账面永续记录的核实,核实以历史成本计量的投入是否真实存在。例如鱼类存货的核实,应该核实的内容包括购买的鱼苗、饲料是否有原始的记录,投放鱼苗的记录,巡岸记录,捕鱼记录,鱼类赖以生存的水面水质化验记录等。在收集上述资料后,采用回归分析方法找出与账面历史成本最为相关的要素,再采用数理推理方法推导出本期期末的理论账面成本,并与实际账面成本进行对比分析,得出实际账面成本是否真实、完整反映库存存货的结论。

2013年11月,北京注册会计师协会专家委员会发布了《专家提示第8号——生态养殖淡水产品审计盘点解析》(以下简称"专家提示"),对此问题提出了更可靠的解决方案。专家提示指出,对于淡水生态养殖状态的水产品,采用逐一盘点数量的方式显然不具备操作性,而采用直接采样数理分析的方法进行推断也不符合如鱼类的群居和洄游的特性。专家提示提供一种通过对账面记录进行回归分析来盘点的方法。项目组在收集相关的原始资料后,继而观察并讨论鱼的生长周期。审查成品鱼从幼苗到成鱼的生长期历史记录,项目组反复比照分析数据,将鱼的生长周期确定为4年。随后,对4年鱼苗的投放量和捕鱼量,从数量和成本两个方面做回归分析。因鱼的一般生长周期认定为4年,故账面成本应该反映的是前三年(含本年)的投入。根据捕获周期,将上年年末账面结存成本(因变量)和近三年的累计投入鱼苗量(自变量)进行回归分析,得出账面结存成本和近三年累计投入鱼苗量高度相关。并将此回归方程代入审计年度期末,计算得出理论的审计年度期末账面结存成本,与实际账面结存成本数据进行对比。专家提示非常具有指导意义,盘点方法不仅适用于淡水生态养殖,其原理可以推广参考使用。

(四)对獐子岛存货减值风险的分析

1. 獐子岛资产减值事件成因分析

(1)农业企业的特殊性。农业企业与其他行业企业有共同之处,同时具有自身的特殊性。首先,农业企业本身具有弱质性,具有靠天吃饭、易受自然灾害影响、不容易控制自然条件等特点。因此,自然灾害经常成为农业企业核销存货和计提减值的依据。其次,存货难以盘点是农业企业另一大特征。本案例企业以水产养殖业为主,由于虾夷扇贝养殖在海底,海域广阔加之虾夷扇贝的流动性,准确地盘点出海底虾夷扇贝的数量难度较大。最后,按照我国的生物资产准则,消耗性生物资产计提存货跌价准备后,达到一定条件时可以在原计提的跌价准备范围内转回。

(2) 内部控制不力。大连证监局发布的行政处罚决定显示,獐子岛的内部控制执行存在较大问题。首先,部分事项决策程序不规范。2009年以来,獐子岛每年虾夷扇贝苗种底播计划经总裁办公会批准并以《总裁工作报告》的形式报董事会审议,未以单独议案的形式履行董事会审批程序。其次,内部控制制度执行不规范。总裁办公会会议记录不规范,记录内容不详细,缺少参会人员签字;部分可能对公司产生较大影响的经营管理事项缺乏充分论证和可行性研究;部分款项支出未按财务制度规定履行签批程序。再次,海域收购决策存在瑕疵。獐子岛2013年海域实际使用面积达到338万亩,是2006年上市时的5倍多。海域面积扩大与虾夷扇贝苗种底播、海域使用金缴纳等后续支出紧密相关,在此过程中,公司未经充分研究即大幅扩增海域面积,决策过程存在风险隐患。最后,公司深海底播信息披露及风险揭示问题。对于由浅海底播到进入45米以上深海底播的经营环境变化事项,公司仅在定期报告中进行简单披露,未对相关风险进行详细披露及揭示。獐子岛集团一直对外宣称其海洋牧场具有较好的风险防控系统,但2014年随风而去的扇贝反证獐子岛的日常监控实为空谈,保护措施形同虚设。

2. 獐子岛资产减值会计处理问题分析

(1) 消耗性生物资产减值迹象的可信度。根据生物资产准则,如果有确凿证据表明消耗性生物资产可变性净值低于账面价值是由于自然灾害、病虫害等造成的,可以计提生物资产跌价准备,并在一定条件下可以转回。獐子岛"黑天鹅"事件是以冷水团等自然因素带来的低温、变温和营养盐变化对深水区生物造成的负面影响为减值依据。但这个依据让投资者难以信服。首先,此前在招股说明书和募集资金说明中,獐子岛集团均对外声称播苗后每个月组织一次苗种生长情况调查。然而根据中科院海洋研究所的报告,2014年6—8月,獐子岛集团西部海域底层水温变化已经很大,然而公司连续几个月没有觉察到水温异动,直到10月例行抽查时才发现绝收。在此之前,獐子岛没有进行任何的风险提示,也没有采取相关的措施。其次,獐子岛集团在2013年年报中特别强调构建了相关的海域环境监控系统,可以对海底水温24小时持续监控。因此,这一说法与上述灾害的解释有所冲突:如果其海域环境监控系统有效,那么獐子岛集团就应该在此之前发现扇贝出现问题并采取相关措施,而不是等待计提减值与核销;如果自然灾害是事实,那么獐子岛集团的海域监控系统显然就不是有效的。鉴于这些矛盾,獐子岛集团资产减值行为的可信度不高。

(2)存货核销和减值计提的合理性分析。在本案例中,獐子岛集团对105.64万亩的虾夷扇贝放弃采捕,核销处理的账面价值达734 619 349.87元;对43.02万亩账面价值为300 601 467.51元的虾夷扇贝存货计提跌价准备283 050 000.00元。然而,该部分存货的核销和减值计提范围、金额是否合理值得思考。獐子岛集团和会计师事务所共同对这部分海域的存货进行盘点,海域面积较大加之天气恶劣造成存货盘点困难,本次采用抽样盘点方法,仅仅用3天完成,显得实在仓促。由于海域面积大,存货盘点难度高,采用抽样盘点方法得出的减值范围是否合理。其次,核销金额和减值计提金额的确定是以账面价值为基础,与可变现净值比较,在核销金额和减值计提金额确定上不具备合理性。由于海域面积大,前期是否真的播种了那么多扇贝苗,账面价值是否可信存疑;加之后期存货盘点的高难度,可变现净值的确定显得缺乏合理性和科学性。因此在本案例中,消耗性生物资产存货核销和减值计提的范围、金额缺乏合理性与科学性。

(3)信息披露的及时性和完整性分析。獐子岛集团在财务报告的重大风险提示中表明,环境波动、自然灾害是影响养殖产品生存安全的重要因素。针对列举的一系列影响因素,獐子岛集团指出其针对海洋生态环境风险具有一套完整的应对措施,比如成立海洋牧场研究中心、投资海洋生态环境风险防控体系建设。但是,中科院海洋研究所的报告表明,2014年6—8月,獐子岛西部海域底层水温波动很大。如果上述风险防控措施做到位,獐子岛集团在"黑天鹅"事件发生前应当对环境变化有所察觉,并应当在中期财务报告中披露相关的信息,而不是在例行检查时才发现和公布"受自然灾害的影响导致扇贝绝收"。因此,獐子岛集团减值信息的披露是不完整、不及时的。

3. 獐子岛资产减值行为影响分析

（1）獐子岛"大洗澡"和"甜饼罐"动机分析。獐子岛集团在核销存货及计提资产减值准备时可能存在"大洗澡"动机和"甜饼罐"动机。"大洗澡"是指企业预计可能发生较大亏损时，在某一年度大额计提资产减值准备使当年利润大幅下降，并在以后会计年度不提或者少提资产减值准备，为下一年度的扭亏为盈做准备。"甜饼罐"是指企业为了树立经营业绩稳步上升的良好形象，在以前年度分次计提或者一次性大额计提资产减值准备后，在以后几个年度分次缓慢冲回使得利润逐步上升。根据獐子岛集团公布的财务报告，从近几年獐子岛集团存货跌价项目明细和利润变化可以看出：獐子岛集团在 2011 年及以前年度经营业绩较好，且并未计提任何的存货跌价准备；2012 年开始，存货跌价准备的金额逐年上升，而营业利润和净利润则逐年下降，其中所包含的消耗性生物资产的减值准备也逐年上升，2014 年该项目金额巨大。产生了如此巨额的亏损之后，在以后年度扭亏为盈便显得相对简单。因此，我们认为獐子岛集团此次对消耗性生物资产进行核销及计提存货跌价准备存在对公司经营业绩"大洗澡"动机和"甜饼罐"动机。

（2）獐子岛集团避税动机分析。避税是指纳税人利用税法漏洞，减少纳税支出的一种行为，其根本动机是减少资本流出企业，争取更大的经济收益。獐子岛集团 2014 年期末的资产减值准备项目存在 84 734 637.46 元可抵扣暂时性差异，产生了 12 879 687.31 元递延所得税资产。獐子岛集团 2012 年以前的利润一直较为可观，也未曾计提资产减值准备，2012 年以后开始计提减值准备，利润一直下降。我们分析，獐子岛集团的经营可能早已出现问题，计提减值准备以减少纳税支出相比不计提减值准备更具经济效益，因此獐子岛集团对部分消耗性生物资产进行核销及计提资产减值准备。

## 四、教学安排

（一）案例资料及讨论顺序

案例资料应在课前发给学员，学员阅读并进行小组讨论。

案例讨论的知识储备部分可以由教师提出知识点，建议学员上网或课前阅读相关文献，归纳总结并在课堂上陈述。这部分内容也可以由教师在课堂上进行简要的介绍和讲授。

案例讨论主题如表 5 所示。

表 5　案例讨论主题

| 序号 | 讨论主题 | 案例中的相关线索 | 涉及的相关理论和知识 | 结论/启示/感受 |
|---|---|---|---|---|
| 1 | 生物资产盘点和监盘的特征 | | | |
| 2 | 獐子岛 2014 年存货随风而去的根源 | | | |
| 3 | 生物资产减值损失风险 | | | |
| 4 | 獐子岛 2014 年存货随风而去的影响 | | | |

（二）课时分配

1. 课前自行阅读资料,约 2 小时。

2. 讨论小组讨论并提交讨论记录,约 1 小时。

3. 讨论小组推荐代表陈述并进一步讨论,约 1 小时。

4. 课堂讨论与总结,约 0.5 小时。

（三）讨论方式

可以采用分小组头脑风暴式讨论,要求各讨论小组推荐代表陈述观点。

（四）课堂讨论与总结

课堂讨论与总结的关键是:归纳发言者的主要观点;重申讨论的重点和亮点;提请学员进一步思考焦点问题或争论问题;建议学员对案例素材进行拓展研究和深度分析。

## 五、参考资料

本案例应关注的重点是如何审计生物资产并控制资产减值风险,与此相关的参考资料除了案例正文中提供的背景资料,还包括有关企业审计准则、有关公司法等法规以及相关行业资料。本案例资料的局限性主要表现在:无法获得獐子岛公司海域虾夷扇贝生长数据以及北海生态环境数据。

如果需要拓展研究獐子岛事件,可资参考的其他有关资料目录如表 6 所示。

表6 其他主要参考资料目录

| 资料序号 | 资料名称 |
|---|---|
| 1 | 獐子岛集团股份有限公司2014年度业绩预告的修正公告(2015年2月28日) |
| 2 | 中国注册会计师审计准则第1421号——利用专家的工作(2007年1月1日) |
| 3 | 獐子岛集团股份有限公司2015年第一季度报告(2015年4月30日) |
| 4 | 獐子岛集团股份有限公司2014年年度报告(2015年4月28日) |
| 5 | 獐子岛集团股份有限公司2014年第三季度报告(2014年10月31日) |
| 6 | 獐子岛集团股份有限公司2014年半年度报告(2014年8月26日) |
| 7 | 中国科学院海洋研究所会议纪要(2014年10月21日) |
| 8 | 獐子岛:关于深圳证券交易所问询函有关事项的专项核查说明(2014年12月6日) |
| 9 | 关于獐子岛集团股份有限公司部分海域底播虾夷扇贝监盘、核销及计提跌价准备会计处理的专项说明(大华特字〔2014〕003125号) |
| 10 | 獐子岛:关于部分海域底播虾夷扇贝监盘、核销及计提跌价准备会计处理的专项说明(2014年12月5日) |
| 11 | 2012年9月25日迪博企业风险管理公司发布《中国上市公司内部控制报告(2012)》 |
| 12 | 2006年獐子岛《招股说明书》 |
| 13 | 《农业部关于印发〈2013年全国现代渔业种业示范场创建活动方案〉的通知》(农渔发〔2013〕24号) |
| 14 | 《关于对獐子岛集团股份有限公司采取责令改正监管措施的决定》(中国证券监督管理委员会大连监管局〔2014〕5号) |
| 15 | 《关于对獐子岛集团股份有限公司采取出具警示函措施的决定》(中国证券监督管理委员会大连监管局〔2014〕6号) |

(李晓慧编写,郑海英校审)

# 挂牌公司与上市公司：关联交易与审计关注

吕广原

**摘　要**：以 B 挂牌公司与 A 上市公司之间关联交易的产生和发展为基础，描述审计师审计关联交易关注到的特殊风险，以此讨论在挂牌/IPO 审计时如何识别关联交易并控制关联交易风险

**关键词**：挂牌公司　上市公司　关联交易风险　审计关注

## 一、主板公司与新三板公司及其关联关系

1. A 公司

1996 年 6 月，A 公司在上海证券交易所主板上市，所属行业为软件及信息技术服务业，总股本为 12.4 亿元，市值为 200 亿余元。A 公司第一大股东为某大学背景，属国资，第一大股东持股比例仅为 15.66%；无实际控制人。根据 2014 年年报数据，A 公司主营业务收入主要为系统集成、软件产品销售、软件定制及其他劳务，占比 81.05%；医疗系统，占比 16.68%；是一家以软件技术为核心，通过软件与服务、制造、技术的结合，提供行业解决方案及其他相关服务的综合类软件公司。公司董事长为刘某，刘某也是 A 公司第三大股东（X 公司）的实际控制人。

## 2. B公司

2013年8月,B公司在全国中小企业股份转让系统挂牌,所属行业为软件及信息技术服务业,目前总股本为3 450万股。因二级市场从未进行交易,故没有市值数据。B公司第一大股东为Y公司,持股比例为80.28%,实际控制人也是刘某。根据2014年年报数据,B公司主营业务构成主要为ERP实施、运营与维护,占比81.68%;软硬件产品销售,占比18.32%。公司专注于高端企业应用软件咨询服务及相关集成业务,是全球高端的企业应用软件提供商SAP、ORACLE和INFOR公司在中国的认证合作伙伴。B公司团队成员主要来自国内外专业管理咨询公司,他们拥有扎实的专业知识和丰富的管理咨询、信息化建设、应用系统实施等多方面的经验,对中国市场及企业运作有着深刻的理解和认识。B公司追求企业、员工、客户、股东的共同发展,持续为客户提供更高价值的解决方案,不断满足客户发展变化的需求,从而提高客户企业的管理水平,进而实现本公司和员工的核心价值。

## 3. A公司与B公司的关联关系及变化

(1)挂牌时为间接控股关系。A公司直接持有Y公司60%的股份,Y公司持有B公司80.28%的股份。B公司其他19.72%的股份为其他五个自然人持有,每人的持股比例均不足10%。此五人均为B公司董事、高级管理人员或核心员工。B公司股权关系如图1所示。

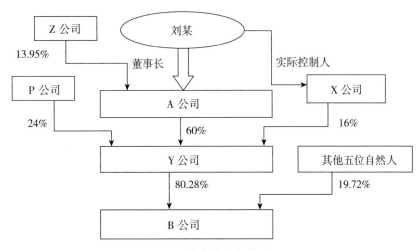

图1 变化前股权关系

A 公司直接持有 Y 公司 60%的股份，Y 公司持有 B 公司 80.28%的股份，A 公司间接控制 B 公司，构成关联方关系。

（2）挂牌后的股份转让及变化。B 公司挂牌之后，于 2015 年进行两次股票定向增发。

第一次股票定向增发，认购对象为 31 名高级管理人员或核心员工，共发行 334 万股，每股 2.38 元，募集资金 794.92 万元。认购方式为现金认购。原控股股东未参与此次认购，故控股比例有所下降。该发行计划于 2015 年 11 月在全国中小企业股份转让系统完成备案，新增股份挂牌并公开转让。光大证券作为主办券商为本次发行出具合法合规意见。

第二次股票定向增发，认购对象为 24 名核心员工，共发行 116 万股，每股 2.38 元，募集资金 276.08 万元。认购方式为现金认购。原控股股东未参与此次认购，故控股比例有所下降。该发行计划于 2015 年 12 月在全国中小企业股份转让系统完成备案，新增股份挂牌并公开转让。光大证券作为主办券商为本次发行出具合法合规意见。

除股票发行事项外，B 公司上层持股结构经历了两次重大变动。

变动一：B 公司在 2015 年被间接收购，即 X 公司收购 Y 公司，从而间接收购挂牌公司 B。

本次收购涉及挂牌公司 B 控股股东 Y 公司的权益结构变动，涉及实际控制人变更，但不涉及公众公司（B 公司）的股权结构变动。收购前，挂牌公司 B 控股股东为 Y 公司且其持股比例为 80.28%，上市公司 A 持有 Y 公司 60%的股权。由于上市公司 A 股权较为分散，挂牌公司 B 无实际控制人，因此本次收购以 X 公司为实施主体，涉及资金 7 494.90 万元。其中，3 870 万元用于支付 P 公司持有 Y 公司 24%股权的转让价款，3 624.90 万元用于增资 Y 公司。

本次收购后，X 公司持有 Y 公司 51.01%股份，刘某成为公众公司 B 实际控制人。

变动二：X 公司被增资并购，刘某失去对 X 公司的控制。

挂牌公司 B 于 2015 年 12 月 15 日接到 X 公司发来的告知函，X 公司系 B 公司控股股东 Y 公司的控股股东。根据告知函，大连对外贸易经济合作局下发的《关于外资并购 X 公司的批复》同意 Z 公司对 X 公司增资，X 公司注册资本增至 37 000 万元。

增资并购后,X 公司转变为中外合资经营企业,刘某以各种方式持有 X 公司的股权比例降至 40.54%,其他股东的持股比例也均在 20% 以下,持股比例较为分散。X 公司不再设股东会,任何股东不能通过所持有的 X 公司股权对其决策形成控制。由于 X 公司股权结构发生变化,其董事会的组成、权限及决策程序也相应发生变化。董事会变更为 X 公司的最高权力机构,通过董事席位和议事方式的更改,达到了无实际控制人的目的。基于上述变化,本次增资完成后,X 公司不存在控股股东,也不存在实际控制人。

本次收购后,由于刘某失去了对 X 公司的控制,X 公司变更为无实际控制人,因此挂牌公司 B 也变更为无实际控制人。

(3) 目前持股比例及关联关系。挂牌公司 B 经上述间接收购及两次增资之后,股权关系如图 2 所示。

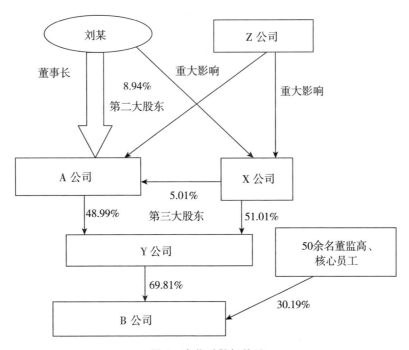

图 2 变化后股权关系

A 公司直接持有 Y 公司 48.99% 的股份,失去了对 B 公司的控制,B 公司不再纳入 A 公司的报表合并范围。但是,由于刘某为上市公司 A 的董事长,同时能对 B 公司实施重大影响,因此 A 公司与 B 公司构成关联关系,依然是关联方。

# 二、A 公司与 B 公司关联交易情况

## （一）日常业务上，B 公司依赖于 A 公司

2015 年 3 月 11 日，B 公司第一届董事会第十四次会议审议通过《关于预计 2015 年度日常性关联交易的议案》，并提交 2014 年度股东大会审议。该议案经股东大会审议通过。预计与 A 公司发生合同业务 3 890 万元，预计与 A 公司发生房屋租赁关联交易 60 万元。

截至 2015 年 6 月 30 日，根据挂牌公司 B 披露的半年报数据，2015 年上半年，B 公司累计从 A 公司采购商品、接受劳务 65 万元，接受其他关联方劳务约 34 万元；向 A 公司销售商品、提供劳务 1 273 万元，向其他关联方提供劳务 2.4 万元。实际发生租赁关联交易合计 26 万余元。

由此可见，在日常性关联交易中，向上市公司 A 销售商品、提供劳务涉及金额最大，为 1 273 万元，远远超过同期其他项目。该项目正是挂牌公司 B 的营业收入来源。根据 B 公司 2015 年半年报，2015 年 1—6 月，挂牌公司 B 的营业收入为 3 552 万元，净利润为 -649 万元。向 A 公司销售商品、提供劳务关联交易金额占同期营业收入的 35.84%，超过 1/3，不可谓不高。B 公司对 A 公司关联交易收支差额为 1 208 万元，净收入 1 208 万元，而同期利润为 -649 万元，关联交易收支差额对同期利润的影响巨大，剔除关联交易影响后，挂牌公司 B 亏损状况更加严重。

在 2015 年半年报时点上，A 公司控制 B 公司，B 公司在 A 公司的合并范围内。因此，A 公司与 B 公司的经营性关联交易，主要体现在 B 公司的财务报告上。

根据上市公司 A 披露的半年报数据，2015 年上半年营业收入为 316 150 万元，营业总成本为 315 830 万元，营业利润为 2 542 万元，净利润为 10 966 万元；接受 B 公司商品和劳务金额为 1 273 万元，占当期营业总成本的比例为 0.4%；关联交易收支差额为 -1 208 万元，占当期营业利润的 -47.5%，占净利润的 11.02%。总体而言，上市公司 A 与挂牌公司 B 日常经营类关联交易占营业收入、营业成本的比例很低，对公司经营并不造成重大影响；但是，由于上市

公司 A 的盈利性较差,关联交易进销差额占公司营业利润及净利润的比例略大。

## (二) 资金上,B 公司依靠 A 公司输血

挂牌公司 B 与上市公司 A 在资金往来上,不存在上市公司 A 占用挂牌公司 B 的现象,而存在挂牌公司 B 从上市公司 A 的子公司 Y(B 公司的母公司),获取资金支持的情况。

根据 2015 年半年报,挂牌公司 B 在关联方应收账款项目上应收上市公司 A 账款 172 万元,与当期 3 552 万元的营业收入相比,金额不算大,应当属于正常商业往来。在其他应收款中,存在关联自然人曲延斌(股东、总经理)占用备用金 72 万元。

在挂牌公司占用关联方资金方面,B 公司接受 Y 公司通过兴业银行某分行的委托贷款 1 000 万元,贷款期限为 1 年,利率为 6.48%。Y 公司是 B 公司的控股股东。名义上,上市公司 A 与挂牌公司 B 不存在直接的资金借贷往来,但是 Y 公司实质上被纳入上市公司 A 的报表合并范围,可以说是 A 公司的子公司。所以,该交易为关联交易。该事项发生时,当期银行基准贷款利率为 6.00%,关联方委托贷款利率水平未明显高于当期基准贷款利率。

## (三) 资产重组上,B 公司高溢价从 A 公司收购资产

自 2014 年 12 月 12 日开始,B 公司在全国中小企业股份转让系统披露暂停转让公告,筹划重大资产重组事项。后经多次延期,终于在 2016 年 1 月 1 日披露支付现金购买资产暨关联交易之资产重组相关董事会决议、法律意见书、重组报告书和资产评估报告。此后,B 公司处于继续停牌中,停牌时间已长达一年多。

挂牌公司 B 于 2013 年 7 月 3 日在全国中小企业股份转让系统挂牌,极大地拓展了发展空间。经双方协商,挂牌公司 B 拟收购上市公司 A 拥有的 ERP 业务(包括与 ERP 业务相关的资产、客户、业务合同、管理方法等),以扩大挂牌公司 B 的业务收入规模,提升市场竞争力。重大资产重组内容如下:

1. 交易标的与价格

挂牌公司 B 拟购买上市公司 A 拥有的 ERP 业务线资产及五项软件著作权资产。根据辽宁元正资产评估有限公司出具的元正(沈)评报字〔2015〕第 87 号《资产评估报告》,截至 2015 年 6 月 30 日,上市公司 A 拥有的 ERP 业务线资产

评估价值为 30 013 010.58 元；根据辽宁元正资产评估有限公司出具的元正（沈）评报字〔2015〕第 88 号《资产评估报告》，截至 2015 年 6 月 30 日，上市公司 A 持有的五项软件著作权资产评估价值为 20 440 300.00 元。经挂牌公司 B 与上市公司 A 沟通协商，双方确认挂牌公司 B 以人民币 3 000 万元的价格直接受让上市公司 A 拥有的该 ERP 业务线资产，挂牌公司 B 以人民币 2 000 万元的价格直接受让上市公司 A 持有的五项软件著作权。挂牌公司 B 以现金方式分期支付资产转让对价。其中，上市公司 A 拥有的 ERP 业务线资产系独立于上市公司 A 其他事业部门、独立运营的业务线，拥有独立的客户资源及资产，独立核算收入、成本和费用；五项软件著作权资产包括协同办公系统 V 3.0、信息服务集成系统 V 5.0、短信服务系统 V 2.0、协作通信系统 V 2.0 和图像显示控制系统 V 1.0。

2. 构成重大资产重组

截至 2014 年 12 月 31 日，挂牌公司 B 合并财务报表资产总额为 82 242 781.44 元，净资产额为 56 181 183.79 元。本次交易拟购买的资产总额为 5 000 万元，占挂牌公司 B 最近一个会计年度经审计的期末资产总额的比例达到 50% 以上，符合构成重大资产重组的条件。因此，本次交易构成重大资产重组。

3. 上市公司 A 与挂牌公司 B 的决策程序

挂牌公司 B 董事会于 2015 年 12 月 31 日在公司会议室召开了第二届董事会第二次会议，并对本次交易相关议案进行了审议。因本次重大资产重组构成关联交易，关联董事回避了表决。根据《中华人民共和国公司法》《公司章程》《公司董事会议事规则》的相关规定，当出席董事会的无关联董事不足 3 人时，应将该事项提交股东大会审议。

上市公司 A 于 2015 年 12 月 31 日召开第七届董事会二十三次会议，审议通过了《关于转让 ERP 业务、计算机软件著作权的议案》，表决结果为同意 5 票、反对 0 票、弃权 0 票，关联董事回避表决。后经上市公司 A 第一次临时股东大会审议通过。

4. 资产评估及增值

本次交易的 ERP 业务相关标的资产均为上市公司 A 所有，不存在权属纠纷。该业务于 2015 年 6 月 30 日经审计的全部资产及相关负债，具体包括经审计的流动资产599.03万元、固定资产10.78万元、递延所得税资产0.087万元、净资产609.9万元,无负债。在持续经营假设条件下,采用资产基础法确定的ERP业务线资产评估价值为6 161 603.38元,比审计后账面净资产增值62 620.75元,增值率为1.03%;采用收益法确定的ERP业务线资产评估价值为30 013 010.58元,较账面净资产评估增值23 914 027.94元,增值率为392.10%。集团自1996年涉足ERP产品的实施与咨询服务,ERP业务线资产已形成特有的经营理念、经营策略、经营方法等。考虑到资产基础法仅能反映组成ERP业务线资产的各项资产和负债的自身价值,无法涵盖诸如客户资源、商誉、人力资源等无形资产的价值,经过对被评估企业财务状况的调查及历史经营业绩的分析,依据资产评估准则的规定,结合本次资产评估对象、拟转让的评估目标适用的价值类型,经过比较分析,评估师认为收益法的评估结果能更全面、更合理地反映被评估ERP业务线资产的价值。因此,评估师选定以收益法评估结果作为被评估ERP业务线资产价值的最终评估结果,即被评估ERP业务线资产价值的评估值为30 013 010.58元。

5. 支付方式

就ERP业务,挂牌公司B以货币方式分五年等额支付价款:2016年年底前支付转让总对价的1/5,计600万元;2017年年底前支付转让总对价的1/5,计600万元;2018年年底前支付转让总对价的1/5,计600万元;2019年年底前支付转让总对价的1/5,计600万元;2020年年底前支付转让总对价的1/5,计600万元。

就软件著作权资产,挂牌公司B以货币方式分五年等额支付价款:2016年年底前支付转让总价款的1/5,计400万元;2017年年底前支付转让总价款的1/5,计400万元;2018年年底前支付转让总价款的1/5,计400万元;2019年年底前支付转让总价款的1/5,计400万元;2020年年底前支付转让总价款的1/5,计400万元。

值得注意的是,B公司自2014年12月12日在全国中小企业股份转让系统披露暂停转让公告,筹划重大资产重组事项。后经多次延期,终于在2016年1月1日披露支付现金购买资产暨关联交易之资产重组相关董事会决议、法律意见书、重组报告书和资产评估报告。在此期间,停牌时间已长达一年多。在这一年中，A 公司与 B 公司的关联关系发生了变化。开始，A 公司直接持有 Y 公司 60%的股份，Y 公司持有 B 公司 80.28%的股份，A 公司间接控制 B 公司，构成关联方；现在，A 公司直接持有 Y 公司 48.99%的股份，失去对 B 公司的控制，B 公司不再纳入 A 公司的报表合并范围。但是，由于刘某为上市公司 A 公司的董事长，同时能够对 B 公司实施重大影响，因此 A 公司与 B 公司构成关联关系，依然是关联方。虽然仍为关联方，但由于持股结构的变化，本次重大资产重组的会计账务处理应不同。

## 三、关联交易审计中审计师关注到的风险

### （一）业务上，挂牌公司对关联交易过分依赖风险

在日常性关联交易中，挂牌公司 B 向上市公司 A 销售商品、提供劳务涉及金额最大，为 1 273 万元，远远超过同期其他项目。而该项目正是挂牌公司 B 的营业收入来源。根据挂牌公司 B 2015 年半年报，2015 年 1—6 月，挂牌公司 B 的营业收入为 3 552 万元，净利润为-649 万元；向上市公司 A 销售商品、提供劳务的关联交易金额占同期营业收入的 35.84%，超过 1/3。

### （二）上市公司与挂牌公司间资金占用的风险

2015 年半年报披露，挂牌公司 B 的关联方应收账款项目中应收上市公司 A 账款 172 万元，与当期 3 552 万元的营业收入相比，金额不算大，应当属于正常商业往来。在其他应收款中，存在关联自然人曲延斌（股东、总经理）占用备用金 72 万元。

B 公司接受 Y 公司通过兴业银行某分行的委托贷款 1 000 万元，贷款期限为 1 年，利率为 6.48%。Y 公司为 B 公司的控股股东，该交易为关联交易。该事项发生时，当期银行基准贷款利率为 6.00%，因此关联方委托贷款利率水平未明显高于当期基准贷款利率。

### （三）挂牌公司 B 高溢价收购关联方资产存在为上市公司做高净利润的风险

挂牌公司 B 购买上市公司 A 的 ERP 业务线及五项著作权资产，构成重大资产重组。

1. "业务"的认定涉及能否适用吸收合并会计处理

挂牌公司 B 购买的是上市公司 A 的 ERP 业务线及五项著作权资产,而不是独立的子公司。根据企业会计准则,只有 ERP 业务线符合独立业务的判定标准,才能参照吸收合并进行会计处理,收购方才能确认商誉。

上市公司 A 的 ERP 业务线是否真的满足独立业务的要求,值得怀疑。重组报告书并未给出详细的业务判定证据,只是以所属期间 ERP 业务线业务合同、资产等为起点编制了模拟资产负债表和模拟利润表。中天运会计师事务所(特殊普通合伙,具有从事证券、期货业务资格)对模拟财务报表出具了标准无保留意见的审计报告。

2. 资产评估报告的可靠性

资产基础法与收益法评估的增值额差别巨大,而最终选择评估增值率较高的收益法作为最后结果,评估增值的合理性受到质疑。在上市公司重组特别是关联方重组中,通常会签署盈利补偿协议。如果原股东转让给上市公司的资产没有满足资产评估报告中的利润增长预期,原股东将以现金或股份的方式补偿上市公司。而因新三板对盈利补偿协议未做强制性要求,故本次重组没有签署盈利补偿协议。在没有盈利补偿协议的情况下,高估值的合理性更值得怀疑。

3. 持股比例变化导致会计处理不同

A 公司与 B 公司的持股比例关系发生变化,持股比例的变化会导致会计处理的巨大差异,特别是会对 A 公司利润造成重大影响。

开始时,A 公司间接控股 B 公司,B 公司为 A 公司孙公司。因此,A 公司向其孙公司 B 转让业务线及著作权,交易价格与账面价格的差异在合并报表的口径下,并不能计入当期利润。

而现在,A 公司直接持有 Y 公司 48.99%的股份,失去了对 B 公司的控制,B 公司不再纳入 A 公司的报表合并范围。但是,由于刘某为上市公司 A 的董事长,同时能对 B 公司实施重大影响,因此 A 公司与 B 公司构成关联关系,依然是关联方。

(1) A 公司的会计处理。上市公司 A 本次交易应按照企业会计准则的相关规定,将收到的 ERP 业务线资产转让款扣除相关转让资产账面净值后的差额,确认为营业外收入,相关会计分录如下:

借:银行存款等
　　贷:存货
　　　　固定资产
　　　　应收账款
　　　　营业外收入

本次交易产生的营业外收入金额大致与评估增值金额一致,约为2 391万元。根据利润表数据,2015年上半年营业收入为316 150万元,营业总成本为315 830万元,营业利润为2 542万元,净利润为10 966万元。虽然本次交易产生的营业外收入占公司营业收入比例不是很高,但占2015年上半年营业利润的94%,占上半年净利润的21.8%,影响每股收益,从而极有可能对股价波动造成影响。

(2) B公司的会计处理,B公司的相关会计分录如下:
借:存货
　　固定资产等
　　应收账款
　　商誉
　　贷:银行存款
　　　　其他应付款等

本次交易产生商誉2 391万元。在2015年半年报日,挂牌公司B的净资产为4 968万元,总资产为7 570万元,本次商誉相对于净资产和总资产而言影响重大。

除会计处理对上市公司A利润的影响、对挂牌公司B资产结构的影响外,挂牌公司B分期付款的付款方式更是将未来几年的现金流都抽往上市公司A。

4. 在挂牌公司资金短缺的情况下仍采用现金支付

首先,从资金往来来看,B公司接受Y公司通过兴业银行某分行委托贷款1 000万元,贷款期限为1年,利率为6.48%,说明挂牌公司B是缺少资金的,才会接受Y公司的委托贷款。其次,从挂牌公司B的财务报告来看,挂牌公司B的2014年年报、2015年半年报的经营活动现金流均为负,2015年半年报时点的现金仅为136万元,说明挂牌公司B客观上并没有支付如此高交易对价的现金能力。最后,从支付方式来看,本次交易对价 5 000 万元是通过五年分期、每年 1 000 万元的方式支付的,也从侧面说明挂牌公司 B 没有能力一下拿出这么多现金。

人们不禁要问,挂牌公司 B 如此缺钱,为什么还采用现金支付而不采用股份支付呢?如果上市公司 A 能摆脱对挂牌公司 B 的控股关系,两家公司间的交易便可以确认收益,进入利润表。

从以上四个方面的分析,我们不禁怀疑,上市公司 A 刻意改变持股比例以剥离资产、评估出高溢价,按照业务合并的会计准则为上市公司确认营业外收入,让挂牌公司确认商誉。

### (四) 跨层次市场关联交易信息披露一致性的风险

上市公司与挂牌公司的关联交易,应当保证信息披露的一致性。信息披露的一致性应当包括信息内容的一致性与披露时间的一致性。对于信息披露内容的一致性,较为容易实现;而对于披露时间的一致性,则需要协调。

在日常性关联交易的审议程序和信息披露上,上市公司与挂牌公司应当遵循的规则是一致的。在前一年度的年度股东大会召开之前,先通过董事会审议通过第二年预计的关联交易情况,再提交年度股东大会审议;年度股东大会在审议关联交易的议案时,相关关联股东应当回避表决,有表决权的股东比例 2/3 以上同意即通过。一旦通过,当年日常性关联交易就必须在年度股东大会批准的额度之内进行。若想超出预计额度,则必须重新执行相关审议程序,即通过董事会相关决议并提请召开临时股东大会审议,审议投票需非关联股东 2/3 以上同意才可通过。不同的是,上市公司重大关联交易应由独立董事认可后提交董事会讨论;而新三板未设立独立董事制度,故没有此环节。

对于日常性关联交易的信息披露,从程序上看,容易实现协调一致,关键点在于股东大会召开时间是否一致。若不一致,则股东大会决议及日常性关联交易公告的披露日期会不同。但是,由于日常性关联交易是预计未来一年的估计情况,时效性并非特别强。若日常性关联交易不对公司收入、利润产生重大影响,则信息披露前后时间略有差别并不会产生重大问题。

由于在 2014 年年报时点,上市公司 A 与挂牌公司 B 为控股关系,在年度股东大会中,上市公司 A 无须审议与孙公司(挂牌公司 B)的日常性关联交易,因此不存在信息披露一致性的问题。而 2015 年年报时点,上市公司 A 和挂牌公司 B 失去了控制与被控制的关系,2015 年股东大会均需要对 A 公司与 B 公司间关联交易进行审议,因此当协调好信息披露一致性的问题。

相对而言,关联方重大资产事项较难以协调。构成重大资产重组的投资或收购资产事项,应当履行重大资产重组相关程序。在拟筹划重大资产重组时,应当申请停牌。在董事会决议通过相关重组预案后,报交易所审核。若交易所审核通过则复牌,同时通知召开股东大会。上市公司及股东人数超过 200 的挂牌公司在交易所审核通过后,须报请中国证监会审核;而股东人数在 200 以下的挂牌公司,则不提交中国证监会审核。相对上市公司来说,股东人数在 200 以下的挂牌公司重大资产重组的流程更为简单、更为快捷。

挂牌公司 B 董事会于 2015 年 12 月 31 日在公司会议室召开了第二届董事会第二次会议,并对本次交易相关议案进行了审议。因本次重大资产重组构成关联交易,关联董事回避了表决。根据《中华人民共和国公司法》《公司章程》《公司董事会议事规则》的相关规定,出席董事会的无关联董事不足 3 人时,应将该事项提交股东大会审议。公司于 2016 年 1 月 22 日召开 2016 年第一次临时股东大会授权相关事项,目前处于全国股转系统审核阶段。

上市公司 A 于 2015 年 12 月 31 日召开第七届董事会二十三次会议,审议通过了《关于转让 ERP 业务、计算机软件著作权的议案》,表决结果为同意 5 票、反对 0 票、弃权 0 票,关联董事回避表决。后经上市公司 A 第一次临时股东大会审议通过。

在董事会召开及重大资产事项公告上,挂牌公司与上市公司实现了步调一致:在同一天召开了董事会,并于当日同时披露了相关公告。因本次交易金额相对于上市公司 A 来说较小,故不构成重大资产重组,不需要上交所和中国证监会审核,待全国股转系统审核完成后即可。值得注意的是,在全国股转系统审核通过之前,该事项仍具有不确定性,挂牌公司 B 仍在停牌阶段。上市公司 A 方面,在披露相关文件后,并未提示该交易的不确定性。此外,当该交易经全国股转系统审核通过、挂牌公司 B 复牌后,上市公司 A 从信息披露一致性的角度来看,也应当披露相关事项进展公告,确认该交易通过审核。

### (五)双向输送利益的风险

与传统的上市公司关联交易输送利益相比,上司公司和挂牌公司之间的利益输送存在双向性,既有可能上市公司向挂牌公司输送,也有可能挂牌公司向上市公司输送;还可能结合资本市场的市场情绪,将盈利和优质资产转移到估值较高的板块。例如,目前新三板火爆,上市公司可通过关联交易将有潜力的资产剥离至新三板。在新三板优质标的稀缺的情形下,该部分资产能够获得较高估值和较多融资。由于上市公司与挂牌公司的日常性关联交易较多,挂牌公司融资所得现金流又可以通过关联交易回流到上市公司。这种情况应当引起相关方的注意。

## 案例使用说明

### 一、教学目标与用途

适用课程：高级审计理论与实务、审计与内部控制。

适用对象：审计专业硕士、会计专业硕士，拓展适用于所有管理类的专业硕士（如 MBA 等），以及企事业单位高级管理人才。

教学目标：以挂牌公司 B 与上市公司 A 之间关联交易的产生和发展为基础，描述审计师识别关联交易以及审计中关注到的特殊风险，以此引导学习和理解挂牌/IPO 审计时如何识别交易，如何控制关联交易的风险，以实现规范管理关联交易的目的。

### 二、思考题

1. 上市公司 A 和挂牌公司 B 的关联交易有什么特殊性？

2. 结合本案例，分析并讨论上市公司 A 和挂牌公司 B 之间关联交易频繁的根源。

3. 结合本案例，分析并讨论挂牌公司 B 在复杂的转制后与上市公司 A 的关联关系更加隐形，如何规范管理。

4. 结合本案例，分析并讨论审计中应当关注哪些特殊的挂牌公司与上市公司之间关联交易的风险，如何控制此风险。

### 三、理论依据与案例分析

（一）对关联方的认定

1. 企业会计准则对关联方的认定

企业会计准则对关联方的认定如图 3 所示。

2. 主板市场交易所对关联方的认定

主板市场交易所对关联方的认定如图 4 所示。

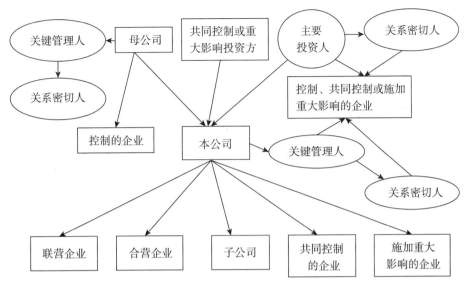

图 3 企业会计准则对关联方的认定

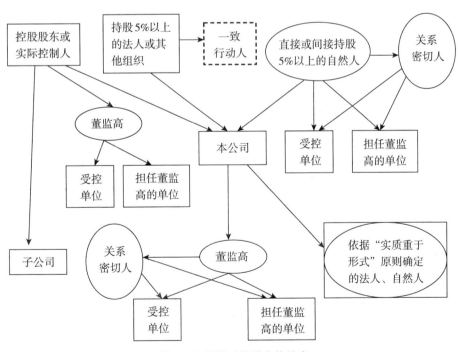

图 4 交易所对关联方的认定

注：图中虚线框中的"一致行动人"仅适用于深交所的规定，不适用于上交所的规定。

3. "新三板"市场对关联方的认定

根据股转公司信息披露细则第三节(关联交易)的相关内容,"挂牌公司的关联方及关联关系包括《企业会计准则第 36 号——关联方披露》规定的情形"。除此之外,一条兜底条款是:挂牌公司、主办券商或全国股份转让系统公司根据实质重于形式原则认定的情形也算关联方。实质上,"新三板"挂牌公司关联方的认定,基本上是以会计准则口径为基础的。

4. 各口径关联方认定的比较

企业会计准则及交易所对关联方认定的比较如表 1 所示。

表 1　各口径对关联方认定的差别比较

| 序号 | 比较项 | 《企业会计准则第 36 号》（挂牌公司以此为基础） | 上市规则 |
| --- | --- | --- | --- |
| 1 | 主体描述 | 一般采用"企业"进行表述 | 采用"法人或其他组织"进行表述 |
| 2 | 关联自然人的确定 | "关键管理人员"的概念 | 相关单位的董事、监事和高级管理人员 |
| 3 | 关联方是否包含子公司 | 是 | 否 |
| 4 | 关联单位的确定 | 采用控制、共同控制或重大影响的概念 | 一般有持股 5%以上的明确界定,也采用"直接或间接控制"等概念进行描述 |
| 5 | 关系密切家庭成员的界定 | 无界定 | 包括配偶、年满 18 周岁的子女及其配偶、父母及配偶的父母、兄弟姐妹及其配偶、配偶的兄弟姐妹、子女配偶的父母 |
| 6 | 潜在关联方和历史关联方 | 无界定 | 过去 12 个月内或者通过协议、安排在未来 12 个月内,存在关联自然人情形的,也被认定为关联方 |
| 7 | 是否有兜底条款 | 无 | 根据"实质重于形式"原则还可以确定其他关联方 |

(二)上市公司 A 和挂牌公司 B 之间关联交易频繁的原因分析

1. 业务不独立导致 B 公司在日常业务上依赖于 A 公司

根据挂牌公司 B 披露的半年报数据,2015 年上半年,B 公司累计从 A 公司采购商品、接受劳务 65 万元,接受其他关联方劳务约 34 万元;向上市公司 A 销售商品、提供劳务 1 273 万元,向其他关联方提供劳务 2.4 万元;实际发生租赁关联交易合计金额 26 万余元。

由此可见,在日常性关联交易中,向上市公司 A 销售商品、提供劳务涉及金额最大,为 1 273 万元,远远超过同期其他项目。而该项目正是挂牌公司 B 的营业收入来源。根据挂牌公司 B 2015 年半年报,2015 年 1—6 月,挂牌公司 B 的营业收入为 3 552 万元,净利润为 -649 万元,向上市公司 A 销售商品、提供劳务关联交易金额占同期营业收入的 35.84%,超过 1/3,不可谓不高。

挂牌公司 B 日常经营类关联交易情况反映了众多挂牌公司日常经营类关联交易的现状。由于"新三板"进入门槛的设置较低,股东人数不超过 200 的企业挂牌仅需通过全国中小企业股份转让系统挂牌部的审核。在挂牌审核阶段,关联交易相关事项需在公开转让说明书相关文件中披露,需律师、会计师及主办券商出具相关的意见,说明关联交易的合理性和必要性。在充分披露的情况下,关联交易并不对拟挂牌公司的挂牌行为造成实质性影响。另外,除挂牌公司以外,挂牌公司实际控制人往往还注册经营其他公司。在这些公司中,有的已上市,有的未上市;有的与挂牌公司主业相关,有的与挂牌公司主业无关;有的与挂牌公司有日常业务往来,有的与挂牌公司虽无日常业务往来但也存在房屋租赁等关联交易行为。正是出于这样的原因,挂牌公司普遍存在日常经营类关联交易占比较大的问题。从另一方面来说,这也是由于挂牌公司规模较小、业务不够独立造成的。

与之形成对比的是,上市公司日常经营类关联交易金额占营业收入比例通常比较小。这是因为 IPO(首次公开募股)在审批制的现状下,对同业竞争、关联交易及独立性问题的把控较为严格。同业竞争和关联交易较为严重的企业,很难通过 IPO 审核,完成上市。IPO 的审核,通常禁止同业竞争,禁止严重影响公司独立性或者显失公允的关联交易。对于同业竞争和关联交易的严格管控,自 2015 年 11 月 6 日中国证监会发布《首次公开发行股票并上市管理办法(征求意见稿)》《首次公开发行股票并上市管理办法》修订说明以后,才取消对禁止同业竞争、禁止严重影响公司独立性或者显失公允的关联交易的要求,而更加注重信息披露。

由于上市公司的业务规模和体量通常远远大于挂牌公司,因此上市公司与挂牌公司之间关联交易的金额相对于上市公司来说通常不大,但对挂牌公司的可能影响巨大,挂牌公司的营业收入和利润极易受影响。挂牌公司的融资通常较为频繁,也有动机做高收入和利润,应当予以关注。

如果挂牌公司的收入和利润过于依赖日常业务经营的关联交易,一方面使得挂牌公司营业收入和利润含金量下降,另一方面可以通过日常关联交易随意调节挂牌公司的利润。若挂牌公司 B 业绩靓丽,则有利于从"新三板"这个融资便捷的市场获得投资,从而促进挂牌公司成长。解决挂牌公司依赖关联交易的问题,最好的办法是合理剥离上市公司与挂牌公司业务紧密部分,将整个业务链条装入挂牌公司。这才是永久性地解决日常性关联交易过多的根本方法。

2. 挂牌公司 B 发展较快且造血能力不足,导致 B 公司在资金上依靠 A 公司输血

大多数新三板挂牌公司正处于成长发展期,对资金的需求量大,股票发行虽速度较快但未必及时,银行贷款又出于企业规模原因而未必能足额,因此存在从关联方借款的情况。

挂牌公司 B 2015 年半年报净利润为 -649 万元,经营活动现金流为 -2 414 万元。从前几个年度看,2010—2014 年经营活动净现金流分别为 -710 万元、-111 万元、257 万元、37 万元和 -341 万元。挂牌公司 B 自身的造血能力实在很差。

与之相对应的是,挂牌公司 B 的资产增长速度较快,2010 年总资产为 3 425 万元、净资产为 3 115 万元;2015 年半年报时点的总资产为 7 570 万元,净资产为 4 968 万元。总资产增长比例超过了 100%,净资产增长了接近 60%。不难看出,总资产增长速度超过了净资产增长速度。

对于新三板挂牌公司,由于企业规模较小、盈利状况及现金流情况较差,很难得到银行贷款,主要的资金来源还是股东的资本金投入。而我们在挂牌公司 B 中不难发现,其负债水平较前些年有所提升,借款主要来自关联方(也只有关联方才有理由、有动机借钱给支付能力并不强的中小企业)。

从关联方获取支持无可厚非,毕竟是有利于挂牌公司发展的事项。但是,应当充分考虑从关联方获取资金的成本,以及关联方委托贷款利率水平是否明显高于当期基准贷款利率。若利率过高,则不排除通过支付利息向大股东转移

利润的嫌疑,这样的做法是侵犯中小股东合法权益的。

3. 众多原因导致 B 公司高溢价从 A 公司收购资产

在重组报告书中,B 公司将本次收购上市公司 A ERP 业务线的原因表述为两方面:一方面,新增 ERP 业务的多条行业线,为相关行业领域的业务拓展奠定了技术基础,提升了客户规模及数量,增强了抗风险能力,弥补了挂牌公司 B 在海外的业务以及海外客户在国内业务的欠缺,为公司收入增长进一步提供了保障;另一方面,在 B 公司挂牌初期,由上市公司 A 出具了《关于避免挂牌公司 B 产生同业竞争行为的措施说明》,本次收购完成彻底解决了挂牌公司 B 与上市公司 A 潜在的竞争问题,有效提升了挂牌公司 B 在行业内的声誉、影响力和竞争力。

对于 B 公司在重组报告书中提到的两个原因,人们持怀疑态度。业务整合可能是本次合并的目的之一,但并非最重要的。至于解决同业竞争问题,我们认为较为勉强。自挂牌之初就存在潜在的同业竞争问题,一直没有解决,为什么偏偏现在要解决? 如果是以解决同业竞争为目的的资产重组,那么应当是有利于挂牌公司的,但从交易对价上看,挂牌公司 B 是支付了高溢价的,而且没有签署相关的盈利承诺补偿协议。案例中关联关系复杂的变动情况及适用的会计处理问题,不排除为上市公司创造营业外收入、做大净利润的可能性。

(三)建立统一的多层次资本市场关联方及关联交易规范管理监管平台

1. 对关联方及关联交易实施各层次市场监管口径的差异化

由于不同层次资本市场的市场准入门槛不同、投资者素质不同、公众公司的公司治理水平不同等,应当保持对关联交易监管口径的不同。

从市场准入门槛来看,目前新三板实行的是类似注册制的准入制度,在这样的制度下,关联交易不应当一刀切地成为拟挂牌公司的阻碍,而应当做详细的信息披露以供投资者参考。在挂牌时,虽然关联交易不构成实质性障碍,但应当关注挂牌公司的业务独立性,尤其是从上市公司剥离的挂牌公司业务的独立性。对于上市公司来说,IPO 目前仍然是审批制、未实行注册制的大环境下,市场准入门槛较高。在不同的准入条件下,监管层应当保持监管口径的差异化。

从投资者适当性来看,新三板投资者的专业素质和风险承受能力较强,主板市场投资者的散户化则较严重,对关联交易的识别和判断并不具备专业能力。在这样的投资者适当性条件下,监管层应当保持监管口径的差异化。

从公司治理水平来看,新三板企业管理人员对公司中委托-代理关系的理解不深、对公司治理的议事程序不了解、对资本市场信息披露不熟悉,往往会产生不合规的情况。在这种情况下,最符合实际的解决方法就是充分发挥主办券商持续督导的作用,以教育为主、惩罚为辅的方式,培育企业与市场共同成长。

从具体监管口径来看,新三板应当更加注重信息披露,而不是由监管者做主观判断。而主板市场应当严格遵守现有关联交易管理制度。

2. 建立关联企业库,协调不同层次资本市场信息披露的一致性

在信息披露的时间上,不能存在主板已披露、新三板相关公司还未披露相关信息的事件。在信息披露的内容上,对于同一事件的信息披露尺度,也不能存在一方市场详细、另一方市场简略的情况,更不能存在一方披露、另一方不披露的情形。监管层应当保证信息披露的及时性、一致性和不同市场的协调性。

要达到这一目的,我们认为首先应当建立不同层次资本市场的关联企业库。在关联企业库中,应当将关联企业建立起联系,比如本案例中的上市公司A及挂牌公司B就应当入库。关联企业库中的企业在披露重大信息时,应当保证时点的一致。重大信息披露事件,包括但不限于年报披露、重大资产重组、关联方担保或借贷等。对于关联企业库中关联企业相互之间的重大事件,需报交易所审核的,应当同时报请各自交易所批准。各自交易所批准审核无误后,应当报请中国证监会相关机构协调统一核准。不能存在一方交易所核准、另一方交易所核准未通过的情形。审核通过后,相关信息披露公告应当同时披露。

3. 中国证监会设计顶层架构、统一监管

中国证监会应当设计顶层架构,构建统一的多层次资本市场的关联方及关联交易信息披露和关联交易管控平台。由于新三板的设立,中国资本市场正向多层次发展,不同层次的企业也不断地发生关联交易。对于关联交易信息披露的内容、时间等,应当做统一的顶层架构设计。上市公司和非上市公众公司的关联交易相关制度及其他制度,需要证监会做好顶层设计,构建统一的多层次资本市场的关联方及关联交易信息披露和关联交易管控平台。

这个平台的建立,必须高于交易所层面,才能起到协调和监管的作用。证监会应当成立专门的下属部门,协调交易所层面的工作,管理多层次资本市场

的关联方及关联交易信息披露和关联交易管控平台。对于关联企业库中关联企业相互之间的重大事件,需报交易所审核的,应当同时报请各自交易所批准。各自交易所审核无误后,应当报请证监会相关机构协调统一核准。不能存在一方交易所核准、另一方交易所核准未通过的情形。审核通过后,相关信息披露公告应当同时披露。

对于关联方及关联交易的认定,目前会计准则、新三板及主板的认定方式虽然实质趋同但仍有细小差别,应当予以统一规范。

4. 各交易所之间协调配合、共同管控

深交所、上交所、全国股转系统应当多方协调配合、共同管控。对于上市公司与挂牌公司的关联交易事项,特别是重大资产重组事项,不仅影响新三板挂牌公司,更影响上市公司。在相关事项的批准和备案中,两方交易所应当协调配合,不仅针对相关企业信息共享方面,还包括审核流程、信息披露时间、停复牌等。不建立相应的交流机制,必然不利于多层次资本市场的构建和发展。

在年报等信息披露文件中,关联方及关联交易部分(如相关关联方在其他层次资本市场公开交易),应当充分披露。各交易所应当根据披露情况,与对方确认协调,并将有关企业加入关联企业库,纳入多方统一管理的范围之内。

(四)关联交易审计中审计师关注到的特殊风险

1. 业务上,挂牌公司对关联交易过分依赖的风险

如果挂牌公司的收入和利润过于依赖日常性业务的关联交易,则一方面使得挂牌公司营业收入和利润的含金量下降,另一方面,是可能通过日常关联交易随意调节挂牌公司的利润。在资本市场中,净利润、每股收益等财务指标深重地影响投资者对股票价格的判断与评估。由于新三板市场对投资者适当性有要求,投资者资产规模大、专业知识丰富、水平相对较高,其承受风险能力也较高。有理由认为,合格投资者能够识别收入中关联交易贡献部分。因此在新三板市场,虽然日常性关联交易与收入规模相比占比较高,但是在信息披露完整的情形下,投资者能够加以识别和分辨。这样,治理日常性关联交易的重点就应当放在信息披露上。而现实中,很多挂牌公司在年度股东大会召开时,并未审议日常性关联交易相关议案,或者虽已审议但未披露关联交易公告。造成这种情况,通常是由于挂牌公司信息披露相关人员素质较低,对关联交易相关

程序及信息披露不了解,从而未能在第一时间完成信息披露。为了解决此问题,除挂牌公司应当加强相关规定的学习外,主办券商应当更加勤勉地履行持续督导义务,提高信息披露的质量。

2. 上市公司与挂牌公司间资金占用的风险

新三板企业股票增发采用备案制,再融资程序相对于主板更为便捷,这也使得每年有相当多的企业通过发行股票获取资本。新三板股票发行对资金用途并未严格限制,也不要求专款专户专用,因此相对于主板来说,应当更加关注新三板企业,防止股票融资被大股东挪用侵占。新三板挂牌企业的实际控制人、控股股东也应当加强法律意识,避免发生违规行为,确保资金用在企业发展上。

由于很多挂牌公司正处于成长发展期,对资金的需求量大,股票发行虽速度较快但未必及时,银行贷款又由于企业规模而未必能足额,因此从关联方获取支持无可厚非,毕竟是有利于挂牌公司发展的事项。但是,我们应当充分考虑从关联方获取资金的成本,以及关联方委托贷款利率水平是否明显高于当期基准贷款利率。如果利率过高,不排除挂牌公司通过支付利息向上市公司转移利润的嫌疑,这样的做法是侵犯中小股东合法权益的。

3. 挂牌公司关联交易非关联化

持股比例的降低,一方面使得关联关系由显性化走向隐形化,另一方面挂牌公司不被纳入上市公司报表合并范围,方便挂牌公司向上市公司输送利润。本次重大资产重组即为一个例子。在失去控股权后,通过关联交易调节上市公司和挂牌公司的利润将更为便捷,巧妙地利用了会计准则。这方面应当引起监管部门的重视以及中介机构的风险警惕。

4. 跨层次市场关联交易信息披露一致性的风险

由于信息是有价值的,能对证券价格波动产生重大影响,因此上市公司与挂牌公司的关联交易应当保证信息披露的一致性。信息披露的一致性应当包括信息披露内容的一致性和时间的一致性。对于信息披露内容的一致性,较为容易实现;而对于信息披露时间的一致性,则需要协调。

在日常性关联交易的审议程序和信息披露上,上市公司与挂牌公司应当遵循的规则是一致的。在前一年度的年度股东大会召开之前,先通过董事会审议通过第二年预计的关联交易情况,再提交年度股东大会审议。年度股东大会审议关联交易的议案时,相关关联股东应当回避表决,有表决权股东比例2/3以上同意即通过。一旦通过,当年日常性关联交易应当在年度股东大会批准的额度之内进行。若想超出预计额度,则必须重新执行相关审议程序即通过董事会相关决议,并提请召开临时股东大会审议,审议投票需非关联股东2/3以上同意才可通过。不同的是,上市公司的重大关联交易应由独立董事认可后提交董事会讨论;而新三板未设立独立董事制度,故没有此环节。

日常性关联交易的信息披露上,从程序上看,容易实现协调一致,关键点在于股东大会召开时间是否一致。如果不一致,股东大会决议及日常性关联交易公告的披露日期就会不同。但是,因日常性关联交易是预计未来一年的估计情况,故时效性并非特别强。若日常性关联交易不对公司收入、利润产生重大影响,则信息披露前后时间略有差别并不会产生重大问题。

相对而言,关联方重大资产事项较难以协调。构成重大资产重组的投资或收购资产事项,应当履行重大资产重组相关程序。在拟筹划重大资产重组时,应当申请停牌。在董事会决议通过相关重组预案后,报交易所审核。交易所审核通过则复牌,同时通知召开股东大会。上市公司及股东人数超过200的挂牌公司在交易所审核通过后,须报请中国证监会审核;而股东人数在200以下的挂牌公司,则不须提交中国证监会审核。相对上市公司来说,股东人数在200以下挂牌公司的重大资产重组流程更为简单、更为快捷。

挂牌公司B董事会于2015年12月31日召开了第二届董事会第二次会议,并对本次交易相关议案进行了审议。因本次重大资产重组构成关联交易,关联董事回避了表决。根据《中华人民共和国公司法》《公司章程》《公司董事会议事规则》的相关规定,出席董事会的无关联董事不足3人时,应当将该事项提交股东大会审议。公司于2016年1月22日召开2016年第一次临时股东大会授权相关事项,目前处于全国股转系统审核阶段。

上市公司A于2015年12月31日召开第七届董事会二十三次会议,审议通过了《关于转让ERP业务、计算机软件著作权的议案》,表决结果为同意5票、反对0票、弃权0票,关联董事回避表决。后经上市公司A第一次临时股东大会审议通过。

在董事会召开及重大资产事项公告上,挂牌公司与上市公司实现了步调一致。在同一天召开了董事会,并于当日同时披露了相关公告。因本次交易金额相对于上市公司 A 较小,故不构成重大资产重组,不需要上交所和证监会审核,待全国股转系统审核完成后即可。值得注意的是,在全国股转系统审核通过之前,该事项仍具有不确定性,挂牌公司 B 仍在停牌阶段。上市公司 A 方面,在披露相关文件后,并未提示该交易的不确定性。另外,当该交易经全国股转系统审核通过、挂牌公司 B 复牌后,上市公司 A 从信息披露一致性的角度来看,也应当披露相关事项进展公告,确认该交易通过审核。

5. 利益输送双向性的风险

与传统的上市公司关联交易输送利益相比,上司公司和挂牌公司之间利益输送存在双向性,既有可能上市公司向挂牌公司输送,也有可能挂牌公司向上市公司输送;还可能结合资本市场的市场情绪,将盈利和优质资产转移到估值较高的板块。例如,目前新三板火爆,上市公司可通过关联交易将有潜力的资产剥离至新三板。在新三板优质标的稀缺的情况下,该部分资产能够获得较高估值和较多融资。由于上市公司与挂牌公司的日常性关联交易较多,挂牌公司融资所得现金流又可以通过关联交易回到上市公司。这种情况应当引起相关方的注意。

## 四、教学安排

(一) 案例资料及讨论顺序

案例资料应在课前发给学员,让学员阅读并进行小组讨论。

案例讨论的知识储备部分可以由教师提出知识点,建议学员上网或课前阅读相关文献归纳总结并在课堂上陈述。这部分内容也可以由教师在课堂上进行简要的介绍和讲授。

案例讨论主题如表 2 所示。

表 2　案例讨论主题

| 序号 | 讨论主题 | 案例中的相关线索 | 涉及的相关理论和知识 | 结论/启示/感受 |
| --- | --- | --- | --- | --- |
| 1 | A 公司与 B 公司复杂的关联关系 | | | |
| 2 | A 公司与 B 公司的关联交易情况 | | | |
| 3 | 不同层次市场关联交易披露的不同 | | | |
| 4 | 审计师关注到的关联交易风险 | | | |

## （二）课时分配

1. 课前自行阅读资料,约2小时。

2. 讨论小组讨论并提交讨论记录,约1小时。

3. 讨论小组推荐代表陈述并进一步讨论,约1小时。

4. 课堂讨论与总结,约0.5小时。

## （三）讨论方式

可以采用分小组头脑风暴式讨论,要求各讨论小组推荐代表陈述观点。

## （四）课堂讨论与总结

课堂讨论与总结的关键是:归纳发言者的主要观点;重申讨论的重点和亮点;提请学员进一步思考焦点问题或争论问题;建议学员对案例素材进行拓展研究和深度分析。

## 五、主要参考文献

1. 郝玉贵,刘李晓.关联方交易舞弊风险内部控制与审计——基于紫鑫药业案例的研究[J].审计与经济研究,2012,4:26—35.

2. 刘熔芬.浅议上市公司关联方交易舞弊及审计策略[J].当代经济,2014,11:114—115.

3. 吕伟,林昭呈.关联方交易、审计意见与外部监管[J].审计研究,2007,4:59—66.

4. 杨黎明,孙德轩.关联交易非关联化的公司治理与内部控制对策——基于科达股份的案例分析[J].会计之友,2011,13:36—38.

（吕广原编写,李晓慧校审）

# ABC 自动化公司：挂牌审计的风险控制

刘超铭

**摘 要**：针对 ABC 自动化公司两次在新三板申请挂牌时被监管者质询的相关财务问题，描述审计师对相关问题的查证及处理，引导学员思考审计师在新三板市场上挂牌审计应当关注哪些风险，如何运用风险导向审计控制审计风险。

**关键词**：挂牌审计　审计风险　风险应对

## 一、市场背景

截至 2016 年年底，新三板挂牌数量超过 10 000 家，监管上也出现了一定难度。挂牌公司数量多、质量参差不齐，因此股转系统出具了《全国中小企业股份转让系统挂牌业务问答——关于挂牌条件适用若干问题的解答（二）》，附加了准入条件（包括明确的负面清单）。对于已经挂牌成功的公司，股转系统督促主板券商和会计师事务所核查关联方资金占用情况，出具专项审计报告。可见，监管趋严不可能是短期现象，结合目前新三板推出的"分层"制度，更足以看出监管机构将三板市场规范化的决心。根据图 1 新三板挂牌数量按月度统计也能看出，股转系统在 2016 年 8 月一次性通过 900 余家拟挂牌公司的审核，随后 9 月即出台新的准入规则，挂牌数量较政策出台前有明显下降。

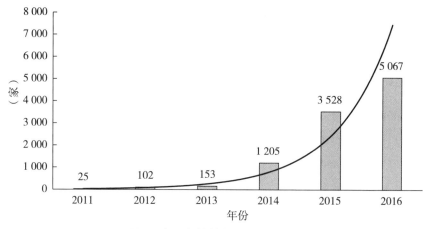

图 1　新三板挂牌数量分年度统计

# 二、ABC自动化公司基本情况

## （一）主营业务及主要产品

1. 主营业务

ABC自动化公司主营业务包括信息化及工业自动化系统集成、信息化系统运行维护、仪表检定检测、软件开发及服务、仪控产品销售及维修,业务范围遍及冶金、化工、矿山等多个领域。

ABC自动化公司近两年着力打造出远程集中计量、车辆卫星定位智能服务平台、营销综合管理系统、能源中心管理系统、网上招投标综合管理系统等具有自主独创技术的核心解决方案和软件产品。

公司主营业务突出明确,近年主营业务没有发生重大变化。2014年、2015年及2016年1—6月,公司主营业务收入金额分别为37 785 435.69元、97 728 950.75元和51 243 461.50元,占营业收入比重均为100.00%。

2. 主要产品

ABC自动化公司提供的产品或服务可分为系统集成、技术服务、软件产品及服务、仪控产品销售及维修四大类。

系统集成业务主要为客户提供自动化、信息化系统升级、改造服务,主要客户群体遍及冶金、电力、矿山、煤化等行业。公司凭借在自动化控制、网络信息技术等方面积累的丰富经验和技术实力,利用现代化自动控制技术、计算机技术、通信技术研制开发了多项自动化系统集成产品和解决方案。

技术(信息化系统维护)服务主要为F股份有限公司(与ABC自动化公司同为ABC集团控制下的上市公司)提供计量仪表、自动化、电气、网络信息化及通信系统运行维护服务。系统运行维护内容包括三大类:①基础设施运行维护,以硬件资产和软件资产可用为目的,包括支撑系统正常运行的网络系统、主机系统、安全系统、存储系统、机房专用设施和数据库等的运行维护服务;②应用系统运行维护,以系统整体可用和为业务提供可靠服务为目的,包括业务和应用的技术运行维护、信息内容服务的运行维护等;③信息资源维护类,以深化信息资源共享利用为目的,包括信息资源获取、处理、存储、传输和共享使用等。

软件产品及服务主要包括网上招投标综合管理系统和车辆卫星定位监控系统平台。

仪控产品销售主要为公司向客户销售的压力变送器、车载GPS终端及其他备品备件;仪控维修主要为公司向客户提供的仪控器具维修服务。

3. 主营业务收入构成

ABC自动化公司主营业务收入构成如表1所示。

表1 ABC自动化公司主营业务收入构成

| 产品名称 | 2016年1—6月 | | 2015年 | | 2014年 | |
| --- | --- | --- | --- | --- | --- | --- |
| | 营业收入(万元) | 占比(%) | 营业收入(万元) | 占比(%) | 营业收入(万元) | 占比(%) |
| 一、主营业务小计 | 5 124.35 | 100.00 | 9 772.90 | 100.00 | 3 778.54 | 100.00 |
| 1. 系统集成 | 1 893.33 | 36.95 | 3 281.67 | 33.58 | 3 321.40 | 87.90 |
| 2. 技术服务 | 2 811.57 | 54.86 | 6 101.30 | 62.43 | 167.65 | 4.44 |
| 3. 软件产品及服务 | 210.90 | 4.12 | 245.25 | 2.51 | 190.97 | 5.05 |
| 4. 仪控产品 | 208.55 | 4.07 | 144.67 | 1.48 | 98.52 | 2.61 |
| 二、其他业务小计 | 0.00 | 0.00 | 0.00 | 0.00 | 0.00 | 0.00 |
| 合计 | 5 124.35 | 100.00 | 9 772.90 | 100.00 | 3 778.54 | 100.00 |

## (二) 股权结构

### 1. 股权变动情况

截至 2016 年 6 月 30 日,ABC 自动化公司股东出资状况如表 2 所示。

表 2 ABC 自动化公司股东出资

| 序号 | 股东名称 | 出资金额(万元) | 出资比例(%) | 出资方式 |
| --- | --- | --- | --- | --- |
| ABC 自动化公司成立(2010 年 1 月 6 日) | | | | |
| 1 | ABC 集团有限责任公司 | 500.00 | 100 | 现金 |
| | 合计 | 500.00 | 100 | |
| 增加注册资本(2013 年 5 月) | | | | |
| 2 | ABC 集团有限责任公司 | 3 000.00 | 100 | 现金 |
| | 合计 | 3 000.00 | 100 | |
| 新股东加入,增加注册资本(2015 年 8 月 28 日) | | | | |
| 3 | ABC 集团有限责任公司 | 3 000.00 | 90 | 现金 |
| | ABC 集团贸易有限责任公司 | 333.33 | 10 | 现金 |
| | 合计 | 3 333.33 | 100 | |
| 整体变更(2015 年 11 月 25 日) | | | | |
| 4 | ABC 集团有限责任公司 | 5 040.00 | 90 | 净资产折股 |
| | | 560.00 | 10 | 净资产折股 |
| | 合计 | 5 600.00 | 100 | |

### 2. 股权结构图

ABC 集团有限责任公司注册资本为 220 000 万元,成立日期为 1995 年 12 月 27 日,营业期限自 1995 年 12 月 27 日至长期。其经营政府授权的国有资产;冶金产品和副产品、钢铁延伸产品、化工产品(不含易燃易爆及危险品)、冶金辅料、机加工产品、农副产品(不含棉、烟、茧、粮)生产经营;冶金机电设备设计、制造和经营,技术服务、协作、咨询服务;利用自有电视台,发布国内电视广告,承办分类电视广告业务;家电及配件、文体用品、广电器材的销售。

ABC 自动化公司股权结构如图 2 所示。

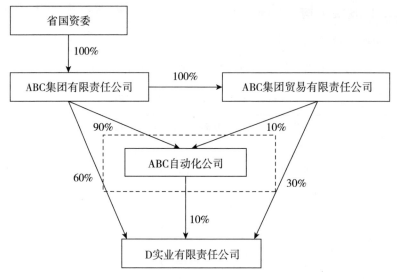

图 2　ABC 自动化公司股权结构

## （三）组织结构

ABC 自动化公司根据相关法律、法规、规范性文件和公司章程的要求，结合公司的实际情况，设置了各有关部门及职能机构，公司内部组织结构如图 3 所示。

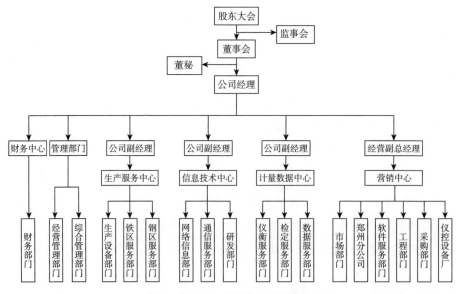

图 3　ABC 自动化公司组织结构

## （四）关联方情况

1. 关联方清单

如图4所示，ABC集团共有12家全资子公司和11家控股子公司，持有ABC自动化公司90%的股份，持有F股份有限公司60.14%的股份，F公司及其控制的5家子公司共同为上市实体。ABC自动化公司与F股份有限公司同受ABC集团有限责任公司的控制。F股份有限公司为ABC自动化公司主要的客户，ABC集团内的部分公司也是ABC自动化公司的客户。

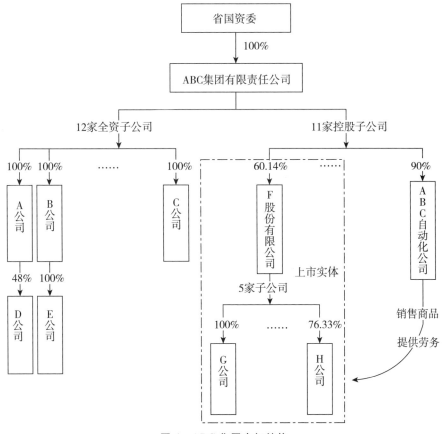

图4　ABC集团产权结构

2. 关联方交易

公司2014年、2015年和2016年1—6月对关联方提供的自动化及信息化产品与服务所产生的销售额分别为 31 913 532.21 元、90 109 541.34 元和

46 740 730.43元,分别占当期营业收入的84.45%、92.20%和91.21%,具体如表3、表4、表5所示。报告期内,虽然公司对关联方的销售额占当期营业收入的比例较高,但上述关联交易一方面具有发生的必要性,另一方面相关决策程序符合公司内部的相关制度、交易价格确定方法公平合理,因此公司与关联方之间不存在显失公平的关联交易。

表3 ABC自动化公司2014年关联方销售情况

| 关联方名称 | 关联交易内容 | 定价方式 | 2014年度 金额(元) | 占当期营业收入的比例(%) |
|---|---|---|---|---|
| F股份有限公司 | 计量仪表、自动化、电气、网络信息化及通信系统技术服务;集中计量 | 市场价 | 25 387 477.48 | 67.19 |
| ABC集团及其下属公司(不包括F股份有限公司及其下属公司) | 选矿自动化控制系统、集中计量、检定检测等 | 市场价 | 6 526 054.73 | 17.27 |
| | 合计 | | 31 913 532.21 | 84.46 |

表4 ABC自动化公司2015年关联方销售情况

| 关联方名称 | 关联交易内容 | 定价方式 | 2015年度 金额(元) | 占当期营业收入的比例(%) |
|---|---|---|---|---|
| F股份有限公司 | 计量仪表、自动化、电气、网络信息化及通信系统技术服务;集中计量;检定检测 | 市场价 | 82 081 161.75 | 83.99 |
| ABC集团及其下属公司(不包括F股份有限公司及其下属公司) | 选矿自动化控制系统、集中计量、仪控产品维修等 | 市场价 | 8 028 379.59 | 8.21 |
| | 合计 | | 90 109 541.34 | 92.20 |

表5 ABC自动化公司2016年1—6月关联方销售情况

| 关联方名称 | 关联交易内容 | 定价方法 | 2016年1—6月 | |
|---|---|---|---|---|
| | | | 金额(元) | 占当期营业收入的比例(%) |
| F股份有限公司 | 计量仪表、自动化、电气、网络信息化及通信系统技术服务;仪控产品维修 | 市场价 | 44 976 148.65 | 87.77 |
| ABC集团及其下属公司(不包括F股份有限公司及其下属公司) | 提升系统自动化改造、一卡通服务、仪控产品维修 | 市场价 | 1 764 581.78 | 3.44 |
| 合计 | | | 46 740 730.43 | 91.21 |

ABC自动化公司对关联方的销售和服务占公司营业收入的比例较高,在销售方面对关联方存在一定的依赖性。

### (五)税收优惠

ABC自动化公司于2013年9月23日取得省工信厅颁发的软件企业证书,根据财政部、国家税务总局《关于企业所得税若干优惠政策的通知》(财税〔2008〕1号),ABC自动化公司享受新办软件生产企业优惠政策,2013年1月1日至2015年12月31日减半征收企业所得税。

ABC自动化公司于2015年8月3日取得省科技厅、省财政厅、省国家税务局、省地方税务局联合颁发的高新技术企业证书,有效期为三年,2015年至2017年减按15%的税率计缴企业所得税。ABC自动化公司2015年研发费用占营业收入的比例未达标,因此未享受高新技术企业所得税15%的优惠税率。

## 三、第一次申请挂牌涉及的财务问题

ABC自动化公司与中介机构选定以2015年8月31日作为股改基准日,同时作为新三板挂牌项目申报基准日。全国中小企业股份转让系统于2015年12月25日受理了ABC自动化公司报送的申报材料,并于2016年1月25日、2016年3月9日先后两次对ABC自动化公司发出关于挂牌申请文件的反馈意见,反馈意见中涉及的主要财务问题如表6所示。

表6 第一次申请挂牌反馈意见统计(财务部分)

| 序号 | 反馈意见类型 | 具体问题 |
| --- | --- | --- |
| 第一次反馈意见 | | |
| 1 | 关联方 | (1) 请公司结合行业情况补充说明该维保服务合同的定价依据、续签情况及其对公司持续经营的影响<br>(2) 请公司补充分析说明在业务、资产、人员、财务和机构方面与控股股东以及实际控制人控制的其他企业的分开情况,结合历史销售采购情况重点分析业务方面是否存在关联方依赖<br>(3) 结合报告期内及期后的主要订单及其来源,分析论证公司的业务拓展能力<br>(4) 说明公司是否存在业务转型的计划,期后系统集成业务的开展情况及相应原因 |
| 2 | 应收票据 | (1) 请公司分别说明报告期内是否存在无真实交易背景的票据及其发生原因、总额、明细、解付情况及未解付金额<br>(2) 如未解付,请公司说明未解付的原因及依据,并对未解付票据金额对公司财务的影响程度进行分析<br>(3) 请公司说明对于该票据融资行为的规范措施及规范的有效性<br>(4) 请公司分析采用该票据融资与采用其他合法融资方式的融资成本的差异及其对公司财务状况的影响;公司若不采用该票据融资方式,是否对公司持续经营造成重大不利影响 |
| 3 | 应收账款 | 请公司补充说明是否存在无法收回的风险,并说明期后回款情况 |
| 4 | 收入 | 请公司补充说明并披露使用费收入的确认依据及具体时点 |
| 5 | 现金流量表 | (1) 请公司分析并披露经营活动现金流波动的合理性<br>(2) 请主办券商就净利润与经营活动产生的现金流量净额的匹配性发表意见 |
| 第二次反馈意见 | | |
| 1 | 业务性质 | (1) 请公司补充披露车辆卫星定位服务的业务性质,是否为公司主营业务,未来是否持续发生<br>(2) 请会计师结合车辆卫星定位服务使用费业务性质及金额两方面判断业务的重要性,补充分析公司车辆卫星定位服务使用费收入确认是否对公司财务报表产生重大影响,并发表明确意见 |

2016年2月3日、3月9日,主办券商连同会计师事务所、律师事务所针对上述两次反馈意见——向全国中小企业股份转让系统做出解释说明。但遗憾的是,2016年3月底,全国中小企业股份转让系统通知主办券商,以ABC自动化公司卫星定位业务收入核算不符合会计准则规定为由,要求其撤回申报材料。

## 四、第二次申请挂牌涉及的财务问题

ABC自动化公司与中介机构选定以2016年6月30日作为新三板挂牌项目申报基准日。

全国中小企业股份转让系统于2016年11月30日对ABC自动化公司发出关于挂牌申请文件的反馈意见,反馈意见涉及的主要财务问题如表7所示。

表7 第二次申请挂牌反馈意见统计(财务部分)

| 序号 | 反馈意见类型 | 具体问题 |
|---|---|---|
| 1 | 关联方 | (1)公司是否存在应披露未披露的关联方和关联交易;报告期关联交易的必要性、定价原则及公允性、未来是否持续、对关联方是否存在重大依赖、公司的独立性及解决措施等 |
| | | (2)报告期初至今,公司是否存在控股股东、实际控制人及其关联方占用或变相占用公司资金、资产的情形,核查占用具体情况包括不限于占用主体、发生时间、发生额、履行的决策程序、资金占用费或利息支付情况,是否违反承诺以及规范情况。请公司补充披露上述相关内容 |
| | | (3)如报告期内存在关联交易显失公允或存在其他利益安排,请量化分析并披露对公司财务状况的影响,并披露对关联交易的规范措施 |
| | | (4)进一步披露关联交易对公司业务完整性及持续经营能力的具体影响。请主办券商、会计师核查关联交易的必要性及公允性,发表专业意见,并着重说明对关联交易真实性的核查方法及程序 |

(续表)

| 序号 | 反馈意见类型 | 具体问题 |
|---|---|---|
| 2 | 收入 | 请根据《全国中小企业股份转让系统挂牌业务问答——关于挂牌条件适用若干问题的解答(二)》,从以下方面充分论证说明公司是否存在负面清单所列情形:<br>(1) 公司是否属于科技创新类公司<br>(2) 若属于非科技创新类公司,请论证说明最近两年累计营业收入是否低于行业同期平均水平<br>(3) 公司最近一年及一期的主营业务是否存在国家淘汰落后及过剩产能类产业。请主办券商进一步核查公司持续经营能力,就公司是否符合挂牌条件发表明确意见 |
| 3 | 国有股 | 请公司补充说明并披露公司历次增资涉及国有股权比例变动所履行的审批、评估等程序 |
| 4 | 业绩增长 | (1) 请公司补充披露上述业绩波动情况的原因<br>(2) 结合交易的决策程序、内容、目的、市场价格或其他可比价格等要素,披露公司关联交易的必要性及公允性,未来是否持续 |
| 5 | 收入确认 | (1) 请公司明确披露技术服务收入是否存在使用完工百分比法;如是,请补充说明完工百分比的合理性、确认依据、是否存在外部证据<br>(2) 说明书披露公司网上招投标平台服务分为按次全额确认和分期摊销两种,请公司补充说明上述两种服务模式、内容存在的差异,适配不同的收入确认政策的合理性,是否存在跨期收入提前或延后确认 |
| 6 | 应收账款 | (1) 请公司补充披露对于账龄达1年以上的应收账款占比较高的原因,说明是否存在个别项目大额款项无法收回的情况、坏账准备计提是否充分<br>(2) 请公司补充披露对关联方公司应收账款各报告期的账龄情况,说明对关联方公司不计提坏账准备是否谨慎,是否符合企业会计准则,是否符合行业惯例,并在重大事项提示中补充披露<br>(3) 报告期是否存在核销对关联方的应收账款,是否存在利益输送 |

(续表)

| 序号 | 反馈意见类型 | 具体问题 |
|---|---|---|
| 7 | 存货 | （1）请公司补充披露截至报告期末主要的未完工项目名称、金额、施工期间、完工进度以及对应的存货金额<br>（2）请公司结合工程结算与项目进度的匹配情况、收入确认政策披露工程施工余额的合理性 |
| 8 | 专项应付款 | 请公司补充说明物流管理系统专用金的性质是否属于政府补助，计入专项应付款而非递延收益是否符合会计准则、行业惯例，是否存在影响损益等情况 |

2016年12月13日，主办券商连同会计师事务所、律师事务所针对上述问题一一向全国中小企业股份转让系统做出解释说明，最终通过审核，ABC自动化公司于2017年2月在新三板挂牌成功。

## 五、审计师在挂牌审计中对相关问题的查证与处理

### （一）车辆卫星定位监控系统平台服务所产生的收入

ABC自动化公司的主要产品中有一类是软件产品及服务，而车辆卫星定位监控系统平台是ABC自动化公司两种软件产品及服务中的一种。车辆卫星定位监控系统平台针对企事业单位日益面临的运输车辆增加、因距离限制导致的不合理调度、车辆滞留和堵塞等诸多管理问题，由ABC自动化公司自主研发。该系统融合了GPS/北斗卫星定位、GIS等技术，以2G、3G、4G为通信载体，实时传输车辆位置信息，还可通过3G、4G网络实时传输视频数据，实现了对车辆的科学调度管理，达到堵塞管理漏洞、提高运输效率、为客户提供迅捷车辆定位管理服务的目的。

车辆卫星定位监控系统平台具有车辆定位功能、车辆监控功能和车辆报警功能。

（1）公司开展的车辆卫星定位监控系统平台服务，主要是应ABC集团及其下属企业的需要所开展的辅助性经营活动，主要客户为ABC集团及其下属企业，外部客户较少。因此，该项业务在业务性质上不具重要性。

公司车辆卫星定位监控系统平台服务产生的收入金额较少,占营业收入的比例较低(见表8)。

表 8 车辆卫星定位监控系统平台业务收入　　　　　　　　　　单位:元

| 项目 | 2015 年 1—8 月 | 2014 年 | 2013 年 |
|---|---|---|---|
| 车辆卫星定位监控系统平台服务 | 360 415.12 | 615 706.05 | 319 871.07 |
| 其中:设备终端费用 | 82 880.00 | 50 260.69 | 51 773.51 |
| 服务费 | 277 535.12 | 565 445.36 | 268 097.56 |
| 营业收入 | 64 707 160.92 | 37 785 435.69 | 39 724 258.71 |
| 占比(%) | 0.56 | 1.63 | 0.81 |

注册会计师忽略上述原因,而将该业务收入列入主营业务收入进行列报,使得列报和披露的分类认定出现错报,同时引起监管机构的问询。

(2) 公司因车辆卫星定位监控系统平台服务所产生的收入包含初装费(设备终端费用)和服务费两项(见表9)。

表 9 车辆卫星定位监控系统平台业务收入明细　　　　　　　　单位:元

| 收入类别 | 立项号 | 月份 | 收入(不含税) |
|---|---|---|---|
| 设备(初装费) | 202150113 | 8 月 | 1 400.00 |
| | 302150112 | 7 月 | 54 900.00 |
| | 303150111 | 7 月 | 26 580.00 |
| | 202150113 | 11 月 | 1 400.00 |
| | 202150112 | 11 月 | 158 189.00 |
| | 202150113 | 11 月 | 4 170.00 |
| | 303150111 | 12 月 | 2 075.47 |
| | 小计 | | 248 714.47 |
| 服务费 | 203150110 | 8 月 | 76 415.12 |
| | 303150111 | 7 月 | 201 120.00 |
| | 303150111 | 11 月 | 3 962.27 |
| | 303150111 | 11 月 | 1 132.08 |

（续表）

| 收入类别 | 立项号 | 月份 | 收入（不含税） |
|---|---|---|---|
| | 303150111 | 11月 | 135 620.00 |
| | 303150111 | 12月 | 1 650.94 |
| | 203150110 | 12月 | 2 830.19 |
| 小计 | | | 422 730.60 |
| 总计 | | | 671 445.07 |

初装费于设备安装完成后收取费用并确认收入，符合企业会计准则的规定。

服务费根据客户对象不同共有三种收费模式：ABC集团汽运公司，一般每季度收取服务费，单车收费为480元/年。ABC集团有限责任公司、F股份有限公司，每半年收取一次年度服务费，单车收费为600元/年。针对集团外的客户，单车年费价格无法固定，年费从50元到150元不等。

企业在核算车辆卫星定位监控系统平台产生的收入时，初装费的会计核算并无争议，其确认收入与销售产品并提供安装服务的产品相同，只需在客户验收合格后收到验收报告即可确认收入。

由于挂牌申报基准日在2015年8月31日，对于设备部分收入而言，不存在金额确认问题；但是对于服务费而言，那些在11月、12月收到的服务费并未按权责发生制在受益期间（2015年8月以前）进行分摊确认，对申报基准日的财务报表造成一定影响，也对同一天进行的股改造成一定影响。

经股转系统反馈意见的提示，注册会计师注意到该问题，将该业务依据企业会计准则的相关规定进行测算：2015年1—8月的收入对当期净损益的影响金额为22 287.74元，占当期净损益的比例为0.39%，不会对公司股改的有效性产生影响。即便如此，股转系统仍以该收入认定存在错报为由未予通过ABC自动化公司在新三板的挂牌申请。

## （二）递延所得税

注册会计师在考虑企业所使用的所得税税率、研发费用加计扣除事项时，除了检查企业是否取得高新资质认定，还要对上述条件进行检查、测算。

ABC自动化公司于2015年8月3日取得省科技厅、省财政厅、省国家税务局、省地方税务局联合颁发的高新技术企业证书,有效期为三年,2015 年至 2017 年减按 15% 的税率计缴企业所得税。公司 2015 年研发费用占营业收入的比例未达标,因此未享受高新技术企业所得税 15% 的优惠税率。

注册会计师在审计递延所得税资产时,除了要考虑企业在未来期间能否有足够的盈利支撑递延所得税资产金额的确认,更要注意适用所得税税率的运用。因为对递延所得税资产或负债的计算是对未来资产或负债的预计,需要利用未来一年适用的企业所得税税率。

ABC 自动化公司的递延所得税资产主要由坏账准备造成的可抵扣暂时性差异形成,具体如表 10 所示。

表 10  可抵扣暂时性差异                    单位:元

| 项目 | 2016 年 6 月 30 日 | | 2015 年 12 月 31 日 | | 2014 年 12 月 31 日 | |
| --- | --- | --- | --- | --- | --- | --- |
| | 递延所得税资产 | 可抵扣暂时性差异 | 递延所得税资产 | 可抵扣暂时性差异 | 递延所得税资产 | 可抵扣暂时性差异 |
| 递延所得税资产: | | | | | | |
| 资产减值准备 | 442 137.60 | 2 947 584.03 | 260 026.74 | 1 733 511.59 | 101 124.92 | 808 999.36 |
| 小计 | 442 137.60 | 2 947 584.03 | 260 026.74 | 1 733 511.59 | 101 124.92 | 808 999.36 |

对于 2014 年 12 月 31 日的递延所得税资产,企业站在 2014 年年底的角度,预计 2015 年将继续适用税率 12.5%,并以 12.5% 税率进行计算。注册会计师以 2015 年研发费用占比不够、未达标准为由,对 2014 年 12 月 31 日的递延所得税资产以 25% 的税率进行计算并调整。

### (三)股改出资不实

ABC 自动化公司与 M 公司于 2013 年 6 月签订了一份系统集成类合同,按合同约定,ABC 自动化公司为 M 公司提供锅炉发电系统集成服务。合同总价为 40 万元,需在 M 公司验收完成后一次性付清合同金额,合同中也未注明明确的工作进度,不能按照完工百分比法确认收入。出于成本考虑,ABC 自动化公司决定不再继续为 M 公司提供该合同内业务,双方也达成了共识。ABC 自动化公司与 M 公司发生过意见分歧,ABC 自动化公司在明知该业务已经失败的情况下,不仅未真实反映实际情况,反而将合同金额 40 万元全部确认为应收账款,同时在当期确认了收入。由于M公司为ABC自动化公司的稳定客户,平时业务往来较多,加之ABC自动化公司对应收账款的核算只能精确到单个客户,不能精确到某一笔订单,该笔账龄本应为3年的应收账款被审计人员理所当然地划分为1年以内。在函证未收回的情况下,审计人员采用替代测试,无法发现错报。

由于上述错报发生在股改之前,而股改审计并未发现,因此造成股改时净资产虚增,形成出资不实。

## (四) 关联交易

F股份有限公司与ABC自动化公司签订了《技术服务合同》,委托ABC自动化公司提供计量仪表、自动化、电气、网络信息化及通信系统信息技术服务,合同服务期限为2015年1月1日至2015年12月31日,合同价款为5 788.18万元。由于维保服务无公开交易市场,同时所需设备及材料较少,因此以协议价格作为交易价格。

由于该业务的主要成本为人工成本,所需设备及材料较少且无公开市场价格,因此注册会计师在针对该类关联交易审计时,除检查该业务是否具有真实业务背景、期后收款情况外,更重要的是对关联交易的价格公允性发表意见。针对该维保服务,注册会计师主要从人工费用与运行费用进行测算。

就人工费用而言,原区域维保定员620人,2015年新增通信系统服务定员60人,各部分定员总和为680人。按2014年公司人均年收入5.3万元,维保人员年收入预算总额为3 604万元,外加工资附加费提取比例51%(以人员工资为计提基础),总的人工费用为5 442.04万元。

就运行费用而言,根据2014年各项费用指标的基础数据,扣除应属于分厂用户单位及设备处管理的费用,加上2015年内退职工20人的离退休人员经费60万元,各项运行费用共计346.14万元。

注册会计师认为协议价格5 788.18万元公允,不存在利益输送的可能性。

# 案例使用说明

## 一、教学目标与用途

适用课程：高级审计理论与实务、审计与内部控制。

适用对象：审计专业硕士、会计专业硕士，拓展适用于所有管理类的专业硕士（如 MBA 等），以及企事业单位高级管理人才。

教学目标：针对 ABC 自动化公司两次在新三板申请挂牌时被监管者质询的相关财务问题，描述审计师对相关问题的查证及处理，引导学员思考在新三版市场上挂牌审计时应当关注哪些风险，如何运用风险导向审计控制审计风险。

## 二、思考题

1. 假设你是审计师，为 ABC 自动化公司提供挂牌审计，讨论应当如何查证和处理被监管者质询的相关财务问题。

2. 针对 ABC 自动化公司两次在新三板申请挂牌时被监管者质询的相关财务问题，讨论审计师在挂牌审计时应当如何改进才能更好地提高审计质量。

3. 新三板挂牌企业常见的重大错报风险领域有哪些？审计师在审计时应当关注的特殊风险有哪些？

4. 讨论新三板挂牌审计的特点以及提高审计质量的措施。

## 三、理论依据与案例分析

（一）现代风险导向审计

现代风险导向审计是一种审计模式，是在传统风险导向审计模式的基础上发展起来的。审计风险模型为：审计风险＝重大错报风险×检查风险。该审计模式的研究始于 20 世纪 90 年代，有着较强的时代背景。20 世纪 90 年代以来，随着全球化步伐的加快，各国经济文化相互渗透、相互影响，公司之间的联系更为频繁，使得外部经济环境因素对公司经营风险的影响大大增强。因为在全球化背景下，任何公司都不是孤立的个体，公司经营与整个社会和经济体密不可分，一旦外部经济环境出现波动，公司的经营业绩就会不可避免地受到影响。

在传统风险导向审计模式下，由于评估固有风险的难度较高，往往将固有风险确定为一个较高的水平,缺乏对固有风险的准确评估,导致风险评估仅仅立足于企业内部因素,忽视对宏观层面的分析和评估,容易出现只见树木不见森林的错误。

现代风险导向审计模式认为,被审计单位的经营风险对审计风险会造成很大的影响,而且与被审计单位的经营战略高度相关。在现代风险导向审计模式下,审计活动源于对企业所处社会和行业的宏观环境、战略目标与关键经营环节的有效分析,通过分析评估审计风险水平,进而确定实施进一步审计程序的范围及应当执行的审计程序。因此,从源头上、宏观上分析和发现会计报表错报,克服因缺乏全面性的观点而导致的审计风险成为该模式最大的优点。

早在20世纪90年代初期,为了应对信息社会和知识经济对审计职业的挑战,重新树立公众对注册会计师行业的信任,审计职业界开始探索新的审计方法。安永会计师事务所以"审计创新"为旗帜开发现代风险导向审计方法,形成了分析企业经营环境的系统方法,简称BEAT。普华永道会计师事务所开发的现代风险导向审计方法被称为普华永道审计方法。安达信会计师事务所开发的以"经营审计"为名的现代风险导向审计技术,也体现了现代风险导向审计的精髓。德勤会计师事务所开发了专用于银行审计的软件包AS/2,为审计人员提供一个执行审计项目的计算机平台。毕马威会计师事务所的审计模式也极具代表性,其研究小组出版的研究报告《以战略系统观组织审计》,提出了毕马威的BMP(Business Measurement Process)审计模式,揭示了现代风险导向审计的核心内容。

在现代风险导向审计模式中,审计过程可分为三步:第一,分析企业的经营模式,以自上而下、自下而上相结合的方式理解企业的内外部经营环境;第二,通过战略分析、经营环节分析、风险评估、业绩计量和持续提高五个环节,分析企业的经营风险,得出关于剩余风险的结论及其对审计的影响;第三,用剩余风险指导实质性测试,自下而上地完成审计工作。

(二)新三版挂牌政策及企业特征

1. 新三板挂牌相关政策

截至2017年2月27日,全国中小企业股份转让系统出具的关于拟挂牌公司准入条件适用的文件主要有《全国中小企业股份转让系统股票挂牌条件适用基本标准指引(试行)》《全国中小企业股份转让系统挂牌业务问答——关于挂牌条件适用若干问题的解答(二)》,后者是2016年9月9日新颁布的政策。整合两份文件所要求的准入条件,汇总如下:

(1) 依法设立且存续满两年;

(2) 业务明确,具有持续经营能力;

(3) 公司治理机制健全,合法规范经营;

(4) 股权明晰,股票发行和转让行为合法合规;

(5) 主办券商推荐并持续督导;

(6) 科技创新类公司最近两年及最近一期营业收入累计少于1 000万元,但因新产品研发或新服务培育致营业收入少于1 000万元,且最近一期期末净资产不少于3 000万元的除外;

(7) 非科技创新类公司最近两年累计营业收入低于行业同期平均水平;

(8) 非科技创新类公司最近两年及最近一期连续亏损,但最近两年营业收入连续增长,且年均复合增长率不低于50%的除外;

(9) 公司最近一年及最近一期主营业务中存在国家淘汰落后及过剩产能类产业;

(10) 全国股份转让系统要求的其他条件。

从以上条件能看出,相对于中国证监会对于主板、中小板、创业板的准入条件而言,新三板的准入"门槛"确实不高,因此就出现了目前新三板挂牌公司井喷、股转审核趋严的现状。

2. 行业分布集中

由于新三板市场服务的群体较为明确,在该市场挂牌企业整体上行业分布较为集中,如图5所示,截至2017年2月27日,新三板挂牌企业中高达50%属于制造业(依据中国证监会行业分类),20%属于信息技术行业,并且信息技术类企业收入的平均增长速度甚至超过中小板和创业板。高新技术企业之所以占据如此高的比重,是因为新三板服务于创新型、创业型企业,而高新技术类企业更多地具备创新性和成长性。

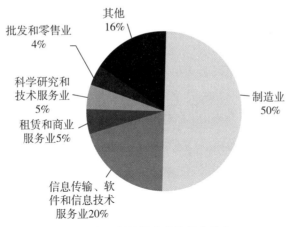

**图 5　新三板挂牌企业的行业分布**

资料来源:东方财富 Choice 数据。

3. 规模小但业绩增速快

新三板挂牌企业大多处于行业生命周期的初级阶段,成立时间相对较晚、规模普遍较小,挂牌的重要目的之一就是通过挂牌获得外部资金进而扩大规模。分析新三板挂牌企业的注册资本和营业收入情况,很容易发现其规模较小这一特征,东方财富 Choice 数据显示,新三板企业中营业收入少于 5 000 万元的企业有 6 974 家,占比 50%。此外,财富证券对新三板挂牌企业 2015 年年报相关数据的统计显示,截至 2016 年 4 月 30 日,新三板挂牌企业归属母公司股东净利润增速的中位数为 37.79%,远远高于 A 股 2015 年净利润增速的中位数 7.24%。

4. 内部控制相对不健全

新三板挂牌企业的内部控制制度存在诸多缺陷,具体表现如下:首先,新三板挂牌企业的内部控制环境较为薄弱。新三板挂牌企业在挂牌前多为采用家族治理方式的民营企业,股权结构过度集中、内部审计部门缺失或有失独立的现象较为普遍。由于新三板市场对企业内部控制制度未做出硬性规定,使得上述问题未能在挂牌环节得到有效约束。其次,在风险评估过程中,由于新三板市场对企业不设财务指标要求,挂牌企业对各类业务的风险识别和评估关注度较低。最后,新三板挂牌企业职责分工不明确、财务制度有失规范等问题也影响了内部控制活动的有效开展。

（三）新三版挂牌企业常见的重大错报风险领域

1. 行业特点

随着 2016 年 9 月 9 日，全国中小企业股份转让系统发布的《全国中小企业股份转让系统挂牌业务问答——关于挂牌条件适用若干问题的解答（二）》对于准入负面清单的明确规定，从目前国资背景企业在新三板挂牌的特征来看，大多数属于国家重点支持的高新技术领域目录，很多也拿到了高新资格认定。在挂牌的整个流程，中介机构将拟挂牌企业按中国证监会《上市公司行业分类指引（2012 年修订）》或《国民经济行业分类与代码》（GB/T4754—2011）分类，进行申报材料的准备。

从目前国资背景企业挂牌新三板的现状来看，拟挂牌主体通常是国有企业二级或三级子公司，此类公司大多因体量或业绩而无法直接在主板或创业板上市，但又迫于国有企业改革的压力，由原来国有企业集团中的事业部门分立或子公司增资形成，试图先在新三板平台挂牌进而实现非国有资本的注入。为了迎合全国中小企业股份转让系统对新三板挂牌公司的要求，此类公司大多属于高新技术型企业，与集团公司具有不相同的主营业务或经营范围，但往往是为集团中的某一个或多个公司提供产品、服务或成为这些公司的客户，销售业务或采购业务无法体现出足够的独立性。

注册会计师有充足理由将这类公司与其主要客户（或供应商）联系，将视角扩展到拟挂牌公司业务所依赖的公司（主要为集团母公司），分析母公司所在行业。因为母公司所在行业在特定时期的状况势必会影响母公司的销售或者采购，而这些二、三级子公司通常是为母公司提供服务的，那么这些公司的业务同样会受母公司所在行业的影响。因此，注册会计师在分析拟挂牌公司被审计期间两年一期的财务报表变动时，应当将母公司所在行业变动趋势与拟挂牌公司自身行业变动趋势相结合予以考虑。

如果母公司行业不景气，而拟挂牌子公司又恰好是母公司的主要供应商或客户，业绩又很好，注册会计师就应该给予适当的关注，考虑以下问题：交易是否具有真实背景？是否存在为达到标准而强行采购子公司商品的情形？母公司行业不景气是否会影响子公司持续经营？等等。以上这些问题都可能对报表整体产生重大影响，注册会计师应当将上述情况纳入报表层次重大错报风险,为重要性水平的确定提供依据。

2. 关联方问题

目前,新三板挂牌实务对关联方认定仍然具有一定的主观性,主要参照IPO业务对关联方的认定,即中国证监会《上海证券交易所股票上市规则》《深圳证券交易所股票上市规则》《上市公司信息披露管理办法》中关于关联方及关联交易的认定和《企业会计准则第36号——关联方披露》等,而全国中小企业股份转让系统出具的《非上市公众公司信息披露内容与格式准则第1号——公开转让说明书》第31条、《全国中小企业股份转让系统挂牌公司信息披露细则(试行)》第32条所示内容都包含在证监会发布的规则和办法中。

由于新三板监管不及主板严格,中介机构考虑到成本/效益通常不会完全按照IPO业务对拟挂牌公司的关联方进行全部认定。理论上,注册会计师应该尽自己的专业所能,以IPO的标准对待关联方认定问题,依靠被审计单位提供的资料,尽可能地完善关联方清单。实在因条件所限,注册会计师应当秉承实质重于形式的原则,完整披露明显具有关联关系、存在关联关系的(潜在)客户或供应商的关联方。

综上所述,引起以上问题的原因主要来自以下三点:

(1) 合并内关联方与合并外关联方众多;

(2) 业务对关联方交易的依赖性较强;

(3) 关联方认定具有一定的主观性。

由关联方引发的风险难以界定其只影响某一科目,例如货币资金、应收账款、存货、长期股权投资、应付账款、营业收入、营业成本等科目都可能受到影响,也难以界定于只影响某一认定,例如货币资金的存在认定和完整性认定、营业收入的发生认定和完整性认定等也可能受到影响。因而会计师有理由将关联方可能引发的问题置于报表层次的重大错报风险进行分析。在关联方问题上,注册会计师应当考虑关联方清单是否完整;是否存在关联交易非关联化的情形;关联交易是否经过公司内部审议程序;关联交易价格是否有失公允;是否存在关联方资金占用等。

3. 公司控制环境

国资背景企业相对于民营企业通常具有较为完善的内部控制体系,例如具有完善的组织架构(控制环境)和内部控制制度(控制活动)。在对一般公司的审计中,关于组织结构的设置本身不是审计的重点,注册会计师只需将公司的组织结构与《公司法》《公司章程》及其他公司内部规章制度进行核对,查找出是否有设置不合规之处,进而提请被审计单位改正即可。

但是对于本案例的拟在新三板挂牌的国资背景企业而言,组织架构的设置和"三会"议事规则条款的约定需要注册会计师格外留意。

对于注册会计师而言,关联方交易履行公司内部决策审议程序应该说是公司对关联方交易的最后一道防线。前文也提到,这些国资背景企业的主要销售业务或采购业务是与集团内部的某个单一公司或集团内部多家公司发生的。目前,国有企业在董事、监事及高级管理人员的任命中往往存在一人身兼多职的情况,例如,A自然人有可能既是母公司的董事又是子公司的董事。

在公司内部履行审议流程召开董事会投票表决时,应当依照《公司章程》《董事会议事规则》等规定决定是否需要关联董事回避,如果相关规定明确规定需要关联董事回避,但是关联董事人数较多,回避后达不到董事会召开要求而直接提交股东大会审议时,同样可能出现相同的问题,即关联股东是否需要回避。如果需要回避,那么说明《公司章程》相关部分及《关联交易管理制度》在制定时缺乏对该问题的考虑;如果不需要回避,那么内部审议程序就存在瑕疵。

引起以上问题的原因主要有两点:

(1)集团公司对各级公司董监高任命存在一人身兼(各级)数职的情况;

(2)拟挂牌公司主要客户或供应商为关联方。

上述问题看似极端,却是在国资二、三级子公司发生关联交易时经常遇到的,若出现,则注册会计师应当考虑与关联交易相关的内部控制已经全部或部分失效,有必要扩大审计程序,获取更多的外部证据。

考虑以下问题:《关联交易管理制度》是否适用于公司目前的生产经营状况?是否建议对部分董监高进行调整?获取的关联方清单是否完整?交易是否具有商业实质?合同中是否有异常条款?交易价格是否公允?等等。

4. 与授权相关的内部控制

国资背景企业相对于民营企业通常具有较为完善的内部控制体系,但是在内部控制的执行上却不如民营企业效率高。在国资背景企业的内部控制中,授权与业绩评价是比较突出的两个控制活动。

就授权的内部控制而言,注册会计师应主要关注以下两点:

(1)授权审批的时点是否恰当。一项业务需要不同部门、多位领导共同审批,造成实务中很多业务在发生之后才补充公司内部审批流程。如果经过公司内部规定的审批流程后再开展各项业务,尤其是交易业务,往往已经失去最佳时机。因而在审计过程中,注册会计师常常听到来自业务部门人员诸如此类的抱怨,但是注册会计师也不能因此而放松职业怀疑,应当将此类问题归于授权审批时点不当,扩大审计范围,同时将注意力调整到授权的内部控制可能失效而导致的重大错报风险。

(2)授权范围与公司规章制度是否相符。在国有企业中,授权范围与公司规章制度不符可能会给注册会计师审计带来不必要的麻烦。此类不恰当的授权主要源于实际授权范围并非来自《公司章程》或公司内部其他规章制度,而是由集团公司内部约定俗成的无纸质化规定。由此可能造成信息的不对称,给注册会计师选取访谈对象带来误导。

例如,一项重大投资按照《公司章程》和公司的《对外投资管理制度》需要经过董事会提起股东大会审议通过,但是由于内部不成文的规定,此事只需董事长决定即可,造成注册会计师在访谈财务总监、董事会秘书时均未获知该项投资,造成重大事项披露的遗漏。由于国资背景企业往往将领导层级权限放大化和私密化,使得这种信息的不透明更加严重,注册会计师在审计过程中除了熟悉《公司章程》及公司内部其他制度里规定的权限,还应对权限的具体实施情况给予足够的重视,才能在访谈、调查时确定合适的人选,以免造成重大信息的遗漏。

有迹象表明,当出现上述两点内部控制缺陷时,注册会计师应当考虑的问题包括:内部控制制度是否适用于公司目前的生产经营状况?其余类型的控制活动是否也出现控制可能失效的情形?客户或供应商是否具有一定的资质?相关员工是否从交易中获利?是否需要调整访谈对象以获取更全面的信息?情节严重的,注册会计师应当考虑舞弊风险。

(四)新三版挂牌企业常见的认定层面的风险及审计

1. 发出商品的存在认定

"存货"科目的审计重点在于存在、权利、义务、计价和分摊的认定,存货项下包含多个子项目,包括原材料、在产品、半成品、库存商品(自制和外购)、周转材料,常见的还有委托加工物资、已发货但风险和报酬并未转移给购买方的发出商品、房地产开发企业的"开发商品"等。

对于一般的存货项目,注册会计师经常采用的审计方法为存货监盘和函证。此外,存货项目的审计通常连同其他科目的审计程序同时进行。例如,在进行采购循环审计时,应付款项的审计一般与存货审计同时进行;但是在对发出商品进行审计时,几乎不能与其他科目进行关联分析,只能在存货内部各子项目间进行交叉索引。发出商品的审计依赖被审计单位对发出商品的内部控制是否健全,例如是否对发出商品单独建立台账,是否保存一系列的发货单据,是否与接收单位有频繁、稳定的对账,是否采用计算机对发出商品进行统计等。

完善的内部控制对发出商品的审计尤为重要。只有足够信任有关于发出商品的内部控制,注册会计师才能在实质性程序上适当精简。发出商品的存放点遍布各地,注册会计师无法一一盘点,此时应当考虑将函证程序作为首选程序,再考虑对相关内部控制的评价以及关联方的认定、发出商品金额是否重大等因素,以决定是否进行现场盘点。同时,再采取其他对于发出商品的常规审计方法,如检查、复核发出商品明细表,并与库存商品的结转额进行比对等。

综上所述,造成发出商品的存在认定产生错报的原因主要有以下两点:

(1) 发出商品的审计主要依赖于被审计单位内部控制的有效性;

(2) 发出商品通常数量较多,计算量大,可操作空间大。

2. 投资性房地产的存在认定

国资背景企业普遍存在固定资产闲置及资产权属不清的问题,股转准入的一个条件即拟挂牌公司的资产必须来源合法、权属关系清晰、归公司所有、无潜在纠纷。对于固定资产的权属问题,审计程序主要是检查权属证明。这一程序在理论上几乎没有难度,实务中的难度主要在于很多资产实质上确实为被审计单位拥有,但是被审计单位确实无法提供权属证明,此时需要被审计单位和中介机构一起论证该资产的权属关系,直至通过股转审核员的问询。

对于很多闲置的资产,尤其是闲置的房屋和土地,企业往往会选择对外出租以获取租金。审计人员在进行勾稽关系核对时可能会发现,"营业外收入"科目中出现了租金收入,但是资产负债表中"投资性房地产"却没有发生额和期末余额。此时询问企业财务人员得到的答复往往是：公司每年对外出租房屋的数量、面积均不确定，租赁期均为 1 年，租赁期满可能续签，而且金额较小，如果按照"投资性房地产"进行会计核算，那么每年关于投资性房地产与固定资产用途转换就会非常烦琐，出于核算简便及重要性原则，公司未单独设立"投资性房地产"科目对该资产进行核算。

综上所述，造成投资性房地产的存在认定产生错报的原因主要有以下两点：

（1）财务人员对"投资性房地产"科目业务不熟悉；

（2）公司实际发生的租赁业务不具稳定性和持续性。

区分投资性房地产和固定资产（无形资产）、存货的主要目的是将资产按使用用途分类，使得租赁活动与生产经营活动、销售活动记入不同的会计科目，能够更清晰地反映资产及对应的收入/成本，使会计核算能更好地为管理服务。

注册会计师除充分考虑被审计单位的实际情况之外，更重要的是精准地把握企业会计准则中"投资性房地产"的定义。注册会计师应考虑以下问题：公司持有这些资产的意图是否明确为赚取租金或者资本增值？用于出租的资产能否单独可识别且单独办理产权、单独出售，不存在法律上的障碍？该出租业务是否已经构成融资租赁？是否需要对相关资产进行终止确认？公司在提供租赁服务时是否连带提供其他重大服务？该重大服务是否已经影响到"投资性房地产"的确认？等等。

如果公司用于出租的房地产符合企业会计准则对"投资性房地产"的确认条件，注册会计师就应当对原记入其他资产科目的资产进行重分类，以"投资性房地产"科目进行核算，将原记入其他费用科目的折旧费用重分类为其他业务成本，与租金收入进行配比，防止租金收入出现失配的情况。

3. 开发支出的存在认定

企业会计准则就研发费用研究阶段、开发阶段的区分及开发阶段费用资本化的条件有明确的界定，研发费用资本化规则的理论依据无外乎两点：①尽量达到收入和成本配比原则，使得以后期间的费用在以后期间摊销，与该费用资本化后形成的无形资产收益在对应期间进行配比；②使管理层保持对研发投入的积极性，研发费用的大幅增加不至于使得利润大幅减少。但是在实务操作中,研发费用资本化的问题却成为公司账务处理的重灾区,常见的情况是公司不能找出足够的依据以支撑其研发费用资本化的会计处理。

综上所述,造成开发支出的存在认定产生错报的主要原因有以下两点:

(1) 会计人员对企业会计准则理解不够精准;

(2) 管理层有通过研发费用资本化调节利润的动机需求。

从全国中小企业股份转让系统对各拟挂牌公司的反馈回复统计来看,几乎所有存在研发费用资本化的公司均被问询研发费用资本化的依据及计算过程。

鉴于回复监管机构的问询要增加中介机构和拟挂牌公司大量的工作,也会增大挂牌失败的可能性。在实务界,中介机构给拟挂牌公司的建议通常是"将研发费用全部费用化",以规避监管机构对研发费用资本化问题的问询,以简化处理方式,予以应对。此种处理方式能够大大降低审计风险,节约审计成本,因为"开发支出"本身就属于风险较高的科目,费用化后计入各费用,审计难度将大幅降低。

如果被审计单位"开发支出"科目余额较大,且管理层一再坚持资本化处理,注册会计师应当考虑以下问题:管理层坚持资本化的动机是否合理?公司内部控制是否完善,足以区分研究阶段和开发阶段?公司是否保留该研究项目的一系列材料(立项报告、进度报告、三会资料等)?该研究成果是否具有可行性?如果研发周期较长,外部或内部环境是否已经发生不利于达到资本化条件的变化?等等。注册会计师应当设计合理有效的审计程序,获取充分适当的审计证据以证明"开发支出"科目的存在认定不存在错报。

4. 营业收入的截止认定

国有企业集团层面往往对各级公司有业绩方面的考核,考核结果又通常与高管的薪酬挂钩。因此,注册会计师在审计过程中需要结合集团层面下发的本年度对各级公司的考核办法,依照考核办法所列举的条件,对财务报表中可能存在的错报进行关注。

考核办法通常采用的是以业绩为主导的考核方式。当考核方式为营业收入时,注册会计师应当注意本年度的营业收入是否存在提前或者延后确认的风险,因为企业有动机在业绩不足的情况下,在还未达到收入条件时提前确认收入;也可能本年度业绩很好,想要缓解下一年的经营压力,故意推迟收入的确认。因此,当集团考核方式为收入规模时,注册会计师应当关注营业收入的截止认定,考虑以下问题:12月31日附近签署的合同条款是否发生明显变化?12月31日前的收入确认是否符合条件?12月31日后的收入是否存在延后确认的风险?是否存在完工百分比法未做跨期处理?等等。

当考核方式为毛利率时,注册会计师除了考虑上述情况,还应当考虑以下问题:存货发出计价的方式是否在审计期内发生改变?收入、成本是否在相同期间进行结转?制造型企业在制造过程中的多产品间成本分摊的依据是否合理?是否存在为了达到毛利率指标而改变分摊标准?等等。

同理,当集团考核方式为净利润时,注册会计师应当关注费用科目的截止认定,关注大额的费用是否计入恰当期间,营业外收支的合理性等。

5. 资产减值损失的完整性认定

在国资背景的大环境下,各级公司每年都有业绩上的压力,管理层自然会有调节财务报表的动机。就国有企业而言,交易往往具有真实的业务背景,一般不会虚构交易以增加应收账款,调节方式往往来源于坏账准备计提。少计提坏账准备,既可以粉饰资产负债表,也可以粉饰利润表,可以说是一举两得。

对于坏账准备计提,主要实施的审计程序是重新计算,而重新计算的前提是被审计单位采用了恰当的坏账准备计提政策。由于集团内各公司整体属于同一个合并主体,合并范围内的各单位应当采用与母公司相同的会计政策,集团内某一家公司一般不会单独采用与其他单位不同的会计政策而增加合并报表的编制成本,因此拟挂牌的国资背景企业一般不会在坏账准备计提政策上做文章。

在进行坏账准备测试时,注册会计师应当重点关注被审计单位坏账准备计提的计算过程。在实务中,用账龄百分比法计提坏账准备最为常见,公式为:当期应计提的坏账准备 = Σ(期末各账龄组应收款项余额 × 各账龄组坏账准备计提百分比)。正如前述假设坏账政策选择无误——计提百分比无误,注册会计师应当关注各期账龄是否划分正确。

账龄划分可分为手工处理环境和计算机处理环境。

对于手工处理环境,账龄划分将被列为错报高发区。在手工账务处理的情境下,账龄划分本身就是一件工作量相当大的事项,稍有不慎就会有误,处处皆错。对于审计人员而言，审计手工处理下的账龄划分也没有太好的方法，只能利用抽样技术，对抽取样本的账龄进行测试。公司管理层正是利用手工处理下账龄划分这一具有较高固有风险的领域进行报表调节，一旦被识破，也不至于直接上升到舞弊的高度，因为公司完全有借口说是手工失误。

对于计算机处理环境，审计程序就相对简单很多。目前市面上的财务软件的往来款模块几乎都具有自动划分账龄的功能，但是注册会计师在审计时，应当首先对该自动化功能的运行准确性进行测试，因为并非只有在手工处理环境下才能改动账龄。在实务中，有些公司会利用双重性质账户对往来款进行核算。例如，某公司预收账款不多，可以把预收账款记入应收账款的贷方，将应收账款科目作为双重性质账户进行使用，使日常核算变得简洁；在期末编制报表时，只需查看应收账款科目的明细账，将贷方明细进行加总，重分类为预收账款，在资产负债表列报即可。但是报告期末的这些重分类调整，极有可能被计算机系统认定为发生在重分类日，自动将账龄划分为小于1年，因为计算机没有智能到能够追溯原本应收账款贷方记录到交易当日。因此，注册会计师对于使用双重账户进行核算的企业在计算机处理下划分账龄的准确性应当引起关注。

综上所述，造成资产减值损失的完整性认定产生错报的原因主要有以下三点：

（1）改动坏账准备的计提数目对粉饰财务报表的效果显著；

（2）手工处理环境下对企业而言账龄划分难度加大，对审计人员而言没有更有效、更便捷的审计程序；

（3）计算机处理环境下审计人员易忽视计算机运行结果的有效性。

在对坏账准备进行测试时，除了考虑上述提及的问题，注册会计师还应当注意：超长账龄的应收款项是否已经核销？如果长账龄的应收款项占比过高，公司的信用政策是否过于宽松？公司的销售情况和持续经营能力是否与报告相符？坏账准备的当期计提数是否与资产减值损失中的坏账计提数具有勾稽关系（勾稽关系可能受到收回坏账或者核销坏账的影响）？等等。

（五）新三版挂牌企业常见的特殊风险

1. 国有股权设置批复

根据《全国中小企业股份转让系统股票挂牌条件适用基本标准指引（试

行)》第一条的规定："国有企业需提供相应的国有资产监督管理机构或国务院、地方政府授权的其他部门、机构关于国有股权设置的批复文件。"如拟挂牌企业的股东中存在国有或国有控股企业股东，则该股东所持拟挂牌企业的股权应当被界定为国家股或国有股，而且该类拟挂牌企业不论国有股权占比高低均应当在实施股改并申请挂牌前向国有资产管理机构申请国有股权设置批复。若拟挂牌企业在历史沿革中存在瑕疵，未取得国有股权设置批复，必定会在申报时被驳回。

由于获取国有股权设置批复需向集团和地方国资委准备一系列材料，如股改方案、增资扩股方案、挂牌可行性报告、国有股权管理方案等，而等候国资委批复需要短则一个月、长则半年甚至更长的时间，实务中还得依靠集团公司与当地国资委紧密沟通，缩短获取批复的时间。取得国有股权设置批复具有一定的不确定性，可能出于各种原因而无法按预定计划取得批复。审计报告有效期为半年，需在有效期至少还剩两个月前向股转系统进行项目申报，因此迟迟未取得国有股权设置批复可能使得审计报告失效，造成项目加期。

因此，各中介机构在编制项目日程表时，应当将国有股权设置批复的获取放在重要地位。如果拟挂牌企业尚未获取设置批复，注册会计师就应当密切关注批复获取进度，督促管理层引起重视，同时根据获取进度调整审计计划。

2. 收入规模刚过"门槛"

2016年9月9日以前，各中介机构仅依据《全国中小企业股份转让系统股票挂牌条件适用基本标准指引（试行）》中的六个挂牌条件及其解释，开展推荐挂牌尽职调查工作，六个挂牌条件侧重于公司的依法存续、业务明确、股权明晰、治理结构健全等，并未对拟挂牌企业的盈利能力提出更高要求。因此，很长一段时间以来，大家都认为即使亏损的企业也能在新三板挂牌成功。随着新三板市场的逐渐扩大，无论是监管机构、投资者还是身处新三板中的挂牌企业都逐渐意识到，新三板市场开始变得鱼龙混杂。

2016年9月9日，股转系统发布了《全国中小企业股份转让系统挂牌业务问答——关于挂牌条件适用若干问题的解答（二）》。在业务问答中，股转系统对拟挂牌企业提出了收入规模要求，让很多中介机构措手不及，已经申报正在等待股转审核的项目，尚处于尽职调查中的项目，只要没有达到收入规模的就会全部被驳回。

此后,主办券商在立项时也将收入规模纳入必须考虑的项目,同时对注册会计师的营业收入审计提出更高的要求,有些正在过审或者尽职调查的项目,因收入规模不够而加期重新申报,管理层普遍担心股转在不久的将来会有新的动作,因此被审计单位(假设为科技创新类企业)急于在两年一期收入刚达到1 000万元时即召集中介机构进场开展加期尽职调查。此时,注册会计师应当对加期时间段营业收入的发生认定引起重视,考虑以下问题:是否存在提前确认收入的情况?是否存在修改信用条款以达到收入规模的情况?对应收入的期后回款情况如何?新增的收入是否具有真实的业务背景;新增收入是否绝大多数来自关联方交易?等等。

3. 审计报告与已公开披露信息不符

在新三板挂牌的国资背景企业多为国有企业二三级子公司,而在大型的国有企业集团中,可能存在上市实体,则上市公司具有信息披露义务。由于新三板挂牌审计报告需要披露两年一期的财务数据及其他相关信息,因此拟挂牌公司提交给股转系统审核的挂牌审计报告所披露的部分信息可能与集团中另一上市公司的公开披露信息具有勾稽关系,这些具有勾稽关系的信息通常会成为股转审核员的核查重点。

如果挂牌审计期间恰逢集团内的上市公司同时进行年报审计工作,注册会计师应当考虑与集团财务总监、上市公司年报审计项目组提前沟通,使得对外披露的信息能够一致。

若上市公司年报已经对外披露上一年的相关财务数据,例如与拟挂牌公司之间的关联交易金额、上市公司的关联方清单等,拟挂牌公司应尽量与上市公司披露的信息保持一致。但是在实务中,可能出现注册会计师挂牌审计的关联交易金额与上市公司披露的关联交易金额有出入,此时情况就会变得相对复杂。如果差异金额较小,挂牌审计项目组可能会认可上市公司披露的金额;如果差异金额较大,挂牌审计项目组就可能不会认可上市公司披露的金额。此时,挂牌审计项目组应当与上市公司年报审计项目组进行讨论,根据情况,考虑是否调整上市公司年度报告中的相关数据。

此情况也反映出国有企业集团中已存在一家或多家上市公司、新的公司拟在新三板挂牌时,集团财务总监应当提前协调好集团内各公众公司对外披露数据的一致性,避免出现自相矛盾的情况。在实务中,中介机构往往依据孰先原则——上市公司年度报告和挂牌审计报告提交的时间孰先,后报告的相关数据与先披露的数据保持一致,这样能够最大限度地避免来自监管机构的问询,降低项目的风险。

4. 非经常性损益

高新技术企业通常会得到来自政府财政方面的补贴,因此在挂牌时股转系统会要求中介机构出具非经常性损益明细表。一般情况下,该明细表由会计师事务所负责编制,主办券商需要对报告期非经常性损益对正常生产经营活动的影响程度出具意见,以保证公司不会因非经常性损益而掩盖真实的持续经营能力。

根据挂牌公司对反馈的答复,全国股转系统在审核时重点关注以下问题:①若挂牌公司盈利对非经常性损益产生依赖,则需为重大事项提示补充披露;②主办券商及注册会计师需结合政府补贴的具体内容核查公司政府补贴的会计核算是否符合企业会计准则的要求,是否存在将需要资本化的政府补贴计入当期损益的情形;③主办券商需针对非经常性损益占公司净利润的比例较高是否影响公司持续经营能力发表专业意见。

在实务中,由于会计师事务所的统筹安排,新三板项目团队通常比较年轻,因此在对非经常性损益进行列报时,项目组成员往往不太能准确把握非经常性损益明细表中许多项目的构成。目前,在新三板挂牌申报时,各中介机构普遍采用中国证监会《公开发行证券的公司信息披露规范问答第1号——非经常性损益》(2007年修订)对非经常性损益的二十一种情形的规定。由于最后一条是兜底条款,因此非经常性损益的列报就会出现不确定性。

首先,注册会计师应当明确前二十种情形的核算范围,不应当仅仅将目光着眼于"营业外收支"科目。例如,非经常性损益中包括非流动资产处置损益,而会计处理通常将投资性房地产处置损益列入"其他业务收入/成本"中核算,但是该处置损益也属于非经常性损益的范畴。政府补贴是非经常性损益的重要组成部分,注册会计师应当实施必要的审计程序,对政府补贴进行核查,考虑以下问题:政府补贴来源是否合法合规?被审计单位是否有利润需求,将与资产相关的政府补贴提前计入营业外收入?被审计单位是否将政府补贴挪为他用?与资产相关的政府补贴摊销是否合理?等等。此外,税收返还也是经常困扰注册会计师的地方。例如,高新企业的税收优惠不属于非经常性损益,因为企业所获的高新认定与正常经营业务直接相关,正常情况下其有效期至少为三年,不属于短期性优惠。

虽然非经常性损益有条款可依,但是由于兜底条款的存在,仍具有较大的主观性,需要注册会计师运用职业判断,明确非经常性损益的定义"非经常性损益是指与公司正常经营业务无直接关系,以及虽与正常经营业务相关,但由于其性质特殊和偶发性,影响报表使用人对公司经营业绩和盈利能力做出正常判断的各项交易和事项产生的损益",根据被审计单位的实际情况判断某种情形是否属于非经常性损益。例如,股份支付的费用是否属于非经常性损益;废料收入是否属于非经常性损益;企业改制、拟在新三板挂牌聘请中介机构所支付的费用是否属于非经常性损益;等等。

(六)如何提升新三板挂牌审计的质量

在新三版挂牌审计中,审计风险点与审计策略汇总如图6所示。

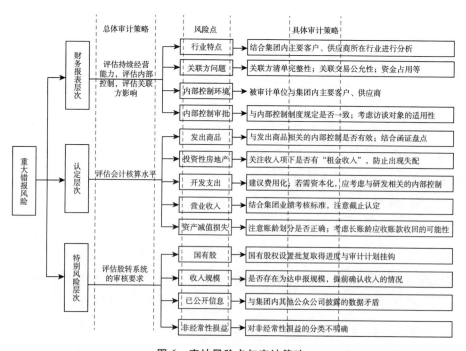

图6 审计风险点与审计策略

1. 评估企业持续经营能力

股转系统在2015年9月发布的《全国中小企业股份转让系统挂牌业务问答——关于挂牌条件适用若干问题的解答（一）》中，就新三板拟挂牌企业的持续经营能力方面的问题给出了解释，对企业不具持续经营能力的情况进行了清晰的界定。

企业的经营风险是影响其持续经营能力的重要因素，并且经营风险主要与企业战略、目标的制定和实施密切相关。对于新三板拟挂牌企业而言，由于大多数是处于初创期的高新技术企业，经营风险与技术风险较高，因此新三板拟挂牌企业持续经营能力不足的现象较为普遍。

由于大量国资背景企业的集团主体处于夕阳产业或行业低迷产业，虽然拟挂牌企业主体本身不属于这些行业，但是主要业务依赖于集团，因此其持续经营能力仍需重点考察。

为了减少拟挂牌企业持续经营方面的重大错报，审计人员应在询问拟挂牌企业相关管理人员后初步了解企业的经营战略，查阅企业内部的相关经营规划文件，进而针对相关风险拟定积极的应对策略。

首先，审计人员应当充分了解拟挂牌企业持续经营能力不足的表现，具体包括企业主要供应商及客户的丧失、企业财务业绩相关指标水平的下降、企业产能的不断萎缩等，审计人员需要对企业持续经营能力不足的迹象保持职业怀疑。

其次，审计人员应当询问拟挂牌企业相关管理人员有关企业的经营现状，尤其应关注拟挂牌企业是否存在收入过度依赖政府补贴或单一客户的情况。对于收入过度依赖政府补贴或者单一客户的情况，要求企业提供改变现状的计划和方案，以及实施该计划和方案的可行性报告。

最后，审计人员应当检查拟挂牌企业相关经营规划文件、董事会决议文件等，判断其经营战略是否与内外部因素相适应，发现是否存在影响企业持续经营的担保、诉讼等重大事项。在对上述相关事项风险进行评估的过程中，审计人员应当采用发函的方式向拟挂牌企业的法律顾问了解重大事项的具体情况。

2. 评估企业内部控制

由于新三板市场监管体系有待完善以及新三板拟挂牌企业内部控制氛围的先天缺失，新三板拟挂牌企业内部控制制度的健全性亟待提高，由此带来的拟挂牌企业内部控制方面的种种问题增加了新三板挂牌审计中的重大错报风险。在这种情形下,审计人员应该在新三板挂牌审计中对由内部控制不完善导致的重大错报风险给予足够的重视,并且贯穿于整个审计过程。

首先,在承接新三板挂牌审计项目前的尽职调查阶段,审计人员应该初步了解拟挂牌企业的内部控制环境方面的风险。具体而言,审计人员可以实施询问拟挂牌企业相关管理人员或查询相关内部控制制度文件等审计程序,在此基础上判断拟挂牌企业内部控制制度的规范性,同时查询拟挂牌企业股权结构及组织结构方面的资料。

其次,审计人员应该从整体上评估拟挂牌企业的内部控制活动,尤其要关注拟挂牌企业是否具有适当的职责分工以及非常规交易情况,进而从整体上评估拟挂牌企业的内部控制。此外,审计人员需要评估拟挂牌企业业务流程的控制现状,可以实地考察拟挂牌企业的主要经营场所。在从整体层面和业务流程层面评估拟挂牌企业后,审计人员应当判断拟挂牌企业的内部控制缺陷对重大错报风险的影响,并针对重大错报风险较高的情况实施更多的审计程序。

最后,国资背景企业的内部控制较其他类型企业相对完善,但注册会计师应该重点关注在内部控制设计完善的条件下的实际运行情况,是否存在董事长"一言九鼎"的情况。更需要关注的重点是,拟挂牌企业的董监高股东等是否与集团内其他公司(尤其是主要客户或供应商公司)的董监高是一套人员。此时,注册会计师应当评估关联交易内部审议决策程序失效可能带来的重大错报风险。

3. 评估关联方影响

国有企业二级子公司,由于自身业务的特点,而且集团内关联方众多,往往存在大量的关联交易,而且非公众公司在公司治理方面通常存在缺陷,使得在新三板拟挂牌企业经营活动中普遍存在关联交易现象。

在新三板挂牌审计中,关联交易问题的表现形式多种多样,具体包括新三板拟挂牌企业关联方界定不够完整、关联交易的依据及过程不够规范、关联交易定价有失公允等。新三板拟挂牌企业规模较小,使得关联交易引发的影响的程度相对放大。

为了发现新三板拟挂牌企业关联交易方面的重大错报,审计人员应当加强对拟挂牌企业关联交易的审计,并谨慎评估拟挂牌企业的关联交易风险。对于新三板挂牌审计中关联交易风险的评估,应当围绕关联交易审计的流程以及各阶段关联交易上的主要问题展开。

首先,界定新三板拟挂牌企业的关联方。新三板对于挂牌企业关联方的认定和审核以企业会计准则为基础,参照IPO业务对于关联方的界定,同时股转公司按照实质重于形式的原则加以补充。为减小新三板拟挂牌企业关联方界定不完整的可能性,审计人员应当在拟挂牌企业提供的关联方清单的基础上结合观察、检查等多种审计方法识别关联方,同时应当与相关律师事务所人员商讨潜在的关联方。

其次,辨别关联交易并确认其定价的公允性。挂牌审计人员应当充分了解新三板市场允许进行关联交易的情形,并结合拟挂牌企业对于关联交易合理性的解释进行辨别。在对拟挂牌企业关联交易公允性进行确认时,审计人员应审核其相关程序的规范性以及会计处理的恰当性,重点考察相关原始票据的完整性,期间可恰当运用延伸程序。

最后,注册会计师应当根据新三板市场的信息披露要求确认关联交易披露的充分性,尤其需要关注是否存在根据重要性原则省略相关披露的情况。

### 4. 评估会计核算水平

对于拟挂牌企业报告期内未按照企业会计准则的要求进行会计处理的行为,股转系统将其视为拟挂牌企业财务不规范的情形之一。在实际中,新三板拟挂牌企业会计处理不恰当的问题较多,如随意确定会计核算方式、会计报表数据前后不一致等。

由于新三板拟挂牌企业大多是创新型、创业型的高新技术企业,采用的新型商业模式对收入确认与成本核算的影响较大,同时这些企业比较重视新技术、新产品的研发,无形资产扮演较为重要的角色。为了降低新三板挂牌审计中会计处理不当带来的重大错报风险,审计人员应当重点关注拟挂牌企业的收入确认与成本核算以及无形资产认定等问题。防范新三板挂牌审计中的收入确认与成本核算风险主要从以下几方面进行:首先,审计人员应当了解拟挂牌企业的商品销售模式和采购模式,确保拟挂牌企业销售与收款循环及采购与付款循环的运作方式符合会计政策的相关规定;其次,新三板挂牌审计人员应当关注销售合同和采购合同的相关条款以及相关原始发票等资料,重新检查成本核算的过程,对收入确认实施分析性复核程序和截止性测试。

此外,国资背景企业通常还存在以下问题:集团内的资产、人员、财务核算共用问题,此时注册会计师应该厘清资产权属问题,避免拟挂牌企业出现资产、人员、财务核算不独立的情况,造成资产虚增、虚减或者核算主体不明引起的错报。国资背景企业还通常出现将闲置的房屋、土地使用权出租的情况,注册会计师应当关注投资性房地产科目的核算。

5. 评估股转系统的审核要求

随着监管机构对新三板市场的监管逐渐趋严,股转系统对拟挂牌公司的审核力度也随之增大。从目前的趋势来看,股转系统已经不单核查公司提交的申报文件,更会将申报文件中的信息与已公布的公开信息进行比对,核查申报材料中是否有与已披露的公开信息发生矛盾的数据。

对于拟挂牌公司的收入规模,股转系统往往要求中介机构出具单独的说明,论证拟挂牌公司的收入规模。因此,注册会计师应当对收入的确认加以重视。同时,由于国资背景企业的特殊性质,各监管机构都非常重视国有资产流失问题,因此申报材料中是否取得国有股权设置批复显得尤为重要。

6. 调整审计计划

在充分了解新三板及其企业特点后,审计人员应当考虑到这些特点对新三板挂牌审计计划的影响,并根据业务特点选择测试方法,对重要风险点保持足够的职业怀疑。在新三板挂牌审计中,较有代表性的问题主要有高新技术企业所得税税率、关联交易、研发费用的确认计量等,在审计计划阶段应该充分考虑到这些重要关注点所需的审计程序以及适用的审计方法,并且在具体实施时根据新三板拟挂牌企业的实际情况调整审计计划。

新三板挂牌审计是涉及多个主体的复杂活动,会计师事务所不仅需要与拟挂牌企业有效沟通,还需要与证券公司、律师事务所等中介机构协调。一般证券公司会制订挂牌时间表,一旦挂牌审计开始,审计人员在审计工作时间的分配上就较为被动和紧张,这就要求审计人员重视审计计划的制订工作。基于新三板拟挂牌企业特点的审计计划对于降低新三板挂牌审计中的检查风险具有重大意义。

由于国资背景企业本身就存在体量大、关联方较多的情况,因此工作量大将成为国资背景企业审计的一个特点。注册会计师在确定审计程序时一定要留有一定的缓冲时间,以防突发状况的发生。例如,对于一些新兴的行业或者产品,可能会利用专家开展工作;对于协调同一集团内其他公众公司的披露数据,可能还会利用组成单位的会计师开展工作。

7. 提升强审计人员专业素质

由于新三板审计项目收费通常不高,因此会计师事务所在分配人员时,以年轻团队为主。很多资历较浅的审计人员对风险的把控能力还不够强,因此新三板挂牌审计风险贯穿于新三板挂牌审计过程的始终。新三板挂牌审计人员应当切实贯彻风险导向的审计理念,建立完善的审计风险控制体系,使得针对新三板挂牌审计不同阶段的审计风险均有与之对应的审计风险控制措施。

在新三板挂牌审计的实际工作中,审计人员在执业过程中常常发生缺乏职业谨慎性的行为。职业谨慎性的缺乏从根本上说是由于新三板挂牌审计人员风险意识不强,特别是对自身在审计过程中的不足可能引发的损失认识不到位,致使新三板挂牌审计中检查风险上升。因此,新三板挂牌审计人员应当不断提高自身的审计风险意识,在新三板挂牌审计的过程中以现代风险导向审计理念为指导,重视对新三板挂牌审计风险的识别和评估,不断提升自身的专业胜任能力。

8. 加强会计师事务所的业务质量控制

从成本/效益原则来看,会计师事务所委派年轻团队审计新三板项目无可厚非。一是由于新三板业务相较于上市公司年报审计的监管力度要小一些;二是压力相对较小,能对年轻团队起到一定的锻炼作用。但是,会计师事务所也应该委派一两位经验比较丰富的人员对年轻团队进行业务的指导、监督与复核。由于挂牌尽职调查工作是多中介合作的项目,因此审计效率也是一个关键性因素,委派一些有经验的人员到年轻团队是保证审计效率的关键。

在复核验收整个项目时,会计师事务所应当注意分配对新三板业务、国有企业审计业务有经验的人员对项目进行复核、验收,要求复核注册会计师实时地熟悉与理解新三板最新的监管要求。

## 四、教学安排

(一) 案例资料及讨论顺序

案例资料应在课前发给学员,让学员阅读并进行小组讨论。

案例讨论的知识储备部分可以由教师提出知识点,建议学员上网或课前阅读相关文献,归纳总结并在课堂上陈述。这部分内容也可以由教师在课堂上进行简要的介绍和讲授。

案例讨论主题如表 11 所示。

表 11　案例讨论主题

| 序号 | 讨论主题 | 案例中的相关线索 | 涉及的相关理论和知识 | 结论/启示/感受 |
| --- | --- | --- | --- | --- |
| 1 | ABC 自动化公司被质询的财务问题 | | | |
| 2 | 审计师在挂牌审计中对质询问题的处理 | | | |
| 3 | 挂牌审计中常见的风险 | | | |
| 4 | 提高挂牌审计质量的措施 | | | |

(二) 课时分配

1. 课前自行阅读资料,约 2 小时。

2. 讨论小组讨论并提交讨论记录,约 1 小时。

3. 讨论小组推荐代表陈述并进一步讨论,约 1 小时。

4. 课堂讨论与总结,约 0.5 小时

(三) 讨论方式

可以采用分小组头脑风暴式讨论,要求各讨论小组推荐代表陈述观点。

(四) 课堂讨论与总结

课堂讨论与总结的关键是:归纳发言者的主要观点;重申讨论的重点和亮点;提请学员进一步思考焦点问题或争论问题;建议学员对案例素材进行拓展研究和深度分析。

### 五、主要参考文献

1. 李克亮.“新三板”公司审计中应高度关注的几个会计问题[J]. 经济研究导刊,2015,24:118—119.

2. 王兵,鲍国明. 国有企业内部审计实践与发展经验[J]. 审计研究,2013,2:76—81.

(刘超铭编写,李晓慧校审)

# 内部控制、公司治理与内部审计

# W 中学内部控制信息公开流程再造

王春莲

**摘　要**：在描述 W 中学内部控制建立和执行情况的基础上，针对审计师发现的问题提出 W 中学内部控制信息公开流程再造的具体方案，让人们进一步了解行政事业单位的内部控制问题及其根源，更深入思考如何进一步完善内部信息公开机制。

**关键词**：内部控制信息　公开流程　再造

## 一、W 中学基本情况

北京市 W 中学建于 1982 年，占地面积 7 161.96 平方米。截至 2014 年 12 月 31 日，W 中学定编 80 人，现有在职职工 80 人（其中在编 74 人，外聘 2 人，临时工 4 人），教学班 18 个，学员 608 人，离退休人员 80 人。

W 中学法人为校长，校长兼任党组织书记，设有行政教学管理副校长、主任等中层干部 10 人。工会未独立开户，设有兼职工会主席 1 名、兼职工会委员 2 名、工会小组长 10 名。设有专门的财务部门，设置会计岗位 1 人、出纳岗位 1 人。学校建立了信息化办公平台。

W 中学执行《中小学校会计制度》，实行独立核算，会计核算采用收付实现制及借贷记账法。截至 2014 年 12 月 31 日，资产总额为 14 946 312.87 元，负债总额为 612 431.85 元,净资产总额为 14 333 881.02 元,其中固定基金为 11 696 900.72 元。

# 二、W 中学内部控制制度建设情况

2015 年,W 中学聘请会计师事务所对 2014 年全年收支情况进行了审计。会计师事务所对 W 中学 2014 年全年的财务工作进行了系统的梳理,针对内部控制的建立和执行提出了评价与问题总结。

## (一) 内部控制制度的建立和执行情况

北京市 W 中学已建立一系列的内部控制制度,主要包括《财务管理制度》《财务安全管理制度》《空白支票、空白票据管理制度》《预算和决算制度》《用款申报制度》《固定资产管理制度》等。

其中,《财务管理制度》的内部管理制度规定:财务工作由校长直接领导,单位财务支出实行预算管理,执行财务管理"一支笔"的批签制度,任何款项的使用须经审批后方可执行;购置固定资产、办公用品、低值易耗品等需经手人、主管领导、财产管理员(保管员)按照采购明细单验收、签字、交负责人审批同意后方可报销;财产管理员(保管员)对固定资产分类登账,数字准确,新增资产及时登账,严格执行出库、入库制度,确保账物相符。执行"三重一大"政策,支出金额为 10 万—20 万元的项目,由行政会议讨论决定;支出金额为 20 万—50 万元的项目,由校务会议决定;50 万元以上的项目由教代会决定。

W 中学各类会议组成如表 1 所示。

表 1　W 中学会议类型

| 会议类型 | 参加人员 |
| --- | --- |
| 行政会议 | 校长、行政副校长、教学副校长、总务主任、工会主席 |
| 校务会议 | 校长、行政副校长、教学副校长、总务主任、工会主席、副书记、年级组长 |
| 教代会 | 校长、行政副校长、教学副校长、总务主任、工会主席、副书记、年级组长、教师代表 |

涉及财务收支、财务人员变动的,应有财务人员列席;涉及人事变动、薪酬福利变动的,应有人事干部列席。

## （二）审计发现的主要问题

会计师事务所在审计中发现，W中学财务方面的内部控制制度基本完善，但在固定资产管理、执行方面还有部分欠缺，出现了几项问题，学校应该加强内部控制制度执行方面的管理。

1. 出租房屋管理情况

W中学于1994年5月与北京市G商贸公司签订协议，将W中学新建综合楼（约2 500平方米）的50年使用权委托给北京市G商贸公司经营。北京市G商贸公司于1994年11月将综合楼转租给Z交易所。按照协议的规定，北京市G商贸公司应于每年1月和7月上交使用费55万元并从1996年起每年递增5%。若违约欠付半年以上，则学校可收回使用权。本次审计发现，W中学自2010年起未收到对方交来使用费，也未及时收回房屋的使用权，且未在往来款记录该笔应收款项。2014年度只收取现房屋使用方Z交易所交来的水电费合计137 625.00元。按照财政资金的管理要求，学校不可以将已经收到的租金私自存放，因此学校出具了一份说明，表明学校并未收到租金。

2. 大额资金管理情况

W中学本年支付教学楼粉刷工程材料费及劳务费共计140 980.00元。由于学校自购材料并聘请个体工程人员进行粉刷，并未通过教委房管所批准，未与相关方面签订书面合同，也未取得校行政会议书面决议。

3. 固定资产管理情况

（1）本次审计盘点发现W中学于2014年12月购置一批固定资产，包括互动电子白板、活动黑板、实验室通风机、通风柜及化学通风药品柜等，价值247 200.00元，款项已经支付，但实物现存放于销售方北京T科贸有限公司。

（2）经抽查发现部分支出已达到固定资产标准但未入账，如2014/8/11#"项目支出——仪器设备更新改造"购DVD导航仪2 860元。

（3）购入固定资产入库手续不规范，抽查发现在购入固定资产时未填写入库单，验收人员仅在发票背面签字。

## (三)其他需要说明的事项

1. 学校收取"房租"的情况

根据 W 中学提供的资料,承诺 2014 年 1—12 月未收取房租,仅收取 Z 交易所水电费合计 137 625.00 元。

2. 学校各项修缮工程项目执行情况

截至 2014 年 12 月 31 日,W 中学无大额修缮工程未完工情况,本年发生的零星修缮工程均在"事业支出——商品和服务支出——维修费"及"事业支出——商品和服务支出——劳务费"中列支,学校仅支付材料费及劳务费,明细如表 2 所示。

表 2　W 中学 2014 年施工明细表　　　　　　　　　　单位:元

| 序号 | 修缮项目 | 购材料单位 | 购材料金额 | 施工单位 | 施工及劳务费金额 | 备注 |
|---|---|---|---|---|---|---|
| 1 | 学校教学楼粉刷工程 | 北京 JS 建材批发中心 | 97 030.00 | —— | 29 250.00 | 劳务费 |
|  |  | 北京 JSD 建材经销处 | 14 700.00 |  |  |  |
| 2 | 厕所维修工程 | —— | —— | 北京 WSD 装饰设计有限公司 | 33 094.50 |  |
| 3 | 南平房维修工程 | —— | —— | 北京 WSD 装饰设计有限公司 | 15 094.50 |  |
| 4 | 安防监控工程 | —— | —— | 北京 XZY 技术开发有限责任公司 | 55 259.00 | 对已完工工程增项 |
|  | 合计 | —— | 111 730.00 |  | 132 698.00 |  |

注:上述零星修缮工程无书面预算,无校务会议书面批示;除安防监控工程及南平房维修工程外,其余工程未签订施工合同。

3. 账外情况

根据 W 中学提供的资料承诺,截至 2014 年 12 月 31 日,学校不存在账外债权、债务情况。

## 三、W 中学内部控制信息公开流程再造

针对注册会计师查证的问题,W 中学从以下几个方面再造内部控制信息公开流程:

### (一)设置 W 中学内部控制信息公开组织流程

北京市 W 中学的内部控制信息公开组织框架的设置,从纵向来分,主要以执行方和监督方两条主线并行贯穿;从横向来分,每条主线又可分为机构层、管理层、中层和基层共四个层次。具体的内部控制信息公开流程如图 1 所示。

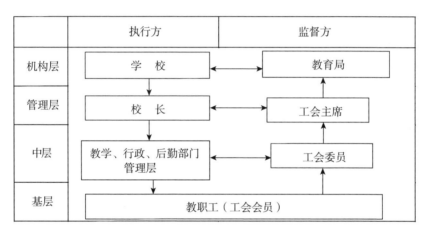

图 1　W 中学内部控制信息公开流程

1. 执行方

本案例以中小学为研究对象,信息公开工作的执行方为学校,而校长通常是中小学校的法人,因此 W 中学内部控制信息公开的管理者应为校长。在校长的带领下,日常业务和部分事项的信息公开管理者应为教学、行政、后勤部门等行政领导班子。信息公开工作最终面向的是学校的基层——全体教职工(工会会员)。

2. 监督方

在执行信息公开的过程中,监管不能缺位,按照权责对等,在不同的管理层面应有不同的监管人员:一是在机构层,W 中学内部控制信息公开的监督者应

为学校上级行政机构——教育局。教育局在内部控制信息公开的过程中应掌握工会体系监督所获取的信息，并能够利用这些信息对学校的校长、管理层开展监管考核，从而促进管理层主动公开的意识。二是在管理层，工会主席在监督工作中起领导作用。三是在中层，工会委员应参与行政管理层的决策监督。四是在基层，工会小组长履行民意调查的监督责任。

3. 信息沟通

执行方和监督方两条主线在并行运行的过程中，应加强相互之间的信息沟通。一方面，从执行方看，学校各个层面应主动开展内部控制信息公开工作，及时与监督方沟通公开情况和反馈意见；全体教职工也应充分发扬主人翁意识，积极表达个人建议，促进单位工作的开展。另一方面，从监督方看，监督主管机构（教育局）的监管应做到客观公正，既听取汇报又接受反馈，评价信息沟通及时，促进公开工作的开展；在履行监督工作时，相关监督人员应保持公正态度，客观评价并积极发挥提醒作用，针对学校执行工作不足的地方，积极提出建议。

## （二）确立 W 中学内部控制信息公开流程

内部控制信息公开流程包括事前制订方案，事中执行，事后监督和考核。按照既有思路，对于中小学校的内部控制信息公开，应关注制订内部控制信息公开方案、执行内部控制信息公开工作、宣传内部控制信息和确立内部控制信息监督机制等四方面工作。

1. 制订内部控制信息公开方案

信息公开方案主要包括成立信息公开管理小组、描述信息公开内容、约定信息公开时间、制订监督考核方案。

（1）成立信息公开工作管理小组。W 中学信息公开工作管理小组成员大致分为两类：一是管理者，主要包括校长（兼任党委书记），以及其他行政、后勤、教育教学等部门相关副校级领导和中层干部，共计 11 人；二是教职工代表，鉴于该校现有在职教职工 74 人，依照《工会法》，小组成员中教师代表共计 30 人。综上，W 中学信息公开工作管理小组由校主要领导及教职工代表组成，合计 41 人。

（2）描述信息公开内容。作为学校内部控制制度文件，标准的确定应与当地教育委员会的规定契合。信息公开内容一是包括预算、收支、资产、政府采购、建设项目、合同管理等各业务层面的经济活动财务信息，二是审计等外部信息,三是其他重要信息。

同时,W中学在制定本校政策时应充分考虑各方面的规定。例如集体决策,审批权限的设定标准不能高于上级规定和内部控制手册中的约定。

(3) 约定信息公开时间。充分考虑W中学的工作特点与财务工作结合的情况进行约定。

① 学期内按月、年度公开,涉及审批决策事项的,应按照事项支出情况在支出前予以公开。

② 寒暑假期间采用特殊事项公开方式,出现需要表决通过的、应予公开的事项,采用临时集中召开会议的方式开展,不得采用传阅或单独表态方式。不需表决的事项可以顺延至假期结束再予公开,并采用信息化办公平台发送的方式公开。

(4) 制订监督考核方案。W中学明确成立由工会主席牵头的内部控制信息公开监督小组,对信息公开工作开展监督和评价。设定监督检查工作考核表,明确监督人员的责任和权力,明确公开管理小组的责任和奖惩机制。

2. 执行内部控制信息公开工作

(1) 编制、公布信息公开目录。编制内部控制信息公开时,应注意分项、分类公开,便于使用者归集信息。

W中学按月编制的信息公开目录应包括财务报表,重大收支情况,内部控制情况,审计、检查及整改情况等内容,具体如表3所示。

表3 月度信息公开内容目录

| 目录 | 具体内容 |
| --- | --- |
| 月财务报表 | 当月资产负债表<br>当月收入支出表 |
| 月重大收支情况 | 专项资金收入情况<br>10万元以上资金支出情况和召开会议决议情况<br>大宗固定资产购置及使用情况和会议决议情况<br>合同目录 |
| 月内部控制情况 | 包括内部控制制度的完善和当月召开会议决议情况 |
| 月审计、检查及整改情况 | 审计、检查报告<br>特殊需通报事项<br>财务支出中的自查情况,尤其是不规范的部分 |

W 中学按年度整理的目录应包括按年出具的决算报表、预算报告、按年度发生的事项公告、全年重大事项的总结等内容,具体如表 4 所示。

表 4　年度公开目录

| 目录 | 具体内容 |
| --- | --- |
| 年度财务报表 | 年预算报表<br>年决算报表及批注 |
| 年度重大收支情况 | 出租房屋资金收取情况<br>专项资金收入情况(汇总)<br>10 万元以上资金支出情况(汇总)<br>大宗固定资产购置及使用情况(汇总) |
| 年度内部控制情况 | 内部控制制度执行及变动情况 |
| 年度审计、检查及整改情况 | 持续整改情况、未完成整改情况 |
| 年度特殊情况公示 | 以上内容未包括的应公示的情况 |

(2)按目录公开内容。学校在实施内部控制信息公开时,信息公开内容应涵盖单位内部控制的各个方面,同时做到重点突出、清晰准确。内部控制信息公开的包括四个方面:内部控制信息、财务信息、审计信息、其他需公开的内容。具体事项应按照当地教育主管部门规定的内容具体确定。

① 公开内部控制制度手册。从审计报告中可以看出,W 中学具有一定的内部控制制度,但尚未建立完整的内部控制手册。因此,在内部控制手册尚未建立完整之前,先公开各项制度,同时按照财政部门的规定,尽快建立完整的内部控制手册,并在建成后予以公开。

② 公开财务报表。由于 W 中学执行《中小学校会计制度》,因此应予公开的报表按照编制期在不同编制周期予以公开,主要内容如表 5 所示。

表 5　财务报表

| 编号 | 财务报表 | 公开时间 |
| --- | --- | --- |
| 会中小学校 01 表 | 资产负债表 | 月度、年度 |
| 会中小学校 02 表 | 收入支出表 | 月度、年度 |
| 会中小学校 03 表 | 财政补助收入支出表 | 年度 |
|  | 附注 | 年度 |

③ 公开审计、检查信息。当月取得的审计报告、检查报告以及当月出台的整改说明等内容应予公开。

④ 公开其他重要信息。总结北京市教育委员会的文件,该事项至少包括:年度预算、决算安排,调整预算安排;教职工的考核奖惩和收益分配;重大建设项目、大宗购置、10万元以上大额经费支出、大额专项资金使用;大型贵重教学仪器设备购置,重大项目维修,国有(集体)资产、资源处置;大额资金借贷,校产出租、出借事项;政府采购事项及执行情况;合同目录。

(3) 按规定方式公开。W中学具有信息化办公平台,可以采用在平台发布信息公告的方式公开不需表决的情况。信息系统自动记录内部人阅读信息情况,再由信息化管理员整理流程公示的基础信息和内部人阅读情况,作为公示情况的记录,具体流程如图2所示。

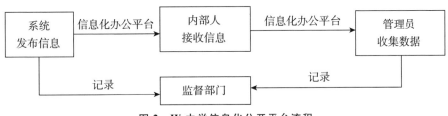

图 2　W 中学信息化公开平台流程

对于学校需表决同意的事项,如预算的批准、大额支出等,采用会议的方式开展,记录会议纪要并由参会人员签字,用于确认公开记录。

3. 宣传内部控制信息

内部控制信息的宣传离不开信息中介,信息中介的设置在中小学校内部控制信息公开中是十分必要的,因为教育教学人员对信息的获取是敏感的,影响范围较大,甚至能够影响到社会的稳定,必须积极地引导。

对于北京市W中学,其信息中介主要是校长、内部控制负责人、项目负责人、财务人员、工会主席等,承担内部控制信息公开中职权范围内容的解读与宣传。涉及公开的财务信息,主要由财务人员进行解读,包括基础财务情况、增长变动情况、制度限制事项(如"三公"经费)的管理情况、财务资产评价情况等方面,帮助内部人员了解财务数据所体现的管理信息。

4. 确立内部控制信息监督机制

(1) 制定校内监督机制并开展监督。北京市W中学内部控制信息公开的校内监督责任人为校工会主席,监督工作成员为校工会委员、工会小组长,代表全体教职工对学校信息公开工作情况进行校内监督,履行监督职责。

工会组织对校内监督采取日常监督和考核监督的方式。

日常监督的重点在于是否按照信息公开方案在规定范围内进行了全面、详尽的公开。当 W 中学以会议形式公开信息时,依据学校制定的"三重一大"管理要求和内部控制信息公开方案,在适当范围内公开相应事项,参加或列席人员应包括相应的监督人员,具体说明如表 6 所示。

表 6 监督机构参加公开会议的设置

| 金额要求 | 公开范围 | 监督设置 |
| --- | --- | --- |
| 10 万—20 万元 | 行政会议 | 工会主席 |
| 20 万—50 万元 | 校务会议 | 工会主席、工会委员 |
| 50 万元以上 | 教代会 | 工会主席、工会委员、工会小组长 |

在监督考核中,工会组织依据日常监督的情况,结合法人考核述职和内部人员的调查问卷反馈,评价学校法人的内部控制信息公开年度考核,提交给上级考核部门。

(2) 配合上级巡视监督工作。内部控制信息公开的校外巡视监督主体为上级教育主管部门。北京市 W 中学作为上级巡视监督的对象,应按照上级教育主管部门提出的内部控制信息公开考核制度,认真履行公开职责,在应对上级巡视监督中做好配合工作。

① W 中学校应整理留存考核年度的内部控制信息公开材料,便于上级调取查阅。

② 准备述职报告,工会监督机构组织内部人员听取述职报告并参加巡视组的问卷调查,接受巡视组访谈,提供民意调查数据。

③ 工会监督机构提供本年度校内监督的情况介绍和监督意见。

评价完成后,巡视组应将评价结果反馈给学校的法人和工会主席,听取两者的意见建议,最终出具客观的评价报告。评价报告一方面用于对校长本年度的考核评优工作,另一方面在单位公开,向内部人公开评价情况。

# 案例使用说明

## 一、教学目标与用途

适用课程：高级审计理论与实务、审计与内部控制。

适用对象：审计专业硕士、会计专业硕士，拓展适用于所有管理类的专业硕士（如 MBA），以及企事业单位高级管理人才。

教学目标：描述 W 中学内部控制建立和执行情况，针对审计师发现的问题提出 W 中学内部控制信息公开流程再造的具体方案，让人们进一步了解行政事业单位的内部控制问题及其根源，更深入思考如何进一步完善内部信息公开机制。

## 二、思考题

1. 讨论行政事业单位内部信息公开的现实意义。
2. 讨论中小学内部信息公开面临的主要问题。
3. 讨论影响中小学内部信息公开的主要因素。
4. 讨论如何重造中小学内部控制信息公开流程。

## 三、背景、理论依据与案例分析

（一）内部控制信息公开的界定以及我国中小学内部控制信息公开情况

内部控制信息公开不同于政务公开或党务公开，公开的主要内容为财务信息，三者在公开内容、公开主体、公开对象、公开目的方面均有明显不同（见表7）。

表7 三类公开工作对比

| 公开类型 | 党务公开 | 政务公开 | 内部控制信息公开 |
| --- | --- | --- | --- |
| 公开主体 | 党代表大会、各级党组织 | 政府机构、行政机关 | 行政事业单位 |
| 公开内容 | 重大问题的讨论和决策情况 | 公开执法依据、执法程序和执法结果，属于办事制度层面的公开 | 预算、收支、资产、政府采购、建设项目、合同管理等业务层面的经济活动财务信息，以及相关的内部控制、风险审计、财务审计、治理措施等内容 |

（续表）

| 公开类型 | 党务公开 | 政务公开 | 内部控制信息公开 |
|---|---|---|---|
| 公开对象 | 党员 | 社会公众 | 本单位内部人员 |
| 公开目的 | 增强党员的荣誉感和责任感,调动党员的积极性、主动性和创造性 | 促进服务政府、责任政府、法治政府、廉洁政府的建设,提高依法行政和政务服务水平 | 对本单位内部控制制度的全面性、重要性、制衡性、适应性和有效性进行自我评价、对照检查,并针对存在的问题抓好整改落实,进一步健全制度,提高执行力,完善监督措施,确保内部控制有效实施 |

"十二五"以来,随着我国中小学教育全面实现"九年制义务教育",政府对中小学财政支持力度较以往大幅增强。以北京市为例,其教育收入、支出及预算情况如图3所示。

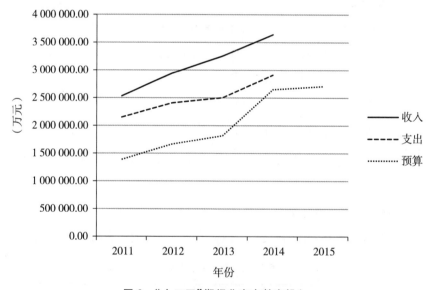

图3 "十二五"期间北京市教育投入

2011—2014年,北京市的教育收入、支出均高于当年预算,且处于持续增长状态;到2014年年底,北京市教育收入超过364亿元。对于庞大的资金支出,如何监督和保证使用的合规合法成为中小学的突出管理问题。

为了满足财政资金的监管需求和社会对教育资金的关注需求,教育部门多次下发文件,强调监督管理要求。教育部2011年下发的《关于进一步推进直属高校贯彻落实"三重一大"决策制度的意见》（教监〔2011〕7号）规定：学校应建立健全议事规则和决策程序，凡"三重一大"事项必须经学校领导班子集体研究决定；要坚持民主集中制原则，防止个人或少数人专断；要充分发扬民主，广泛听取意见，完善群众参与、专家咨询和集体决策相结合的决策机制；要遵守国家法律法规、党内法规和有关政策，保证决策的科学民主。

事实上，我国中小学的管理同样采取了相应措施，具体落实情况主要体现在以下方面：一是在决策制度方面，各地区教育局、教育委员会参照文件要求，根据本级实际情况，制定了相应的集中决策管理规定。以北京市为例，目前已有多个区县教育委员会出台了"三重一大"事项认定标准，内容涵盖了教育工作的方方面面，海淀区甚至直接提出了大额资金的明确审批范围。二是信息公开方面，各地教育系统的财务在逐步公开，但层级还基本停留在区县教育局层面，如上海、江苏、江西、广西、山东等省份的区县教育局均出台了相应的重大事项公开的管理要求。另外，公开渠道主要是在政务公开和党务公开中涉及的部分财务公开信息，例如北京市朝阳区教育委员会在《关于印发〈关于进一步加强教育系统党的建设工作的意见〉的通知》（朝教党发〔2013〕25号）中明确规定：各基层党组织要依据上级要求，按照党务公开的实施范围、内容、程序、方式和时限要求，重点对党员群众关注的热点、难点问题，"三重一大"决策执行情况，作风建设及成果展示情况等内容予以公开，逐步使党务公开成为一项基础性、常规性、长期性的工作制度和工作任务。

总体来看，目前我国中小学实现"三重一大"事项的公开在制度上得到了保障，"三重一大"事项所贯彻的"集体领导、民主集中、个别酝酿、会议决定"的议事程序与管理思路已经深入了各地中小学等基层单位，而中小学内部控制制度也基本具备了基础。从"三重一大"理念在教育领域的提出，到中小学校事业单位全面建设内部控制制度，再到提出推进内部公开的要求，我国行政事业单位的透明民主建设在稳步提升。在当前我国中小学管理改革深化和创新实践中，内部控制信息公开已成为加强内部控制、开展法制管理的系统工程中不可或缺的组成部分。

（二）中小学内部控制信息公开面临的主要问题

已有的调查结果显示，针对财政部出台的信息公开要求，行政事业单位的落实程度相对较差,多数单位尚未建立获取和报告内部控制缺陷的机制。在已建立相关机制的单位中,大多数表示直接与单位负责人沟通即可,这表明单位的内部控制并未建立顺畅的意见沟通渠道。此外,绝大多数受访单位表示未建立顺畅保密的职工报告沟通渠道,或者已建立相关渠道但并未发挥应有的作用。

1. 内部控制信息公开的制度体系有待进一步健全

中小学内部控制信息公开在一定程度上是基于现有"三重一大"管理要求的进一步提升,涉及公开的内容更多、要求更细。事实上,尽管"三重一大"的管理要求已实行多年,但在督促公众监督、促进参与等方面仍然存在被动执行问题。内部控制信息公开作为更加严谨的管理要求,在制度保障上也只是"积极推进"的程度,从一项制度出台到执行的过程来看,才刚刚起步,远远没有达到有法可依、有据可循的程度。

从监督的层面来说,上级主管部门的监督和内部人员依据内部控制制度的监督缺一不可。普遍信息公开主要是为了满足上级检查所涉及的民主程序,内部人员的监督往往被忽视或无法对管理层起到震慑作用。现有制度并未明确内部控制信息公开的主体责任和奖惩机制,对于推进内部控制信息公开并未形成真正压力。只有制度完整、考核机制相应配套,才能将内部控制信息公开真正地推行下去。

2. 内部控制信息公开层级有待进一步深入

现阶段,按照政务公开、党务公开的制度规定和"三重一大"的管理要求,各地区县级教育局将本级管辖的数据汇总后公开,公开内容包括本级预算、决算、部分基础数据。但统计的层级较高,对于中小学等基层单位人员来说,信息公开的数据仅仅是各单位数据的汇总,具体到执行监督,无法了解各中小学相关的经营状况、内部管理情况,更不可能使用公开数据观察内部管理的规范性,难以对中小学等具体基层单位的管理者形成监督压力。因此,在执行内部控制信息公开时,面临信息公开的层级如何进一步深入到中小学等基层单位的问题。

3. 内部控制信息公开内容有待进一步明确

目前,我国主要执行的公开工作包括政务公开、党务公开,两者主要为行政机关事业单位针对社会大众所需开展的公开工作,具体内容在前文已述。关于事业单位中数量庞大而受众相对有限的中小学来说,目前对外公开的具体规定相对较少,2011年国务院下发的《关于深化政务公开加强政务服务的意见》要求:"所有面向基层服务的医院、学校、公交等公共企事业单位,都要全面推行办事公开,主动接受群众监督。"国家对中小学的要求仅停留在编制公开目录,重点公开岗位职责、服务承诺、收费项目、工作规范、办事纪律、监督渠道等。对于中小学而言,并不涉及任何单位财务信息、内部控制信息。

从执行"三重一大"的角度来说,中小学内部公开所涵盖的内容并不全面。涉及中小学内部控制信息公开的内容主要包括年度预算汇报、大额支出的通报表决、工资绩效方案的通报、单位相关情况的公示,如补贴申报公示等。但单位对于不属于"三重一大"管理范围的事项并未严格予以公开,保密部分占比较高,尤其是对管理者不利的信息。因此,目前中小学内部人员实际上只能获取部分零星发布的内容。从实际需求来看,涉及学校全体人员切身利益事项的相关经济管理内容,均应予以公开。

参照2015年北京市财政局文件的要求,单位公开的内部控制手册、预算决算数据、审计检查评价和重大经济收支等内容,可具体体现和反映单位的内部管理规定、单位经济状况、领导者廉洁从政情况,以及对职工利益、发展具有明显关联的数据等内部控制信息基本要素。因此,学校职工对学校管理信息的基础需求均可以在内部控制信息公开工作中予以满足。

对于内部控制信息来说,内容解读和内容陈列同样重要。有研究表明,我国实行政务公开工作中明显的掣肘就出现在内容解读上。信息发布方对发布信息不予解读,依靠新闻媒介的解读往往出现意想不到的失控情形。因此,内部控制信息公开工作中,对公开信息的解读和宣传,必须牢牢把握在信息发布者的手中。

4. 内部控制信息公开的交流渠道须进一步加强

多项研究表明,行政事业单位的公开工作往往缺少监督奖励机制,其中一个原因在于上通下达的渠道不够畅通。一方面,内部人员对单位管理者的意见往往通过与管理者面谈来协商,没有发挥透明监督的作用,对管理者改进行为模式的压力有限;另一方面,管理者对单位内部人员面对面的问题解答,因个体差异所体现出的信息口径往往不能统一,不利于单位的统一管理。因此,在开展中小学校内部控制信息公开的工作中,畅通沟通渠道、满足投诉和解释的渠道对该项制度的成败具有显著影响。

（三）制约我国中小学内部控制信息公开的核心因素

针对上市公司信息披露的研究表明,影响信息披露的因素主要包括公共压力、声誉和内部治理。同样,对于制约中小学信息公开的因素,除由于公开范围为内部、不涉及外部信息公开相关的声誉因素外,核心的制约因素在于内部治理结构和公众压力。

1. 内部治理结构因素

中小学内部治理结构在逐年的民主建设中愈加完善,行政机构、党组织的建立成为普遍共识。但具体分析就会发现,按照中小学内部机构普遍设置的形式,中小学具有行政校长一人,分管教育教学,行政管理副校长若干名,总务主任、年级组长等多名中层管理人员。一般规模学校设置党支部书记,往往由法人或副校长兼任,单独设置工会主席。按照《中小学校长任职要求》,单位法人对学校财务工作全面负责,即法人"一支笔",所有财务支出均需法人签字确认方可执行,而部分法规制度的条款也经常出现"特殊情况,需有法人审批"的规定。在实际工作中,就出现了"只需法人同意即可"的观念,即使违反规定,法人同意即可执行,法人权力缺少制衡。这对于开展科学管理、法制建设十分不利,往往造成对国有资产的违规使用。

从中小学的实际情况考虑,我国中小学按照事业单位管理,编制由区县级政府控制。依据李克强总理"不增加财政供养人员"的承诺,大量的中小学开始压缩编制,仅有空余编制也向一线教师倾斜,行政后勤人员往往身兼数职。在这种情况下,对于管理作用不显著的制度建立、财务监管岗位往往缺少关注,更不会也无力安排专职人员。

权力的正确使用必须处于监督之下,依靠法制相比人治更加稳定和长久。从制度体制上,理顺内部治理结构,建立权力执行和权力监督并存的治理机构,提高监督管理在执行中的作用,可以进一步提升权力使用的透明度,进一步降低财政资金使用风险,让法人的行政管理更加可信、有力。

改善内部治理结构,需要从两方面着手:第一,教育主管部门应提供相应的政策,支持促进中小学理顺内部治理结构,出台制度保障执行、监督和考核的完整顺畅,形成自下而上的管理压力,提升基层单位管理层内部控制信息公开的主动性;第二,基层中小学应提高重视程度,在有限的人员安排中,保障监督机制的合理设置,主动面对监督管理,自下而上地推动科学建设。

2. 立法和监督等公共压力因素

在开展管理工作中,我国事业单位普遍存在"等政策"的思维,内部控制信息公开的要求还没有形成进一步的法律保障,教育管理部门、资金管理部门的积极性不足,因此实现信息公开的政策基础不完善,很难促进单位管理层自觉地公开。

内部控制信息公开的内容十分丰富,涵盖了内部控制、财务信息、行政管理等多方面的信息。为了保障时效性和监督性,基层单位应当安排一定的人力、财力和制度保障,而这些在管理层缺少主动公开积极性的情况下是很难做到的。

内部控制信息公开需要自上而下的压力,对于公开的实际执行和效果,需要上级主管部门配套相应的监督考核机制和检查工作。若无自上而下的检查压力,则难免流于形式,甚至缺少行动。

监督上,中小学财务工作的监督主要依赖政府审计,只要审计检查不出问题即可,而审计的频率、重点往往具有随机性,同一期间的审计往往因上级工作重点的不同而不同,这对法人开展日常工作具有不确定性,并未形成具有威慑力的监督。同时,单位实际监督的方式往往依靠财务人员在经费支出上把关,除财务人员能力限制外,在法人已经签字的情况下,财务人员的管理是乏力且滞后的。因此,应有一个常态化监督机构在单位履行监督职责,让法人、项目负责人形成明确的概念:所有的支出都需要合理的支持,所有的管理都需要有法可依,是否执行、执行情况是否有据可查对日后个人发展是有显著影响的。这样,日常有监督、监督有反馈渠道、上级有考核、问题有处理、优秀有奖励的思路必须得到执行,才能实现权力监督的目标。

3. 其他影响因素

学术研究表明,审计结果的好坏、公众的关注度、媒体中介的介入会进一步影响管理层对信息公开的态度。对中小学来说,内部控制手册的评价报告、审计报告、教职工对单位财务管理的关注程度和接受能力直接影响管理层公开单位财务报告的态度。

综合来看,制约中小学内部控制信息公开的核心因素主要是内部治理结构不顺和公众压力不足。因此,在推进内部控制信息公开的过程中,从制订方案到实施、监督、考核都要着力从这两点入手,兼顾信息公开的管理原则,理顺治理结构,增大监管考核压力,促进中小学内部控制的制度化、规范化。

具体表现在 W 中学为:

(1)制度执行问题。从内部控制的角度看,大型维修修缮项目事关教育教学安全,学校为了避免修缮工程带来的烦琐手续,采用暗度陈仓的方式将修缮工程变质为购买原料,并私自聘请个体人员施工,这是对教职工、学员的严重的不负责行为。设备购置尤其是信息化设备的购置和建设,直接影响到教育教学工作的开展,资产的到位是管理者必须履行的职责,资产管理的失控必然隐藏着更深层次的风险。

最明显严重的出租资产情况暴露了更多的问题。按照合同约定,2014 年房屋资产的使用权租金达到 145.93 万元,将近该校当年全年收入的 1/10。从管理的角度来说,学校对该房屋的权利十分明确,却没有任何主动管理的行为,具体的原因可以从委托-代理角度展开分析。

依据委托代理-理论,学校的资产属于国有资产,所有权属于国家,学校只是代理人。学校收到房屋租金后,应按照财政"收支两条线"的管理要求全额上缴并按照税法规定缴纳营业税等相应的税费,不会构成学校的收入,对学校人员也没有绩效影响,因此作为代理人的学校管理者缺少收取租金的动力;按照合同约定,学校未收到租金,可以按约定收回使用权,但面对腾退使用人带来的繁杂事务以及可能出现的司法诉讼,作为代理人就更缺少动力了。

从内部控制的角度来看,该事项凸显出学校在内部控制中存在合同管理、收支、资产管理等三个方面的问题:一是合同管理方面,从管理来说,该学校重要合同的失控是否引起单位管理者的重视;二是收支方面,该学校的大额资产外流,学校的集体决策机构是否对此进行过讨论,得出过哪些处理意见,是否经过上级部门批准;三是资产管理方面,对于该房屋的使用权,该学校应如何处理。从上述问题来看,该学校多年来并未严格执行内部控制制度,问题在上级审计检查中才得以暴露。但即使该学校进行了相应整改,仅仅通过审计或上级部门行政检查的方式仍难以完全保障学校的资产安全,更难以发现学校在财务管理方面存在的隐患和风险。

（2）信息传递问题。按照教育部门、财政部门的规定，工程审计、设备购置均应按照政府采购管理要求执行，相应的合同管理、收支管理、资产管理也应遵守单位内部控制管理规定。从内部人的角度来看，W中学内部控制执行中出现的问题是否引起了足够的重视？对于一所面积只有7 161.96平方米的校园，教职工不会察觉不到2 500平方米出租房屋的存在。对于大规模的装修施工，资质是否正规也是应该关注的问题，但学校管理层并未对相关政策和业务依据开展足够的宣传，内部人即使知情也不能公开讨论和发表见解，是否足够知情所面临的巨大风险就更加值得商榷。从内部控制的角度来看，内部控制信息并没有得到准确和严格的传达，管理风险也就不可避免地发生了。

（3）监督执行问题。内部控制制度执行不力，往往是因为监督的缺位及奖惩机制的不足。多年来的人治理念，使得事业单位法人在日常工作中并没有建立依法理财的观念。缺少相关的考核机制，未对单位法人形成外部压力。此外，固定资产类管理多属于后勤部门，广大一线教职工接触渠道有限，即使事关广大教职工的利益，但由于知情权的缺失，未能形成有效监督，最终未能对单位法人形成内部压力。

事业单位的科学管理，离不开经济管理的合法合规，因此必须做到监督到位、权责匹配，让内部控制的执行及监督真正发挥作用。

（四）如何再造内部控制信息公开流程

1. 制度执行

制度的执行主要包括指导文件的建立和依据文件开展执行。

指导文件——内部控制信息公开方案的建立。学校制订的信息公开方案应该是具有一定稳定性的制度管理文件，作为内部控制手册的一部分。公开方案应涵盖的内容至少包括：公开工作管理小组具体人员名单，公开内容的定性或定量描述，公开时间，公开工作的考核和监督机制。

① 公开工作管理小组。根据审批权限的设置要求，公开工作的审批权限应该是该单位的最高权力机构——教代会。依据《北京市实施〈中华人民共和国工会法〉办法》（京工办发〔2015〕47号）的规定，"召开职代会的，职工代表人数按照不少于全体职工人数的5%确定，最少不少于30人；职工人数少于30人

的,必须建立职工大会制度"。单位应遵照以上制度执行。

② 公开内容描述。公开方案中,应规定需公开的事项,分类制定各项公开事宜的量化标准和定性描述。但在规定的过程中,也要注意一定的总结提炼,制度制定后应具有一定的前瞻性。

③ 公开时间。公开方案应当明确公开周期。作为内部控制制度执行情况的公开,一般情形下应具有周期性,如按月公开月度报表,按年公开预算、决算等信息;特殊事项须启动应急处理方式,及时跟进信息,及时更新公开内容。

④ 公开工作的考核和监督机制。制订公开方案时,应当明确公开工作的权责主体,例如单位法人是公开工作第一责任人,是考核重点。公开对象应当具有质询的权力和要求解答整改的权力,监督人员应当具有监督反馈和质询权力。公开责任人与监督责任人不可兼任,监督责任人的选择应由全体职工公开选举,法人不能干预、撤换。

2. 文件的执行

(1) 编制、公布信息公开目录。按照单位需要公开的实际情况编制公开目录,编制时应注意分类分项,原则是易于理解和分析。

按月度公开的事项应当包括月度财务报表、本月重大收支情况、当月内部控制情况、当月经历的审计和检查及整改情况。若单位当月发生特殊事项,如重大安全、管理事项,则应随着事态发展情况及时更新公开,而不是按日历周期公开。

按年度编制的公开目录还应当包括年度报表和附注,预算决算的编制月份还应当出具预算、决算的公开内容。

(2) 确定公开内容。依据全面性原则和重要性原则,将内部控制制度涉及事项按权限予以全部公开。主要事项包括四个方面:内部控制手册、财务信息、审计信息、其他需公开的内容。

① 内部控制手册公开的主要内容包括内部控制手册设定的执行权限,涵盖单位层面与业务层面。其中,业务层面包括预算、收支、资产、政府采购、建设项目、合同管理等方面。手册的公开也促进监督管理层按照内部控制要求开展执行。

② 财务信息公开应当按照所执行会计制度的要求,公开财务报表、重大投

资项目、重要资产变动、大额支出事项。

③ 审计信息包括内部控制评价报告、单位审计报告,以及接受检查后的各种整改报告。

④ 按照要求应公开、公示的其他内容,依申请需公开的其他内容。

（3）公开方式。公开方式主要依据事项特点及本单位的实际情况选择。

对于需要表决讨论的事项,只能召开会议进行通报,这种方式有利于当面解读信息和收集公开表决意见。

对于不需要表决通过的事项,有条件的单位可以采用信息化手段,通过单位办公平台公开,既保障了点对点的发送,也确保了数据安全。但从全国范围看,还不能实现每所学校都有办公信息化平台,因此也可以采用专人负责、内部传阅或在固定位置张贴的方式,但要注意数据的安全保管和保密。

3. 信息的传递

（1）信息的解读者——信息中介。信息中介不是新闻发言人,而是行政事业单位中对内部人宣传内部控制信息的组织。在这个组织中,拥有能够充分解读信息的专业人才,并具备一定的组织宣传能力。

（2）信息中介的作用。按照供需理论,信息需求者对信息的需求和获取能力有限,在传财务信息时需要适度的解读。信息公开的执行者为了避免其他媒介的干扰,必须充当好信息的供应者和解读者,引导内部人员充分地解读信息。在执行信息公开的工作中,信息中介出现的时机和作用主要分为以下几点:

① 在公开信息时,充分地解读和介绍信息,尽可能地描述事件发生的情况和结果,记录信息公开情况。信息中介的引导应从经济角度和非经济角度两方面进行。

② 在信息公开后的发酵阶段,及时了解信息公开后内部人的关注点,将信息反馈给负责人,并依据工作安排开展宣传和引导。

③ 在信息公开后的平静阶段,整理信息公开档案材料,总结信息公开和解读经验。

在日常工作中,信息中介应当同时开展内部控制制度宣传的职责,强化内部人对内部控制制度执行的关注。同时,在现代信息化的传播领域中,人人都是自媒体,因此单位在开展信息公开时,应当注意线上线下的协同管理。时刻注意观察信息传播的方向并进行引导,同时严格开展内部控制信息的保密工作。

4. 监督考核的开展

(1) 监督机构设置。由于监督反馈机制是决定信息公开工作能否长久、有效执行的关键因素,因此在信息公开方案中,监督机构的设置尤为重要。建制完整的单位应选择工会主席作为监督机制的负责人。具体原因如下:

① 按照《工会法》的要求,企业、事业单位以及其他组织违反职工代表大会制度和其他民主管理制度,工会有权要求纠正,保障职工依法行使民主管理的权利。因此,工会对于内部控制制度的信息公开工作具有法定的监督权利。

② 工会主席履行监督职责符合不相容岗位要求。按照中华总工会的要求,工会主席、副主席不得由本单位的法定代表人兼任,也不宜由分管劳动、工资、人事的负责人兼任,且主要负责人的近亲属不得作为本基层工会委员会的成员。因此,工会主席具有先天的不相容优势。

③ 工会主席的选举体现了民主意愿。不同于上级任命的法人,按照工会组织设定的权限,工会主席来自内部的民主选举,具有代表工会成员行使监督权利的职责。因此,学校的工会组织具有较好的群众基础和公信力,适宜担任反馈机构代表。

④ 工会主席在单位的职位一般在中层以上,能够获取相应的信息,也便于与上级监管部门沟通。

监督工作的开展应当伴随单位内部控制信息公开工作的开展与推进。

信息公开的执行,应当综合考虑事项对单位内部控制规定公开的范围。因此,监督机构的设置层级应当保证不同级别的公开均有人员参与。

监督机构的管理上层应当是对单位法人具有管辖权的机构,针对信息公开情况进行考核和奖惩。管理层对信息公开工作的检查可以采用巡视制度,由纪检、人事、组织、党务等多个部门轮流牵头,避免固定人员所带来的弊端。

巡视制度的执行,目的在于了解单位的信息公开情况,而不是关注内容。因此,在开展巡视时,可以采用问卷和访谈的方式了解单位是否执行了信息公开、信息公开的方式、频率以及范围,了解群众对信息公开工作的需求和建议。巡视人员应当对获取的信息给予积极反馈,协助单位更好地完成信息公开工作。针对巡视中发现的公开工作中不足的部分,应当给予适当的压力督促完善,并将评价情况体现在考核意见中。

(2)评价指标设计。监督机构对信息公开工作的评价包括两个方面:一是针对单位内部公开的评价工作,二是巡视后的考核工作。依据监督机构,具体又分为两个维度,包括本单位内部监督和上级监督(见表8)。

表 8　监督考核工作的分工

|  | 日常监督评价 | 考核评价 |
| --- | --- | --- |
| 内部监督 | √ | √ |
| 上级监督 | √ | √ |

一是内部监督评价。内部机构的监督评价只要求在日常工作中体现,例如信息发布时履行审批权限,可以对发布信息进行简短评价,描述该事项对教职工的影响。

在考核评价中,一方面应当总结日常监督中发现的情况,给予客观评价;另一方面可以采取调查问卷形式了解教职工的书面反馈,从而形成有据可查的评价,便于与管理者沟通和交付上级。考核评价要注意平衡信息的全面性与重要性,也要注意问卷调查对象的安全和信息的保密。

问卷的设计可以包含具体事项和特殊关注内容,目的在于有利于给管理层提供合理建议,推进内部控制信息公开的开展。问卷访谈的结果也要听取管理者的申辩,尽量做到客观、公正。

调查问卷的评价项目中至少包括五个指标:组织架构、工作机制、公开内容、宣传引导与档案管理(见表9)。

表 9　内部监督调查问卷

| 调查项目 | 项目明细 | 具体内容举例 |
| --- | --- | --- |
| 组织架构 | 管理是否明确<br>渠道是否畅通 | 成员名单及成员职责<br>若职工需要申请公开,是否有渠道获得信息 |
| 工作机制 | 方式是否合理 | 作为中层管理者,获取信息的方式主要有哪些;基层员工的获取信息方式有哪些 |

(续表)

| 调查项目 | 项目明细 | 具体内容举例 |
|---|---|---|
| 公开内容 | 公开全面性 | 是否包括预算、收入、支出、资产管理、项目建设、合同管理、政府采购内容 |
| | 定性描述 | 本年度修改的内部控制制度效果如何<br>当年审计次数、问题是什么,如何整改,是否知情<br>如何理解预算内容,如是否了解单位计划的重大事项 |
| | 明细性 | "三公"经费比较、"三公"经费具体内容、三项占比<br>因公出国(境)人员、缘由、效果等情况<br>公务用车管理及支出方向<br>公务接待具体人员、时间等情况 |
| | 可比性 | 数据信息是否进行三年以上的信息比较;预算是否与上一年度预算比较;预算是否与上一年度决算比较;决算是否与当年预算比较;决算是否与上一年度决算比较 |
| | 及时性 | 公布时间及时 |
| | 相关性 | 编制主体提供业绩的报告;提供排序和排名信息 |
| | 可理解性 | 分析是否可读,内容解释是否充分 |
| 宣传引导 | 宣传情况 | 公开信息范围是否合规 |
| | 反馈渠道 | 职工表示不理解时,能否获得解释 |
| 档案管理 | 可获得性 | 员工对公开数据是否可获取,档案留存是否完整 |

二是上级监督评价。上级监督主要采用接受基层单位监督机构反馈和开展巡视的方式。

巡视时应出台标准化方案,通过听取法人述职、问卷调查、抽查访谈等方式了解内部信息公开工作的执行情况,了解单位不同层级人员对信息公开事项的了解程度,设置评分试卷。

① 法人述职。单位信息公开监督机构应当按考核年度听取法人对工作的述职报告。法人梳理本年开展的应予公开项目,与监督机构取得的公开资料进行核对,再与单位财务收入/支出数据进行核对,检测本单位内部控制制度的执行情况;同时,在听取述职报告时,了解信息公开工作是否符合单位内部信息公开范围,是否做到应知尽知、安全保密。

② 调查问卷。监督机构应设置调查问卷,在开展访谈调查时,由被调查人员填写问卷,针对单位信息公开事项、信息公开工作、宣传解读方面的情况展

开。在依据问卷总结考核评价时,应当重点关注内部控制信息公开的执行度。

问卷应涉及的问题至少包括五个方面(见表10)。

表10　上级监督调查问卷表

| 调查项目 | 项目明细 | 具体内容举例 |
| --- | --- | --- |
| 组织架构 | 管理是否明确 | 成员名单、成员职责 |
| | 渠道是否畅通 | 若职工需要申请公开,是否有渠道获得信息 |
| 工作机制 | 方式是否合理 | 作为中层管理者,获取信息的方式主要有哪些;基层员工的信息获取方式有哪些 |
| 公开内容 | 公开全面性 | 是否包括预算、收入、支出、资产管理、项目建设、合同管理、政府采购内容 |
| | 定量考核 | 作为基层员工,参加过几次教代会 |
| | 及时性 | 公布时间是否及时 |
| 宣传引导 | 宣传情况 | 公开信息是否做到宣传到位、安全保密 |
| | 反馈渠道 | 职工表示不理解时,能否获得解释 |
| 档案管理 | 可获得性 | 员工对公开数据是否可获取,档案留存是否完整 |

③ 抽查访谈。监督部门的抽查访谈应当注意分级分类和信息获取,重点了解单位人员信息公开意识的建立、单位信息公开事项的理解和掌握程度,用于评价单位是否强化了信息公开监督的理念和执行情况。

三是考核应用。监督机构对法人的监管作用必然体现在对法人的工作考核中,作为上级管理部门,应当出台相应的管理要求,将内部控制信息公开的执行情况纳入考核评价指标,用于评价民主管理和合规管理的情况,并对升迁、评优有所影响。

## 四、教学安排

(一) 案例资料及讨论顺序

案例资料在课前发给学员,让学员阅读并进行小组讨论。

案例讨论的知识储备部分可以由教师提出知识点,建议学员上网或课前阅读相关文献,归纳总结并在课堂上陈述。这部分内容也可以由教师在课堂上进行简要介绍和讲授。

案例讨论主题如表11所示。

表 11　案例讨论主题

| 序号 | 讨论主题 | 案例中的相关线索 | 涉及的相关理论和知识 | 结论/启示/感受 |
| --- | --- | --- | --- | --- |
| 1 | 中小学内部控制建设存在的问题 | | | |
| 2 | 制约学校内部控制信息公开的因素 | | | |
| 3 | 如何再造学校内部控制信息公开流程 | | | |

（二）课时分配

1. 课前自行阅读资料,约 2 小时。

2. 讨论小组讨论并提交讨论记录,约 1 小时。

3. 讨论小组推荐代表陈述并进一步讨论,约 1 小时。

4. 课堂讨论与总结,约 0.5 小时。

（三）讨论方式

可以采用分小组头脑风暴式讨论,要求各讨论小组推荐代表陈述观点。

（四）课堂讨论与总结

课堂讨论与总结的关键是:归纳发言者的主要观点;重申讨论的重点和亮点;提请学员进一步思考焦点问题或争论问题;建议学员对案例素材进行拓展研究和深度分析。

## 五、主要参考文献

1. 唐大鹏,吉津海,支博.行政事业单位内部控制评价:模式选择与指标构建[J].会计研究,2015,1:61—75.

2. 张立民,李晗.非营利组织信息披露与审计——基于汶川地震中 16 家全国性基金会的案例研究[J].审计与经济研究,2011,3:3—10.

3. 张琦,方恬.政府部门财务信息披露质量及影响因素研究[J].会计研究,2014,12:53—59.

4. 张庆龙,马雯.中国首份行政事业单位内部控制实施情况白皮书(一)[J].会计之友,2015,13:6—11.

5. 宗文龙,魏紫,于长春.我国事业单位内部控制现状与改革建议——基于问卷调查的分析[J].审计研究,2012,5:106—112.

（王春莲编写,郑海英校审）

# 泸州老窖：存款失踪背后的内部控制及其整改

郑海英

**摘　要**：针对 2014 年和 2015 年泸州老窖股份有限公司连续曝出 1.5 亿元与 3.5 亿元存款"失踪"的事件，分析泸州老窖内部控制运行失效的原因、影响及相应的整改措施，引导学员进一步关注与市场竞争相联系的内部控制缺陷的识别和防控，理解内部控制的动态演化过程。

**关键词**：存款失踪　内部控制　整改

## 一、公司基本情况与行业背景

泸州老窖股份有限公司（股票代码：000568，简称"泸州老窖"）位于四川泸州，是具有四百多年酿酒历史的国有控股上市公司。其前身是泸州老窖酒厂，1993 年经四川省经济体制改革委员会批准，由泸州老窖酒厂基于经营性资产独家发起以募集方式设立的股份有限公司，1994 年 5 月 9 日在深交所挂牌交易。

### （一）业务介绍

泸州老窖实行"双品牌塑造，多品牌运作"的经营模式。"泸州"牌是中国首届十大驰名商标，"国窖"牌在 2006 年获得白酒类唯一的国家驰名商标，"泸州老酒坊"牌于 2008 年获得国家驰名商标。其中,双品牌指"国窖 1573"和"泸州老窖"特曲,多品牌指其他。

泸州老窖的战略是"金字塔型品牌结构","国窖 1573"系列产品位于塔尖,坚持走高端化甚至奢侈品路线;"泸州老窖"品牌位于塔中,用于次高端的特曲、窖龄产品;"泸州"品牌位于塔底,中低端产品头曲及头曲以下的大量专销、OEM 产品。

随着高端白酒行业的不景气,泸州老窖逐渐把重点转向中低端白酒市场,陆续推出一系列价格亲民的白酒。

## (二) 股权变更

2005 年 10 月 27 日,公司股东大会审议通过了"泸州老窖股份有限公司股权分置改革方案",于 2005 年 11 月 3 日办妥股份变更登记手续。变更后,公司股本总数未发生变化,其中控股股东泸州市国有资产监督管理委员会(以下简称"泸州市国资委")的股本比例由 69.56%降至 60.43%。

2010 年 9 月 3 日,经国务院国资委国资产权〔2010〕817 号文件批准,泸州市国资委将持有的公司股权 30 000 万股股份、28 000 万股股份分别划转给泸州老窖集团有限责任公司(以下简称"老窖集团")和泸州市兴泸投资集团有限公司(以下简称"兴泸集团"),于 2010 年 9 月 21 日办妥股份过户登记。至此,老窖集团和兴泸集团和泸州市国资委持股比例分别为 21.52%、20.22% 和 11.92%,老窖集团成为泸州老窖第一大股东。

泸州老窖截至 2014 年的股权结构如图 1 所示,泸州市国资委仍为实际控股方。

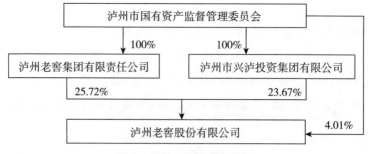

图 1 泸州老窖的股权结构

### （三）高管变动

2015年3月10日，泸州老窖发布公告，"蔡秋全辞去泸州老窖股份有限公司董事、副总经理职务，刘俊涛辞去泸州老窖股份有限公司监事、监事会主席职务，敖治平辞去泸州老窖股份有限公司财务总监职务"。公告称三位高管的辞职主要是"工作原因"。

根据新的人事任命名单，原泸州市委副秘书长王洪波出任泸州老窖股份有限公司董事、副总经理、党委副书记，原兴泸投资集团有限公司董事长黄毅出任泸州老窖股份有限公司监事会主席，原泸州市财政局总会计师谢红出任泸州老窖股份有限公司财务总监。

对于进入深度调整期的白酒行业，白酒企业、经销商都在想方设法地提升业绩、锤炼内功，希望尽快走出行业低谷。高管离职对于白酒企业来说，也许是另一种方式的"转型"。一方面，白酒企业希望通过高管变动引入新鲜血液，帮助企业走出低谷；另一方面，高管本身也会因大环境变化，从个人角度考虑寻求更好的行业发展。

此外，泸州老窖现任董事长谢明、总经理张良，同时兼任泸州老窖集团有限公司董事局主席和总裁的职务。而对于控股股东和上市公司高管存在兼职的问题，泸州市国资委在2014年2月曾做出承诺，在2015年10月31日前解决泸州老窖高管人员兼职问题。

### （四）行业政策与白酒企业营销模式

近年来，高端白酒的酒价如"脱缰野马"。在酒价成倍飙升的背后，公款消费甚至涉及腐败的暗流涌动，几乎成了"公开的秘密"。中共中央办公厅2012年发布《党政机关国内公务接待管理规定》（以下简称"规定"），旨在规范党政机关国内公务接待管理，厉行勤俭节约，反对铺张浪费，加强党风廉政建设。《规定》指出，工作餐应当供应家常菜，不得提供鱼翅、燕窝等高档菜肴和用野生保护动物制作的菜肴，不得提供香烟和高档酒水，不得使用私人会所、高消费餐饮场所。

受宏观经济和国家政策的影响，白酒行业在经历了辉煌的"黄金十年"之后，于2012年出现了明显转折，各白酒企业纷纷转型，抢占低端白酒市场，许多中高端白酒也推出了价格比较亲民的产品。泸州老窖也几度对高端酒价格动刀,但仍改变不了白酒企业行业低迷的状况。

白酒企业转型带来的是营销模式的转变。从最初传统的售酒模式,现在各白酒企业纷纷推出与互联网合作的售酒模式。与互联网结合成为近年来酿酒行业的热点话题,其中"互联网+酒业"的 B2C、O2O、B2B、C2B 等众多电商营销概念纷纷被热捧。然而,白酒电商的发展速度却不尽如人意。另外,白酒企业普遍存在的"存款卖酒"模式(白酒企业帮助银行完成存款业绩,银行帮助白酒企业卖酒)也盛行起来。

## 二、"迫不得已"的存款卖酒行为

2013 年,产品市场竞争加剧,泸州老窖销售遭遇"寒冬"。竞争者不仅来自在中国白酒发展的"黄金十年"中迅速成长的"八大名酒",也来自越来越多涌入市场分得一杯羹的新型中小型酒厂。我们从泸州老窖的主要业绩指标(见图2)可以看出,2005—2012 年是泸州老窖的黄金发展期,业绩节节攀升,产品市场竞争比较缓和;但是自 2013 年国家公款消费政策收紧、宏观经济下行以来,泸州老窖销售遇到前所未有的冲击。泸州老窖营业收入从白酒企业发展黄金期 2005 年的 14.57 亿元逐步上升,一直到 2012 年的 115.56 亿元;而在 2012 年 12 月中央八项规定出台后,营业收入由最高峰降至 2013 年的 104.31 亿元,特别是在 2014 年惨遭断崖式下降,仅仅只有 53.53 亿元,降幅达到 48.68%。

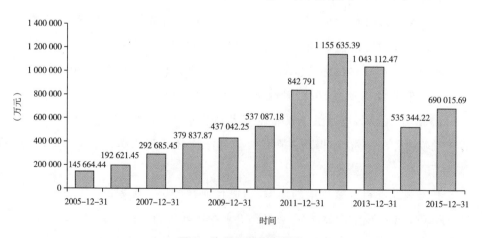

图 2　泸州老窖营业收入

即便在 2013 年遭遇白酒企业卖酒"寒冬",泸州老窖各年年报显示,银行存款账上还存在庞大金额(见表1)。

表 1　泸州老窖资产与银行存款明细

| 年份 | 资产总计(元) | 银行存款(元) | 占比(%) |
|---|---|---|---|
| 2014 | 13 170 818 969.48 | 4 687 690 638.96 | 35.59 |
| 2013 | 13 734 290 010.46 | 5 259 974 850.85 | 38.30 |
| 2012 | 15 572 976 437.82 | 6 820 948 993.87 | 43.80 |
| 2011 | 12 477 231 527.42 | 3 133 069 067.96 | 25.11 |
| 2010 | 8 026 265 190.17 | 1 061 683 218.74 | 13.11 |
| 2009 | 5 982 690 119.66 | 937 281 020.65 | 15.67 |
| 2008 | 5 093 062 015.93 | 703 637 937.80 | 13.82 |
| 2007 | 4 491 860 820.79 | 441 200 423.41 | 9.82 |
| 2006 | 3 457 964 282.85 | 776 772 931.13 | 22.46 |
| 2005 | 2 650 226 272.73 | 296 051 608.65 | 11.17 |

面对逐渐恶劣的产品竞争环境,泸州老窖被迫以其他方式销售产品以获取利润,"存款卖酒"模式就是其中之一。

所谓"存款卖酒"模式,简单而言就是在目标银行承诺按存款额的6%—12%(协助)销售白酒后,白酒企业将资金存入该银行,并保证至少在一年内不提前支取。"存款卖酒"模式分为三个阶段:

第一阶段,白酒企业直接存款给银行,银行自身用酒全部指定该白酒企业(见图3)。

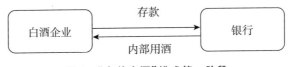

图 3　"存款卖酒"模式第一阶段

第二阶段,随着银行用酒量的饱和,白酒企业开始做银行的工作,由银行向白酒企业介绍客户买酒,白酒企业依然按额度存款给银行(见图4)。

图 4　"存款卖酒"模式第二阶段

第三阶段,白酒企业存款给银行,银行帮助白酒企业卖酒,并以存款作为担保向酒类经销商放贷,帮助其融资;同时,银行将存款借贷给小贷公司,作为条件,小贷公司必须完成银行压下来的卖酒任务(见图5)。

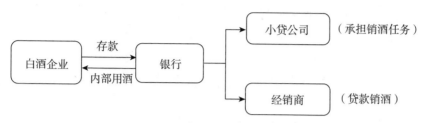

**图5 "存款卖酒"模式第三阶段**

这种运用存款卖酒的模式对于作为"现金奶牛"的泸州老窖和作为揽存任务繁重的银行来说,正好一拍即合;这也是泸州老窖放弃银行的定期存款改为协议存款的重要原因,即以存款换销售。泸州老窖采用的手段是将自己的协议存款放在银行,并以此作为担保,让银行放心贷款给白酒经销商,拓宽白酒销售渠道,谋求泸州老窖业绩的发展以获得更多的利益流入。

公司财务报告显示,2012年和2013年财务费用骤降,说明泸州老窖将大批存款存入银行获取利息。官方公告对这一现象的解释为"主要是本期新增大量协议定期存款,利率远高于活期存款利率"。这里的协议定期存款,即"对公客户与银行签订协定存款合同,双方商定对公客户保存一定金额的存款以应付日常结算,此部分按普通活期利率计付利息,超过定额金额部分存款按协定存款利率计付利息"。这说明,协定存款综合利率应低于普通定期存款利率。我们与当期银行存款本金对比后发现,泸州老窖2012年和2013年银行存款分别为6 859 192 696.21元和5 274 652 954.71元;而高额存款的背后却是低得可怜的利息收入,2012年存款利息为54 966 345.07元,2013年存款利息为133 714 939.24元,存款收益分别为1.95%和2.54%,远远低于2.85%的3个月短期存款利率!在2014年存款暴露出内部控制问题之后,公司将存款悉数转回,从而增加了财务费用(见图6)。这一切都说明存款的转移和存取带有一定的目的性,而这个目的性显然不是为银行利息,而是有着更深层次的原因——销售产品。

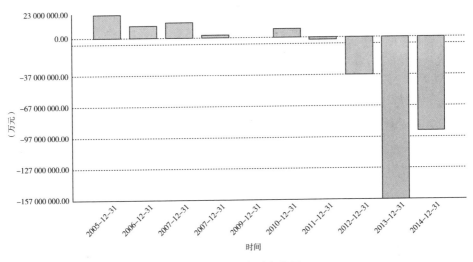

图 6  泸州老窖财务费用

# 三、公司接二连三的存款失踪及背后内情

2014年10月15日,泸州老窖官网发布《重大诉讼公告》称,公司存于中国农业银行长沙迎新支行(以下简称"农行迎新支行")的一笔1.5亿元存款失踪,经多方磋商无果后,公司决定以法律手段维护公司权益,并向四川省高级人民法院提起诉讼。

公告显示,泸州老窖于2013年4月15日与农行迎新支行签订(湘)农银协定存款字(开福)第0012号《中国农业银行单位协定存款协议》等四份存款协议。随后,公司根据协议先后分四次以网银方式向公司账户汇入共计2亿元。当时,银行向泸州老窖出具了存款证明书和对账单。2014年4月23日,泸州老窖第一笔5 000万元存款到期,公司通过一般存款户转回该笔存款及相应利息。2014年9月25日,公司剩余1.5亿元存款到期。蹊跷的是,存款到期的第二天(9月26日),公司财务人员在转款时却被银行告知公司账户上已无该笔资金,不能按时划转。公司经多方磋商无果后,决定以法律手段维护公司权益,并向四川省高级人民法院提起诉讼。2014年10月21日,泸州老窖发布三季度财务报告,其丢失存款未计入业绩报告,丢失存款额超过公司前三季度净利润的一半。

在上述存款失踪事件发生不到3个月后的2015年1月9日,泸州老窖发布公告称,在对全部存款展开风险排查时,进一步发现公司在中国工商银行南阳中州支行(以下简称"工行中州支行")等两处存款存在异常情况,共涉及金额3.5亿元。为了减少可能的损失,泸州老窖当即报请公安机关介入,采取相关资产保全措施。公告显示,2014年12月31日,公司在工行中州支行1.5亿元存款到期。工行中州支行以公司存款被南阳公安机关冻结为由拒不支付,并拒绝出示冻结手续。2015年1月4日,公司派员工持正式函件前往中国工商银行总行(以下简称"工行总行")交涉,工行总行答复须调查。2015年1月8日,公司再次与工行总行交涉,仍无结果。为了减少可能的损失,泸州老窖当即报请公安机关介入,采取相关资产保全措施。同时,另一处存款2亿元,相关案侦和资产保全工作正在进行。

2014年年末,泸州老窖对三笔异常存款合计5亿元按40%的比例计提坏账准备,受此影响,泸州老窖预计2014年净利润同比下降50%—75%。

2014年10月起,在不到3个月的时间里,泸州老窖连续发生三起存款失踪案件,涉及金额5亿元,这在行业内都是十分罕见的。作为上市公司,泸州老窖理应拥有比较完善的内部控制制度,为什么金额如此巨大的事项竟然可以越过层层内部控制而使得存款"失踪"呢?

随着白酒行业的整体调整,白酒市场竞争日益激烈,泸州老窖2014年在华中地区的营业收入为7亿元,较上年同期下降51.66%,毛利率骤降两位数(见表2)。在销售下滑的压力下,泸州老窖选择用大额"存款卖酒"加大与湖南当地经销商和银行间的合作力度,却疏于管理,最终导致公司在当地这种不以结算为目的的存款接连失踪。一般来说,银行的对公业务管理包括"定期对账"制度,而且一旦上市公司开通了网银和短信提醒业务,只要发生资金划转,上市公司就可以立即查账或者收到即时通知。但在管理层操控存款卖酒模式下,异地存款难以监督,公司在协议存款下默认对账单且没有每月核对,也没有开通网银通知等,很难及时发现存款的失踪。

表 2　泸州老窖同比增长比例　　　　　　　　单位：%

| 报告期<br>报表类型 | 2015年<br>合并报表 | 2014年<br>合并报表 | 2013年<br>合并报表 | 2012年<br>合并报表 | 2011年<br>合并报表 | 2010年<br>合并报表 |
|---|---|---|---|---|---|---|
| 西南地区 | | | | | | |
| 收入 | 62.09 | -44.54 | 14.07 | 39.81 | 69.77 | 60.31 |
| 成本 | 45.93 | -28.09 | 28.34 | 80.22 | | |
| 毛利 | 4.91 | -54.62 | 6.80 | | | |
| 毛利率 | 55.66 | -11.27 | -4.22 | -7.57 | | |
| 华北地区 | | | | | | |
| 收入 | 8.14 | -63.81 | -27.40 | 54.96 | 39.84 | 55.91 |
| 成本 | 3.23 | -64.08 | 14.89 | 37.61 | | |
| 毛利 | 2.25 | -63.53 | -46.87 | | | |
| 毛利率 | 52.74 | 0.38 | -18.36 | 3.98 | | |
| 华中地区 | | | | | | |
| 收入 | 4.96 | -51.66 | -20.76 | 51.91 | 65.17 | 44.43 |
| 成本 | -0.12 | -41.98 | 14.72 | 35.99 | | |
| 毛利 | 2.89 | -61.22 | -39.29 | | | |
| 毛利率 | 43.26 | -9.96 | -15.36 | 4.02 | | |
| 其他地区 | | | | | | |
| 收入 | 38.17 | -45.47 | -10.22 | 7.07 | 65.35 | -22.52 |
| 成本 | 27.47 | -15.20 | -8.15 | 14.82 | | |
| 毛利 | 5.30 | -69.25 | -11.79 | | | |
| 毛利率 | 36.88 | -24.43 | -0.99 | -2.90 | | |

（1）制度设计缺陷。公司《银行存款管理规定》未明确要求经办人员必须亲临柜台办理开户业务，因此在具体执行开户的过程中，出于对国有大型商业银行的信任，在异地开户时，公司接受银行的上门开户服务，给怀有不良动机者留下可乘之机。

（2）执行缺陷。公司《银行存款管理规定》第五章第二十二条规定，银行存款余额与银行对账单必须保证每月至少核对一次，并编制银行存款余额调节表。公司存在部分账户对账周期过长的缺陷。

## 四、内部控制整改

在接二连三的存款失踪事件发生后,公司进行了认真的总结和反思,在积极提起民事诉讼、配合公安机关进行资产保全、履行相关信息披露义务的同时,也针对事件中暴露的风险点,从内部控制制度的完善入手,开展风险控制和流程梳理工作,完善人员岗位职责,重新修订原有的《银行存款管理规定》等制度、流程,强化管控措施,主要措施包括:

1. 修订相关内部控制制度

2014年10—12月,公司对相关内部控制制度进行了讨论修改,完善了《货币资金管理规定》《现金管理规定》《银行票据管理规定》《股份公司财务印章管理制度》,明确规定了"开销户必须由财务部门派双人去开户银行网点临柜亲自办理"。

2. 银行对账单的收集与核对

自2014年9月以来,各月银行对账单(含定期存单)完整,且归类整齐有序。

3. 公司董事会责成管理层启动内部问责程序,对相关人员问责

在施行了以上措施后,公司的运营状况改善了吗?

正如我们所知,2014年是内部控制制度有缺陷的一年。从业绩指标来看,净资产收益率在2012年达到最高点,2013年骤降12.71%,更在2014年跌破个位数,说明在产品市场竞争加剧的情况下,较弱的内部控制会导致公司业绩下降。2015年之后,泸州老窖加强了银行存款管理的内部控制,完善了内部控制体系,全面地整顿了异地存款的内部控制风险。在2015年年报中,净资产收益率指标已经开始逐步回升(见图7),公司总市值也有所回升(见图8)。

尽管产品市场竞争仍处于相当激烈的状态,但是从各项指标看还是在稳步回升,这也从侧面验证了较好的内部控制有助于提高公司业绩。

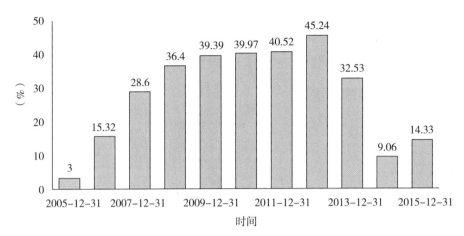

图 7 净资产收益率(ROE)

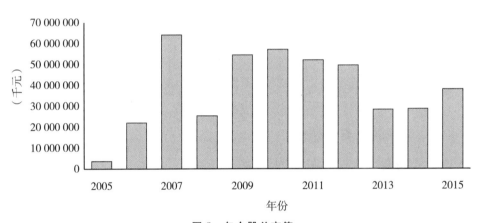

图 8 年个股总市值

# 案例使用说明

## 一、教学目标与用途

适用课程:高级审计理论与实务、审计与内部控制。

适用对象:审计专业硕士、会计专业硕士,拓展适用于所有管理类的专业硕士(如 MBA),以及企事业单位高级管理人才。

教学目标:描述泸州老窖连续曝出 1.5 亿元和 3.5 亿元存款"失踪"事件及其内部原因,分析泸州老窖的内部控制整改,不仅引导学员进一步关注与市场竞争相联系的内部控制缺陷的识别和防控,理解内部控制的动态演化过程。

## 二、思考题

1. 分析并讨论"存款卖酒"行为对泸州老窖造成怎样的影响。
2. 分析并讨论泸州老窖内部控制面临的风险。
3. 泸州老窖内部控制系统失效的原因是什么?内部控制缺陷是什么?
4. 分析并讨论泸州老窖内部控制应该如何整改。

## 三、理论依据与案例分析

(一)泸州老窖的市场竞争环境状况

采用波特五力模型分析泸州老窖的市场环境。

波特五力模型是迈克尔·波特(Michael Porter)于 20 世纪 80 年代初提出的。他认为行业中存在决定竞争规模和程度的五种力量,五种力量综合起来影响产业吸引力以及现有企业的竞争战略决策。这五种力量分别为同行业内现有竞争者的竞争能力、潜在竞争者的进入能力、替代品的替代能力、供应商的讨价还价能力、购买者的讨价还价能力。下面采用波特五力分析模型解决该问题。

首先,从同行业现有竞争者和潜在竞争者的角度来看,竞争者不仅来自在中国白酒发展的"黄金十年"中迅速成长的"八大名酒",也来自越来越多涌入市场分得一杯羹的新型中小型酒厂。

其次,从白酒替代品的角度来看,随着全球化的不断发展,洋酒等商品越来越多地被国内人群接受。而作为白酒替代产品的啤酒、葡萄酒、鸡尾酒等酒饮的快速增长和发展,限制了白酒的扩张边界,同样加剧了白酒市场的竞争。

再次,从供应商的角度来看,根据国家产业政策,粮食等商品的价格不断提高,而且物价上涨、供需不平衡导致能源价格也不断攀升,供应商议价能力提高,企业生产成本也不得不相应提高。

最后,从下游经销商的角度来看,大型经销商倒戈,为抛货而使价格倒挂的现象层出不穷。

因此,这一现状迫使企业采取相应措施去拓宽销售渠道,以缓解竞争带来的压力,"存款卖酒"模式就是其中重要的一种。以"存款卖酒"模式作为"现金奶牛"的泸州老窖和作为揽存任务繁重的银行,正好一拍即合。这也是泸州老窖放弃银行定期存款而改为协议存款的重要原因,即以存款换销售。泸州老窖将协议存款放在银行,以此作为担保,让银行放心贷款给白酒经销商,拓宽白酒销售渠道,谋求泸州老窖业绩的发展。

(二)"存款卖酒"行为对泸州老窖造成的影响

(1)增加销售渠道以增加销售收入,这是该模式起的正效应。

(2)在酒产品销售不佳时,少数盲目的经销商因片面追求利润和销售业绩铤而走险,或将协议贷款挪作他用,或盗取、盗刻公章转移白酒企业存款,引发舞弊。

(3)"存款卖酒"还存在一定的法律风险,正常情况下看似双赢的模式,如果存款出现问题,银行与企业对于存款的使用就会发生分歧。

(4)该模式使得企业代理链条变长,经过了管理层、银行和经销商,使得代理问题更加严重,内部控制变得更加薄弱,从而给内部人员舞弊提供了机会。

(5)该模式是以损害内部控制为基础的。此模式的存款不开网银、不开短信通知等,违反了企业内部控制制度,对企业内部控制造成损害,无法保障企业资金的安全。

(三)泸州老窖内部控制面临的风险

企业银行存款的内部控制存在以下风险:

(1)高额存款的背后却是低得可怜的利息收入。泸州老窖拥有高额的银行存款,却只有少量的利息收入,存款收益异常。

(2)异地存款。泸州老窖将大额存款存放在异地,不便于企业监督和使用,存款存放异常。

（3）财务费用急剧减少,与利息收入对比不合比例,说明存款使用异常。

（四）泸州老窖内部控制系统失效的原因

泸州老窖是因竞争加剧而对企业经营产生干扰、压力、风险和不确定性,下面运用舞弊三角理论相关知识,分析企业舞弊。

在一家企业中,员工压力可能来自员工自身的生活压力、指标任务或领导指令等,这有可能导致道德风险;企业压力可能来自激烈的市场竞争、低迷的市场环境等。机会是指银行内部控制、员工绩效考核、奖惩措施等体系,在设定或执行过程中存在的漏洞,为舞弊者掩盖舞弊行为提供合适的时机;借口是指舞弊者为自己的所作所为没有违反职业道德和社会公德所寻找的理由。

泸州老窖存款失踪所涉及的舞弊现象：一是来自激烈市场竞争的压力,二是以可能的经营不确定为借口,三是内部控制存在缺陷。当舞弊三角的三个要素同时具备时,舞弊的火焰就会熊熊燃烧起来。

由于竞争日趋激烈,现金又是最容易被管理层操控的资源。为了保持高额利润,管理层不得不冒风险使用现金以达到目的。凌驾于内部控制之上的管理层在市场竞争中会为了效益而放弃内部控制,做出损害内部控制效果的事情。泸州老窖在异地存款之后,没有每月核对银行对账单,没有开通付款短信提醒,也没有开通网银查询,这些都是明显不符合内部控制制度的,属于企业内部控制的缺陷。

正因为泸州老窖内部控制制度一层又一层地被打破,才连续造成存款"失踪"案件。相反,在白酒企业的黄金时期,也就是产品竞争并不激烈时,没有出现白酒企业存款"失踪"的情况。

（五）企业内部控制制度动态完善

COSO内部控制框架认为,内部控制系统是由控制环境、风险评估、内部控制活动、信息与沟通、监督五要素组成。那么,我们就从这五要素出发,解决企业内部控制制度的优化问题。

1. 完善企业的控制环境

任何企业的控制活动都存在于一定的控制环境之中,控制环境的好坏直接影响企业内部控制的贯彻和执行,以及企业经营目标及整体战略目标的实现。

控制环境中的要素包括诚信与道德价值观、组织结构、控制目标、员工能力、激励与诱导机构、管理层理念与经营风格、规章制度和职责分配等。

（1）企业要有明确的内部控制主体和控制目标。控制主体解决了由谁进行内部控制的问题，而控制目标则解决了为什么要控制的问题。企业内部有四种控制主体——股东、经营者、管理者和普通员工，它们都有各自的控制目标。股东的目标是财富最大化、财产安全，能获得如实报告；经营者的目标是实现既定的经营目标，不断增加经营效益；管理者的目标是完成责任目标、资产安全，获得业务运行的真实报告；员工的目标是完成上级分配的任务以获得应有的报酬。只有在控制主体及其控制目标明确的情况下，才能实施有效控制。

（2）企业要有先进的管理控制方法和高素质的管理人才。管理控制方法作为管理当局对其他人的授权使用情况，直接控制和对整个公司活动实行监督的一种方法，包括制定各项管理制度、编制各项计划、考评业绩、调查与纠正偏离期望值的差异等，这些方法对于不同规模和不同复杂程度的企业均十分重要。此外，企业还要拥有一套积极的人事政策，能够培养和引进一批高素质、掌握先进管理方法的人才队伍，以改善企业的经营管理观念、方式和风格，培养全体员工良好的道德观、价值观和全员控制意识，从而形成一种特定的企业文化氛围。

2. 进行全面的风险评估管理

控制环境包括的要素很多，但考虑成本/效益原则，并不是所有的要素都有采取内部控制的价值，只需针对那些有风险并且会影响有关控制目标实现的可控要素进行控制。

（1）确定全面风险评估目标。风险是指企业在未来经营中面临的、可能影响经营目标实现的所有的不确定性。企业目标是企业宗旨的具体化，是企业各项业务和管理活动所指向的终点。企业风险评估的首要任务就是确定目标。只有先确立了目标，管理层才能针对目标确定风险，并采取必要的行动评估风险。

确定全面风险评估目标要做到：企业风险评估目标的确定应当与员工沟通；企业计划和预算与风险评估目标、战略计划及当前情况应当具有一致性；业务活动风险目标应当具体；领导层参与制定企业风险目标并对其负责。

(2) 收集风险评估初始信息。实施全面风险评估,企业应当广泛、持续不断地收集与本企业风险和风险评估相关的内部、外部初始信息,包括历史数据和未来预测;企业应当把收集初始信息的职责分工落实到各有关职能部门和业务单位。这些风险信息主要来自战略、财务、市场、运营、法律等方面。

(3) 风险识别。企业风险的识别应当以一种系统方法展开,以确保企业的主要活动及其风险都被囊括进来,并进行有效的分类。根据企业实际情况和技术水平,风险识别主要以定性识别方法为主,适当结合定量识别方法,同时根据业务发展和管理水平的不断提高,逐步引进和加大定量识别方法。常用的风险识别方法主要有:

a. 生产流程法。生产流程法是按工艺流程和加工流程的顺序,对每一个过程、每一个环节进行检查,发现其中潜在的风险,挖掘产生风险的根源。

b. 环境分析法。环境分析法是从企业面临的内部环境和外部环境进行分析。

c. 组织图分析法。组织图分析法适用于各类企业和项目的风险识别,是风险识别的必要方法之一。组织图分析法内容包括财务状况分析法、专家调查法、分解分析法、图表分析法、风险清单、事故树分析法等。

企业应当选择适当的风险识别方法,保证风险识别的规范性和科学性,具体措施有:

a. 建立科学的风险识别方法体系,对企业和各职能部门随时关注企业活动中存在的风险提供指导。

b. 对风险识别方法进行规范化和制度化,确保企业和各职能部门使用统一的识别方法体系对风险识别结果进行描述。

c. 利用历史事件(诸如违约支付、产品价格变动等),关注未来事件(诸如人口变动、新市场条件及竞争者行为等),对风险进行趋势分析和关注。

d. 建立损失事件数据库,通过事件列表、事件分类、内部分析、推动讨论和会谈、流程分析等方法进行风险识别,确定风险因素的发展趋势和根源。

(4) 风险分析。企业风险分析评估方法多种多样,采用定量分析方法特别是数学模型进行风险分析,可以使风险管理建立在科学的基础上,并为最终决策提供可靠的依据。风险分析及度量,需要充分获得企业在历史年度内发生的各种风险的次数及其导致的损失,统计时段越长,风险评估的准确性越高。风险评估不仅要了解历史上各种风险发生的频率,还要充分考虑风险的客观环境是否改变,如果有变化,就要在历史数据的趋势分析上予以修正。在实际操作中,许多风险发生的可能性实际上难以量化,至多只能定性地被描述为"大的""中的"或"小的"风险。

(5)风险评价。企业风险评价是在风险识别、风险分析的基础上,评估风险对企业可能产生的影响、确定风险重要性水平的过程。企业风险评价包括两个方面的内容,即分析风险可能产生的影响和确定风险的重要性水平。企业风险评价通常是与风险分析同步进行的,因而方法也和风险分析相同。

企业风险评价的控制措施有:

a. 企业对于重要事项面临的重要风险可能带来的重大影响,应当使用定量分析技术,确定各种可能性造成影响的数量,从而为企业采取恰当的风险对策提供科学的依据。

b. 企业应当按照风险可能带来的影响程度的大小,对风险进行排序,明确重要风险和一般风险。

c. 企业应当对重要风险予以特别关注,避免重要风险可能给企业带来的重大损失。

(6)风险管理策略。一般情况下,针对战略、财务、运营和法律风险,企业可以采取风险承担、风险规避、风险转换和风险控制等方法。

a. 企业针对各种风险建立确定风险应对措施的程序和方法,优先考虑具有较高发生概率、影响重大的风险。

b. 建立一套广泛适用的风险决策判断标准,根据风险严重程度和企业的风险承受程度确定不同的决策。

c. 企业合理分析降低风险水平所需成本,评估风险应对措施的成本与效益。

d. 企业在选定风险处理措施后,根据剩余风险重新修正风险。

e. 企业应当持续获得风险变化信息,有效地控制、管理风险,防范新风险的产生。

f. 企业应当实时监控重要风险。

3. 设立良好的控制活动

控制活动是确保管理层的指令得以实现的政策和程序。控制活动出现在整个企业内的各个层级与各种职能部门,涉及的控制对象包括人、财、物、产、供、销等各个方面,而控制措施是针对各关键控制点而制定的,因此企业在确定控制活动时,关键就是抓住关键控制点。

4. 建立广泛的信息与交流

信息与交流,就是向企业内各级主管部门(人员)、其他相关人员及企业外有关部门(人员)及时提供信息,通过信息交流,使企业内部员工能清楚地了解企业内部控制制度,知道其所承担的责任,并及时取得和交换在执行、管理与控制企业经营过程中所需的信息。在信息方面,要注意内部信息和外部信息的收集与整理;在交流方面,要注意内部信息和外部信息的交流渠道与方式;在信息技术的发展中,要注意控制信息系统。建立一个广泛而有效的信息与交流系统,应该遵循以下原则:

(1) 一个有效的内部控制系统需要充分的、全面的内部财务、经营和遵从方面的数据,以及关于外部市场与决策相关的事件和条件的信息。这些信息应当可靠、及时、可获得,并以前后一致的形式规范地提供与使用。

(2) 有效的内部控制要求建立可靠的信息系统,涵盖企业的全部重要活动。

(3) 有效的内部控制系统需要有效的交流渠道,确保所有员工充分地理解、坚持现行政策和程序,并确保其他的相关信息传达到相关的人员。

5. 加强内部控制的监督与评审

监督与评审是指经营管理部门对内部控制的管理监督,以及内部审计监察部门对内部控制的再监督与再评价活动。为了确保内部控制制度被切实地执行且执行效果良好,内部控制过程就必须被施以恰当的监督。监督是一种随着时间的推移而评估制度的执行质量的过程。监督评审既可以是持续性的或分别独立的,也可以是两者结合起来进行的,主要关注监督评审程序的合理性、对内部控制缺陷的报告和对政策程序的调整等。在监督评审活动和缺陷纠正方面,企业应当遵循以下原则:

(1) 在日常工作中,应当不断地监督评审内部控制的总体效果。对主要风险的监督评审应当作为企业日常活动的一部分。

(2) 对内部控制系统应当进行有效和全面的内部审计。内部审计应独立进行,配备称职和得力的人员,相关人员应得到适合的培训。内部审计作为内部控制系统监督评审的一部分,应当向董事会或审计委员会直接报告工作。

(3) 不论是经营层还是其他控制人员发现了内部控制的缺陷,都应当及时向适当的管理层报告,促使其得到果断处理,确保所发现的重要问题能及时送达董事会、监事会和经理层。

(4) 树立全员控制意识。全体员工应帮助企业更有效地实现预期控制目标,促进企业控制环境的建立,建立内部控制缺陷纠正、改进机制,为改进内部控制制度提供建设性建议,实现组织预期达到的内部控制水平。

回顾泸州老窖事件,我们发现案例描述的内容就是一个内部控制的动态演化过程——从企业内部控制失效到内部控制完善的过程。

当内部控制失效时,企业寻找其中的原因,分析市场环境、经营状况、企业管理状况等方面的内容;在找出导致内部控制失效的原因后,寻求解决办法以完善内部控制现状。

以泸州老窖为例,其内部控制的动态演化过程为:

a. 企业所处的行业市场环境 → "存款卖酒"销售模式的出现。

b. 存款失踪案的发生→内部控制失效→企业分析内部控制缺陷,寻找方式改善银行存款内部控制现状→内部控制改善。

以泸州老窖存款失踪案为例,其银行存款内部控制的完善包括以下控制点:

a. 审批。审批是指企业主管人员对将要发生的银行存款收付业务进行审查批准,或者授权银行存款收支业务经办人并规定其经办权限。审批一般以签字盖章方式履行。该过程主要是为了保证银行存款的收支业务在授权下进行。

b. 结算。结算是指出纳人员复核银行存款收付业务的原始凭证后,应及时填制或取得结算凭证,办理银行存款的结算业务,并对结算凭证和原始凭证加盖"收讫"或"付讫"戳记,表示该凭证的款项已实际收入或付出,避免重复登记。

c. 分管。分管是指银行存款管理中不相容职务的分离,如支票保管职务与印章保管职务相分离,银行存款总账与明细账登记相分离,以保障银行存款的安全。

d. 审核。审核是指在编制银行收款凭证和付款凭证前,银行存款业务主管会计应审核银行存款收付原始凭证基本内容的完整性、处理手续的完备性,以及经济业务内容的合格、合法性;还要对结算凭证的描述内容进行审核,并与原始凭证相核对,审核其一致性,然后签字盖章。该环节是为了保证银行存款收支业务记录的真实性、核算的准确性和银行存款账务处理的正确性。

e. 稽核。稽核是指记账前稽核人员、审核人员审核银行存款收付原始凭证和收付款记账凭证内容的完整性、手续的完备性,以及所反映经济内容的合法、合规性;同时对这些凭证的一致性进行审核,并签字盖章以示稽核。该环节是为了保证账证相符,以及对银行存款记录和核算的正确性。

f. 记账。记账是指出纳人员根据审核、稽核无误的银行存款收付款凭证登记银行存款日记账,登记完毕后,核对发生额与收款凭证、付款凭证的合计金额,并签字盖章表示已经登记。银行存款总账会计根据审核、稽核无误的收款凭证、付款凭证或汇总的银行存款收付款凭证,登记银行存款总账,登记完毕后,核对发生额与银行收款凭证和付款凭证或银行存款汇总记账凭证的合计金额,并签字盖章表示已经登记。该环节是为了保证账证相符以及银行存款账务处理的正确性。

g. 对账。对账是指在稽核人员的监督下,出纳人员与银行存款总账会计对银行存款日记账、银行存款总账的发生额和余额相核对,并互相取得对方签证以对账,该环节是为了保证账账相符,保证会计资料的正确性、可靠性,以及银行账务处理的正确性。

h. 调账。调账是指银行存款主管会计定期根据银行对账单对银行存款日记账进行核对,编制"银行存款余额调节表",并在规定的天数内对各未达账项进行检查,以保证企业的银行存款账与银行账相符,保证会计信息的准确性和及时性。

## 四、教学安排

(一) 案例资料及讨论顺序

案例资料在课前发给学员,让学员阅读并进行小组讨论。

案例讨论的知识储备部分可以由教师提出知识点,建议学员上网或课前阅读相关文献,归纳总结并在课堂上陈述。这部分内容也可以由教师在课堂上进行简要介绍和讲授。

案例讨论主题如表3所示。

表3 案例讨论主题

| 序号 | 讨论主题 | 案例中的相关线索 | 涉及的相关理论和知识 | 结论/启示/感受 |
|---|---|---|---|---|
| 1 | 泸州老窖市场竞争状况 | | | |
| 2 | "存款卖酒"销售模式的出现 | | | |
| 3 | 存款失踪案背后 | | | |
| 4 | 内部控制的动态完善 | | | |

（二）课时分配

1. 课前自行阅读资料,约2小时。

2. 讨论小组讨论并提交讨论记录,约1小时。

3. 讨论小组推荐代表陈述并进一步讨论,约1小时。

4. 课堂讨论与总结,约0.5小时。

（三）讨论方式

可以采用分小组头脑风暴式讨论,要求各讨论小组推荐代表陈述观点。

（四）课堂讨论与总结

课堂讨论与总结的关键是:归纳发言者的主要观点;重申讨论的重点和亮点;提请学员进一步思考焦点问题或争论问题;建议学员对案例素材进行拓展研究和深度分析。

## 五、主要参考文献

1. 戴立波.我国会计师事务所的审计质量控制研究[J],中国管理信息化,2012,4:30—31.

2. 中国注册会计师协会.会计师事务所执业质量检查制度(试行),2011.

3. 中国注册会计师协会.会计师事务所质量控制准则5101号——业务质量控制,2010.

（郑海英编写,李晓慧校审）

# 贵糖股份：内部控制重大缺陷及其认定

郑海英

**摘　要**：针对贵糖股份长期以来内部控制的状况及审计师变更和会计重述、2012年内部控制自评报告与审计报告的差异，引导学员进一步学习内部控制重大缺陷的识别、认定及报告的技巧，并理解内部控制认定标准的制定及运用。

**关键词**：内部控制重大缺陷　认定标准　内部控制评价报告　内部控制审计报告

## 一、公司简介

广西贵糖（集团）股份有限公司（股票代码000833,简称"贵糖股份"），前身是广西贵县糖厂，于1956年建成投产,1994年完成股份制改造,组建成定向募集的广西贵糖（集团）股份有限公司。1993年公司完成股份制改造,1998年11月11日在深交所上市。贵糖股份主要产品有"桂花"牌白砂糖、文化用纸及"纯点""碧绿湾"牌生活用纸,2012年主营业务收入分产品分布状况为：糖类主营业务收入占比为47.34%,造纸业主营业务收入占比为50.18%,其他占比为2.48%,贵糖股份2012年主营业务收入主要来源于糖和造纸业。

## （一）股权结构

2001年，贵港市人民政府将持有的贵糖集团的全部股权转让给深圳华强集团有限公司、景丰投资有限公司，其中深圳华强集团有限公司受让60%的股权，景丰投资有限公司受让40%的股权。2011年9月22日，深圳华强集团有限公司、景丰投资有限公司将所持贵糖集团100%的股权转让给广东省国资委下属的广东恒健投资控股有限公司，最终控制人为广东省国资委。2011年12月2日，广东省国资委将广东恒健投资控股有限公司所持贵糖集团100%股权无偿划转至广东省国资委下属的另一家投资公司广东省广业资产经营有限公司（以下简称"广业资产"），变更后实际控制人情况及控制关系如图1所示。

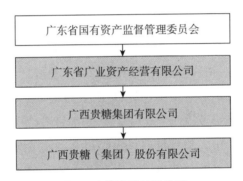

**图1　贵糖股份控股关系**

资料来源：贵糖股份2012年年报。

如表1所示，2009—2014年，第一大股东为贵糖集团有限公司，持股比例为25.60%，远远高于第二大股东，也远远超过第二大股东至第十大股东的合计数，股权结构具有大股东控制、一股独大的典型特征，这种股权结构在中国上市公司中非常典型和普遍。2015年，第一大股东变更为云浮广业硫铁矿集团有限公司，持股比例为31.31%，第二大股东广东省广业资产经营有限公司，持股比例为12.13%，两者缩小了差距。

**表1　贵糖股份股权比例**　　　　　　　　　　　　　　　　单位：%

| 年份 | 第一大股东 | 第二大股东 | 第三至第十大股东持股比例之和 | 其他 |
|---|---|---|---|---|
| 2009 | 25.60 | 1.69 | 2.64 | 70.07 |
| 2010 | 25.60 | 0.54 | 2.74 | 71.12 |

（续表）

| 年份 | 第一大股东 | 第二大股东 | 第三至第十大股东持股比例之和 | 其他 |
|---|---|---|---|---|
| 2011 | 25.60 | 1.05 | 2.86 | 70.49 |
| 2012 | 25.60 | 0.47 | 2.73 | 71.20 |
| 2013 | 25.60 | 1.01 | 3.34 | 70.05 |
| 2014 | 25.60 | 6.14 | 6.31 | 61.95 |
| 2015 | 31.31 | 12.13 | 23.82 | 32.74 |

资料来源：贵糖股份2009—2015年公司年报。

### （二）组织构架

贵糖股份按《公司法》、中国证监会有关法规的要求建立了股东大会、董事会、监事会以及在董事会领导下的经营班子并有效运作，形成了由公司办、人力资源、财务、证券、供应、销售等职能部门及制糖厂、热电厂、纸浆厂、文化用纸厂等组成的完整、有效的经营管理框架。目前，公司董事会下设战略发展与投资决策、审计、提名、薪酬与考核四个专门委员会，加强对公司信息披露、高管任职与考核的管理、监督和中大型投资的风险控制等。公司设有审计室，内审工作人员三名，隶属于公司监事会并由监事会主席直接领导，接受公司审计委员会的工作指导。内审部门定期对公司内部控制制度执行情况进行检查，并将监督检查情况及时提交公司有关部门进行考核、奖罚。对于在审计过程中发现的重大问题，可以直接向审计委员会或董事会报告，保证公司各项经营活动的规范化运作，促使内部控制制度得到有效贯彻。公司组织结构框架如图2所示。

## 二、公司审计师更换与会计重述

贵糖股份自上市以来，负责其财务报表审计的会计师事务所一直是上海东华会计师事务所（以下简称"上海东华"）。上海东华对贵糖股份连续14年出具的审计报告意见均为标准无保留意见。自2008年以来，贵糖股份开始按照《企业内部控制基本规范》的要求发布内部控制有效性的年度管理自我评估报告，连续4年（2008—2011年）的评估结论均为内部控制有效，公司管理层在自我评估过程中并未发现或不承认内部控制存在重大缺陷。2012年10月30日，广业

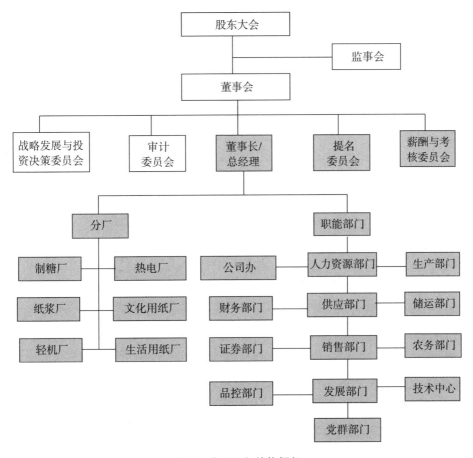

图 2　公司组织结构框架

资料来源：贵糖股份内部控制自评报告。

资产组织了贵糖股份 2012 年财务决算审计的会计师事务所公开招标程序,致同会计师事务所(以下简称"致同")取代上海东华。2012 年 12 月 21 日,贵糖股份第六届董事会正式改聘致同为 2012 年度财务报表和内部控制的审计机构。

贵糖股份改聘审计师引发了一系列重大事件。2012 年 12 月 27 日,董事长黄振标突然辞职。2013 年 1 月 11 日,但昭学当选贵糖股份新任董事长。2013 年 4 月 13 日,贵糖股份的 2012 年年报经 3 月 9 日、3 月 21 日两次延迟披露之后终于正式发布,一同公布的还有公司 2012 年度内部控制自我评价报告、财务报表审计报告和内部控制审计报告,以及董事会关于前期会计差错的更正公告等。董事会在更正公告中承认公司2011年度、2010年度及以前年度的财务报表存在重大差错,并根据会计师事务所的意见追溯更正。致同对贵糖股份2012年度财务报表出具了标准无保留意见,但认为期末存货计价和成本核算相关的内部控制存在重大缺陷,对贵糖股份2012年12月31日的内部控制有效性出具了否定意见。贵糖股份董事会显然并不认同致同的内部控制审计意见,在2012年度内部控制自我评价报告中仍然认定公司内部控制整体有效。2013年8月21日,公司第六届第十五次董事会会议做出改聘公司财务负责人的决议,由李磊担任公司副总经理和财务负责人。2013年9月5日,贵糖股份收到来自证监会广西监管局发来的警示函,函中指出公司财务报告内部控制存在重大缺陷并要求进行整改。广西监管局无疑支持了致同的内部控制审计意见。2013年9月28日,贵糖股份董事会发布了《关于中国证监会广西监管局警示函的整改报告》。2013年10月22日,改聘中审亚太为2013年度财务报表和内部控制审计机构。

根据2013年4月12日的董事会决议,贵糖股份公司管理层对前期比较数据相应地进行了追溯重述,针对重大会计差错更正调减了2011年度净利润5 251.20万元,调增2011年年初留存收益11 663.42万元,涉及的相关事项及其风险为:

1. 未计提预计负债

2010年11月20日,贵糖股份收到中华人民共和国最高人民法院(2005)民二监字第116-2号《民事裁定》。最高法院提审本案并终止原判决的执行,在很有可能需要履行担保责任的情形下,贵糖股份2010年并没有对此担保责任合理计提预计负债,应计提的预计负债为2 434.29万元,

2. 材料积压严重

面对生产技术革新及市场方面的变化,贵糖股份的采购预算不合理,不能及时做出反应,导致存货积压现象严重,原材料和产成品均存在大量积压。贵糖股份的材料积压情况具体如下:

(1)包装物糖袋的积压中,2009年以前旧版积压为45 043套,2011—2012年由于改版272 159套,积压金额合计645 728.39元。因积压时间长,塑料存在风化碎裂现象。

(2) 三造包装物积压中,纸箱积压 20 778 只、大袋 10 288 个、手提袋 739 079 个、面巾盒 264 020 个、中包 2 386 355 个、大包 127 758 972 个、片膜 453 986 张、手挽带 77 510 条、纸芯管 5 805 条、不干胶 2 523 682 张等,均为旧版改新版、错版、有免检字样板、因生产产品改变而长期不领用,其中 2003—2009 年积压金额为 1 198 229.99 元,2010—2012 年积压金额为 338 608.88 元。

(3) 造纸原材料积压中,蔗渣、桉木刨片及大份浆板因目前市场采购价格下降、前期库存成本较高而产生减值损失。机械热磨浆板 2 011.98 吨的积压,从 2011 年 9 月开始至 2012 年 12 月止,一年多时间生产上仅领用 17 吨,几乎全部积压。因长期不用及露堆垛中风吹日晒雨淋,该浆板出现潮湿返黄、破溶、溶烂等现象。

(4) 其他备品、备件及零配件的积压中,主要为五金仓其他材料的积压,其中 3 年以上积压约占该部分的 79.47%,其余为 1—2 年的积压。

3. 存货计价不准确

公司通过期末暂估方式调整蔗渣、原煤等大宗原材料的价格,导致各期营业成本的结转不准确;公司并未严格按照永续盘存法对存货进行盘点,而且期末未及时进行资产减值测试,导致跌价准备计提严重滞后;公司缺乏有效的存货验收入库控制,导致部分暂估入账的大宗原材料缺乏原始凭证。以上问题的存在,导致应调整 2010 年及以前年度多结转原材料(蔗渣、国产短纤、煤)成本 11 735.48 万元,冲销 2010 年年末长期股权减值准备和固定资产减值准备的递延所得税资产-72.06 万元。截至 2010 年年末,应调增应交所得税 2 070.97 万元,调增盈余公积 922.91 万元。

4. 调节利润

2011 年会计差错更正对贵糖股份财务状况和经营成果的影响为:调减主营业务收入 163.57 万元,调增主营业务成本 4 923.72 万元,调减净利润 5 251.20 万元。2011 年,贵糖股份经上海东华广西分所审计的净利润为 10 622.02 万元,会计差错调减净利润对当年净利润总额影响的比例高达 49%,公司 2011 年净利润相当于将当年实际利润调高近 1 倍。贵糖股份 2010 年净利润被低估近 3 110 万元,占当年实际利润的比例高达 25%。

从图 3、图 4 可看出,贵糖股份 2011 年基本每股收益(EPS)和净资产收益率(ROE)的实际值相对于2010年本来呈大幅下滑趋势,但管理层调节利润之后,却变成上升趋势。显然,贵糖股份管理层试图将应在2010年确认的大量利润延迟到2011年确认,从而维持净利润和主要业绩指标在2009—2011年的逐年增长趋势。2012—2015年,不存在重述现象,所以重述前后重叠。事实上,2011转让给广东省国资委下属的恒健投资,下降的业绩趋势必然会影响待转让股权的估值,使得贵糖股份实际控制人和管理层的收益下降,因此管理层具有操作业绩评估使得对其更有利的动机。

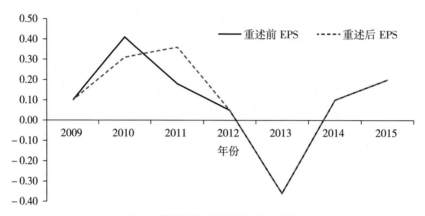

图3 贵糖股份 EPS 重述前后对比

资料来源:贵糖股份2009—2015年年报。

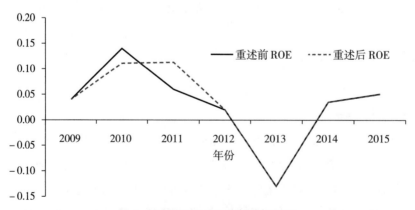

图4 贵糖股份 ROE 重述前后对比

资料来源:贵糖股份2009—2015年年报。

## 三、公司内部控制的状况

### （一）公司治理方面

2009—2014年,贵糖股份的股权结构具有大股东控制的典型特征。如表2所示,2009—2014年,第一大股东为贵糖集团有限公司,持股比例为25.60%,远远高于第二大股东,也远远超过第二大股东至第十大股东的合计数。2009—2014年,股权制衡度一直在0.06和0.12之间波动,说明其他股东对大股东的制衡能力不足。贵糖股份股权结构具有大股东控制、一股独大的典型特征。这可能导致反向代理问题：一方面,控股股东股权越集中,其谋取控制权获取收益的动机越强,内部控制信息披露越非理性；另一方面,高度分散的中小股东,导致"搭便车"行为盛行,从而导致对管理层的监督不足。2015年,第一大股东变更为云浮广业硫铁矿集团有限公司,持股比例为31.31%,第二大股东广东省广业资产经营有限公司,持股比例为12.13%,两者缩小了差距,股权制衡度为0.92。

表2 2009—2014年贵糖股份前十大股东持股比例

| 年份 | 第一大股东(%) | 第二大股东(%) | 第三大股东(%) | 第四大股东(%) | 第五大股东(%) | 第二至第五大持股比例(%) | 股权制衡度 |
|---|---|---|---|---|---|---|---|
| 2009 | 25.60 | 1.69 | 0.50 | 0.47 | 0.34 | 3.00 | 0.12 |
| 2010 | 25.60 | 0.54 | 0.47 | 0.44 | 0.43 | 1.88 | 0.07 |
| 2011 | 25.60 | 1.05 | 0.55 | 0.47 | 0.37 | 2.44 | 0.10 |
| 2012 | 25.60 | 0.47 | 0.37 | 0.37 | 0.36 | 1.57 | 0.06 |
| 2013 | 25.60 | 1.01 | 0.54 | 0.53 | 0.47 | 2.55 | 0.10 |
| 2014 | 25.60 | 6.14 | 1.39 | 1.38 | 1.19 | 10.10 | 0.39 |
| 2015 | 31.31 | 12.13 | 11.34 | 2.90 | 2.34 | 28.71 | 0.92 |

2007—2012年,贵糖股份控股股东对公司内部控制信息披露行为的干预是通过逐级控制股东大会、董事会、监事会、管理层来实现的。表3、表4、表5显示贵糖股份控股股东完全控制了股东大会,向董事会委派董事进而控制了公司董事会,选举监事会的多数监视事从而控制了公司监事会。从表3不难看出,控股股东以外的其他股东（均为小股东）对于股东大会的参与度极低,自2008年

以后参会小股东的表决权比例均未超过 1%,股东大会基本上成为控股股东的"一言堂",所有提案的表决结果自然均为 100%通过。由于能对股东大会施加完全控制,控股股东掌握了公司董事的提名权和任免权,从而控制了董事会,进而控制了公司管理层。2007 年及以前,贵糖股份董事会中还有高管代表,2008 年以后董事会中的非独立董事全部为控股股东的代表。贵糖股份 2008 年以后的董事会仅为法定最低人数(5 人),是一个规模较小、完全被控股股东控制的董事会。同时,控股股东通过股东大会掌握了多数监事的任免权,从而实现了对公司监事会的控制。2013 年、2014 年董事会和监事会构成没有提及,2014 年以后由于中小股东存在少数的表决权,议案出现反对票和弃权票,尽管最终结果以普通决议方式通过,从反面说明 2007—2012 年因"一股独大"而存在的问题。

表 3　贵糖股份股东大会概况

| 年份 | 股东出席人数 | 全体参会股东持股比例合计(%) | 参会控股股东表决权比例(%) | 其他参会股东表决权比例(%) | 会议表决情况 |
| --- | --- | --- | --- | --- | --- |
| 2007 | 4 | 32.81 | 25.60 | 7.21 | 9 项议案均 100%通过 |
| 2008 | 4 | 25.63 | 25.60 | 0.03 | 7 项议案均 100%通过 |
| 2009 | 4 | 25.61 | 25.6 | 0.01 | 7 项议案均 100%通过 |
| 2010 | 3 | 25.67 | 25.6 | 0.07 | 7 项议案均 100%通过 |
| 2011 | 6 | 25.89 | 25.6 | 0.29 | 6 项议案均 100%通过 |
| 2012 | 3 | 25.60 | 25.6 | 0 | 9 项议案均 100%通过 |
| 2013 | 3 | 25.60 | 25.6 | 0 | 8 项议案均 100%通过 |
| 2014 | 26（12 位中小股东） | 25.67 | 25.6 | 0.07 | 8 项议案以普通决议方式通过(存在反对和弃权) |

资料来源:贵糖股份股东大会决议公告。

表 4　贵糖股份董事会构成

| 年份 | 届数 | 董事会人数 | 控股股东代表 | 高管代表 | 独立董事 | 其他董事 |
| --- | --- | --- | --- | --- | --- | --- |
| 2007 | 第四届 | 7 | 2 | 2 | 2 | 1 |
| 2008—2011 | 第五届 | 5 | 3 | 0 | 2 | 0 |

(续表)

| 年份 | 届数 | 董事会人数 | 控股股东代表 | 高管代表 | 独立董事 | 其他董事 |
|---|---|---|---|---|---|---|
| 2012 | 第六届 | 5 | 2 | 0 | 3 | 0 |
| 2013 | 第六届 | — | — | — | — | — |
| 2014 | 第六届 | — | — | — | — | — |

资料来源:贵糖股份股东大会决议公告。

表5 贵糖股份监事会构成

| 年份 | 届数 | 董事会人数 | 股东大会选举人数 | 职工监事人数 | 监事会主席 |
|---|---|---|---|---|---|
| 2007 | 第四届 | 3 | 2 | 1 | 工会主席 |
| 2008—2011 | 第五届 | 3 | 2 | 1 | 工会主席 |
| 2012—2014 | 第六届 | 3 | 2 | 1 | 实际控制人委派的专职监事 |

资料来源:贵糖股份股东大会决议公告。

机构投资者对信息的需求程度也对监督产生影响。作为需求方,机构投资者对内部控制信息披露水平的影响主要取决于投资者的需求偏好。内部控制信息与投资者是最直接相关的,有了真实、可靠又全面的内部控制信息,投资者才能做出有利的决策。除贵糖集团外,贵糖股份的投资者为机构投资者和中小投资者。机构投资者是资本市场中重要的内部控制信息需求者,更加了解各公司有关人才、资金方面的信息,把握内部控制信息披露方面更加全面,是公司信息的直接掌管者。就贵糖股份而言,机构投资者持股比例非常小(见表6)。

表6 2009—2012年前十大股东中的机构投资者持股比例　　单位:%

| 机构投资者名称 | 2009年 | 2010年 | 2011年 | 2012年 |
|---|---|---|---|---|
| 中国太平洋人寿保险股份有限公司 | 1.69 | 0 | 0 | 0 |
| 中国银行 | 0 | 0.54 | 0 | 0 |
| 中国建设银行 | 0 | 0.44 | 1.05 | 0 |

资料来源:贵糖股份2009—2012年年报。

2009—2012年,最大的机构投资者是2009年的中国太平洋人寿保险股份有限公司,持股比例为1.69%,机构投资者持股比例低且少,不能成为贵糖股份内部控制信息的迫切需求者。其他众多中小企业投资者的目的是在短期内获取资本利得,利用股价的上下波动获取差价收益,对股价波动的关注度远远大于对内部控制信息的关注。随着投资者的分散化和企业规模的不断扩大,中小机构投资者没资格也没想参加大股东控制的股东大会,这不符合成本-效益原则。中小机构投资者能做的只是不断幻想其他股东积极参加股东大会,自己能"搭便车",结果便是没人行使监督权。在这样的情境下,中小机构股东的理性行为便是采取各种手段套取大公司的内部消息以从中获利。贵糖股份控股股东"一股独大",其他股东持股过于分散为控股股东全面掌控股东大会创造了条件;由于控股股东通过股东大会掌握了董事、监事和高管的人事任免权,公司董事会和监事会也就成为控股股东的"代言人",公司内部控制信息披露决策必然会以维护控股股东的利益为目标。贵糖股份的股权结构在中国上市公司中非常典型和普遍,这应该是内部控制重大缺陷披露不足的关键原因。

## (二) 人力资源管理方面

贵糖股份人力资源政策以监事会为例。从形式来看,监事会几乎无人具备监督检查公司财务的能力,监督权虚置。《中华人民共和国公司法》规定:股份有限公司设监事会,其成员不得少于3人;监事会应包括股东代表和适当比例的公司职工代表,其中职工代表的比例不得低于1/3。贵糖股份监事会的人数及构成确实符合法律、法规的要求,2009—2015年,一直保持3名监事的记录,其中1名职工监事,刚好在数量上打了擦边球。2008年7月至2012年3月3日,张静琴、周汝军、梁步明担任公司监事,三人均为专科学历。张静琴女士为监事会主席,高级政工师;周如军为监事,经济师;梁步明为职工监事,技师。高级政工师是指从事共产党党务的工作和思想政治工作的人员;经济师是指通过"经济专业技术资格考试"获得的职称;技师是指具备相关技术、掌握或精通某一类技巧、技能的人员,属于职业资格。《中华人民共和国公司法》第一百二十六条规定了监事会职权的第一条就是检查公司的财务,而从上述可以看出,三人中无人具备相应财务专业知识背景。直到2012年3月3日后,职工监事会主席由梁毅敏担当,其为本科学历,注册会计师、注册税务师资格、经济师、会计师;职工监事张家健,硕士,高级工程师、国家注册安全工程师。这表明贵糖股份开始注重监事的质量队伍建设。因为人力资源政策不完善,导致监事会专业知识不够,监控贵糖股份的专业胜任能力不强,从而引起内部控制重大缺陷。

### (三) 风险评估方面

贵糖股份主营业务是造纸和制糖,而制糖原材料主要为蔗糖。甘蔗生长受自然气候影响大,风调雨顺时甘蔗丰收产量高,旱涝虫害时甘蔗歉收产量低。自然灾害致使公司划定收购区域的甘蔗严重减产,导致榨季食糖产量减少。针对困难局面,经理班子采取了多项措施积极应对,迅速对生产经营做出调整,适时调整品种结构,开发生产新产品;下半年利用市场回暖的契机,紧跟市场状况,及时调整产品价格,加大促销力度,在有效降低产品库存的同时也取得了较好的效益。但是,贵糖股份在强调自身面对风险的能力时,却忽视了风险识别、评估与分析。也正因为如此,采购计划安排不合理,市场变化趋势预测不准确,尽管贵糖股份因调整产品结构、利用市场需求调整价格而弥补了部分损失,但是没有对行业风险、客户需求风险、经济风险等进行事前识别和分析,仓促被动应对风险以致增加了其他风险,浪费了旧的生产技术、生产设备、生产流程、生产工艺,使得部分库存原材料不适应新产品的生产需要,大部分无法再使用及可使用,从而产生原材料积压。一方面,贵糖股份没有风险评估机制,另一方面,其风险应对能力减少了部分经济损失,导致目标偏离程度较小,由此认定为重要缺陷。

### (四) 监督方面

贵糖股份的审计委员会、监事会在审计师发表内部控制否定意见之后的表现,表明它们并没有有效发挥法律法规和内部控制规范体系所赋予的监督职责。在公司董事会公布2012年度内部控制自我评价报告的同时,贵糖股份监事会也于2012年4月13日发布了《公司监事会对公司内部控制自我评价的意见》,声称"公司内部控制自我评价全面、真实、准确,反映了评价基准日公司内部控制的实际情况",毫无保留地认同董事会的评价结论。2013年4月13日,贵糖股份的三位独立董事也公布了对公司内部控制自我评价报告的独立意见,一方面认为"公司各项活动的预定目标基本实现,因此公司内部控制是有效的"。另一方面指出"会计师事务所审计发现重大缺陷,我们将监督公司积极整改,健全并有效执行内部控制制度"。显然,贵糖股份独立董事的意见并不是十分明确的,而是采取一种模棱两可、自相矛盾的表述。贵糖股份的监事会、审计委员会对内部控制的监督功能基本上处于失效的状态,它们不仅没有促使管理层识别并纠正内部控制存在的重大缺陷,在内部控制重大缺陷被审计师揭露出来之后,反而扮演了为管理层的评价结论"背书"的角色。在报告期内,以2011年独立董事发表独立意见的情况为例(见表7)。

表7 独立董事发表独立意见情况

| 时间 | 事项 | 意见类型 |
| --- | --- | --- |
| 2011年3月31日 | 关于控股股东及其关联方占用资金情况及对外担保的独立意见 | 同意 |
| 2011年3月31日 | 关于对公司日常关联交易报告的独立意见 | 同意 |
| 2011年3月31日 | 关于公司续聘2011年度审计机构的独立意见 | 同意 |
| 2011年3月31日 | 对公司内部控制自我评价的独立意见 | 同意 |
| 2011年8月11日 | 公司与关联方资金往来情况 | 同意 |
| 2011年8月11日 | 公司对外担保情况 | 同意 |

资料来源:贵糖股份2011年年报。

由表7可知,在贵糖股份内部控制存在缺陷的情况下,独立董事未就内部控制发表反对意见。

# 四、公司2012年度内部控制自我评价与审计报告

## (一)公司内部控制自我评价报告

公司2012年度内部控制自评报告如下:

**广西贵糖(集团)股份有限公司**
**关于公司内部控制的自我评价报告**

广西贵糖(集团)股份有限公司全体股东:

根据《企业内部控制基本规范》及其配套指引的规定和要求,结合本公司(以下简称"公司")内部控制制度和评价办法,在内部控制日常监督和专项监督的基础上,我们对截至2012年12月31日公司内部控制的有效性进行了自我评价。

## 一、董事会声明

公司董事会及全体董事保证本报告内容不存在任何虚假记载、误导性陈述或重大遗漏,并对报告内容的真实性、准确性和完整性承担个别及连带责任。

建立、健全并有效实施内部控制是公司董事会的责任;监事会对董事会建立与实施内部控制进行监督;经理层负责组织、领导公司内部控制的日常运行。

公司内部控制的目标包括合理保证经营合法合规、资产安全、财务报告及相关信息真实完整,提高经营效率和效果,促进公司实现发展战略等。由于内部控制存在固有局限性,因此仅能对实现上述目标提供合理保证。

## 二、内部控制评价工作的总体情况

### (一)完善内部控制组织结构

**1. 法人治理结构**

公司按照《公司法》《证券法》《公司章程》和其他有关法律法规的要求,结合公司实际,建立了规范的法人治理结构,股东大会、董事会、监事会和总经理负责的经理层责权分明,建立了所有权、经营权分离,决策权、执行权、监督权分立,股东大会、董事会、监事会并存的法人制衡管理机制。严格规定了股东大会、董事会、监事会、总经理的权利、义务及职责范围。

**2. 董事会专门委员会**

董事会下设战略发展与投资决策委员会、审计委员会、提名委员会、薪酬与考核委员会,除战略发展与投资决策委员会外,各专门委员会召集人全部由独立董事担任。董事会专门委员会的主要职责是为董事会的决策提供支持,促进董事会科学、高效地决策。

**3. 企业组织机构**

遵循"扁平、紧凑、高效,制衡"的原则,公司设置了内部组织机构,并对各机构职能进行科学、合理的分解,确定具体岗位的名称、职责和权利,做到不相容岗位相互分离,并配备相应人员,保证各项业务工作顺利进行。

**4. 内部监审机构**

公司建立了内部监督、审计体系。内部监督分为日常监督和专项监督。日常监督是指公司对建立与实施内部控制的情况进行常规、持续的监督检查;专项监督是指公司在发展战略、组织结构、经营活动、业务流程和关键岗位等发生较大调整或变化的情况下,对内部控制的某一或者某些方面进行有针对性的监督检查。

公司审计部门直接对董事会负责,制定专门审计管理制度,负责对全公司及下属各企业、部门财务收支及经济活动的审计、监督。审计部门在公司董事会审计委员会的指导下,独立行使审计职权,不受其他部门和个人的干涉。对于监督检查中发现的问题和缺陷,审计部门有权直接向公司董事会及其审计委员会、公司监事会报告。

企业管理部门对总经理班子负责,负责公司内部控制的日常运行与维护,协助内部控制实施部门不断建立、健全内部控制制度。

公司监事会负责对董事、经理及其他高管人员的履职情况及公司依法运作情况进行监督,对股东大会负责。

(二)完善内部控制管理制度体系

为了建立规范、科学、高效的上市公司运行机制,根据国家相关法律法规和规范性文件的要求,公司梳理、优化了现有的内部控制制度,识别了主要风险和内部控制存在的薄弱环节,开展了建立、健全内部控制体系的专项工作,建立并逐步形成了涵盖组织架构、战略管理、人力资源、社会责任、资金活动等18个管理模块的内部控制管理制度体系。

(三)健全内部监督机制

公司建立了内部控制监督机制,明确了内部监督机构的职责和权限、工作要求和工作方法。公司审计部门是内部控制的主要监督部门,负责对内部控制制度的执行情况进行定期或不定期检查,行使日常监督和专项监督职能,评价纳入评价范围的高风险领域和单位。

公司聘请致同会计师事务所广州分所(特殊普通合伙)对公司内部控制的有效性进行独立审计。

三、内部控制评价的依据

本评价报告旨在根据中华人民共和国财政部等五部委联合发布的《企业内部控制基本规范》(以下简称"基本规范")、《企业内部控制应用指引》(以下简称"应用指引")及《企业内部控制评价指引》(以下简称"评价指引")的要求,结合企业内部控制制度和评价办法,在内部控制日常监督和专项监督的基础上,对公司截至2012年12月31日内部控制的设计与运行的有效性进行评价。

**四、内部控制评价的范围**

本次内部控制评价的范围涵盖上市公司本部及其下属子公司(广西纯点纸业有限公司)的主要业务和事项,重点关注以下高风险领域:资金活动风险、原料采购风险、工程项目风险、存货管理风险、销售管理风险、资产管理风险、会计信息风险等。

纳入评价范围的业务和事项包括:

**(一)组织架构**

公司根据国家有关法律法规和《公司章程》,建立了规范的公司治理结构和议事规则,明确了决策、执行、监督等方面的职责权限,形成了科学有效的职责分工和制衡机制。

公司结合发展战略、业务特点和内部控制等要求,合理设置内部机构,明确职责权限,并对各机构的职能进行科学合理的分解,确定了具体岗位的名称、职责和工作要求等。

**(二)发展战略**

董事会是公司发展战略的决策机构,负责审批公司的战略规划;战略发展与投资决策委员会负责研究管理层制订的公司战略规划并提出建议;管理层负责公司战略规划的制订和执行;企业管理部门负责战略规划的日常管理工作。公司健全了发展战略的内部控制,为公司增强核心竞争力和持续发展能力、提高发展战略的科学性和执行力、防范发展战略制定与实施风险提供了有力的保证。

**(三)人力资源**

公司重视人力资源建设,根据发展战略,结合人力资源状况和未来需求预测,设立了人力资源发展目标,确定了人力资源总体规划和能力框架体系,优化了人力资源整体布局,明确了人力资源的引进、开发、使用、培养、考核、激励和退出等管理要求,实现了人力资源的合理配置,全面提升了公司核心竞争力。

**(四)社会责任**

公司把履行社会责任的职责充分融入了公司战略规划及生产经营过程,建立了安全生产、质量控制、环境保护、资源节约和员工权益保护等社会责任体系,为公司履行社会责任、实现公司与社会的协调发展提供了有力保证。

## （五）企业文化

公司一直十分重视企业文化建设工作，发布内部报刊、橱窗墙报、宣传手册以及举行各种文体文艺活动等多种方式宣传企业文化，提高员工对企业的信心和认同感，增强企业的凝聚力和竞争力，为公司的发展营造良好的企业文化环境。

## （六）资金活动

公司根据实际情况，全面梳理货币资金业务流程，科学设置组织机构和岗位，明确货币资金各个环节的职责权限和岗位分离要求；遵循现金、银行账户、票据、印鉴管理的相关规定，切实保护公司货币资金的安全；完善货币资金信息报告制度，定期或不定期地检查和评价资金活动情况，落实责任追究制度，确保资金安全和有效地运行。

## （七）担保业务

公司在《公司章程》及相关文件中建立、健全了对外担保的管理规定，明确规定了对外担保的基本原则、对外担保对象的审查程序、对外担保的审批程序、管理程序等。报告期内，公司不存在对外提供担保的情况。

## （八）采购业务

公司结合实际情况，全面梳理采购业务流程，完善采购业务相关管理制度；统筹安排采购计划，明确请购、审批、购买、付款、采购后评估等环节的职责和审批权限，按照规定的审批权限和程序办理采购业务；建立价格监督机制，定期检查和评价采购过程中的薄弱环节，采取有效控制措施，确保物资采购满足公司生产经营的需要。

## （九）资产管理

### 1. 固定资产

公司全面梳理固定资产投资、验收、使用、维护、处置等业务流程，科学设置组织机构和岗位，明确固定资产业务各环节的职责权限和岗位分离要求；控制固定资产投资规模科学合理，规范固定资产的验收、使用、维护的技术指标及操作要求；加强固定资产的投保，确保固定资产的安全完整；制定符合国家统一要求的固定资产成本核算、折旧计提方法，关注固定资产减值迹象，合理确认固定资产减值损失，保证固定资产财务信息的真实可靠。

2. 存货

公司在存货管理活动中,全面梳理存货业务流程,科学设置组织机构和岗位;明确规定存货相关业务活动的程序和制度,及时发现存货管理中的薄弱环节,本年度存货管理存在的不足已经切实采取有效措施加以改进;关注存货减值迹象,合理确认存货减值损失,不断提高公司资产管理水平。

3. 无形资产

公司十分重视对无形资产的管理,全面梳理无形资产的取得、验收、使用、保全处置等业务流程;明确无形资产业务各环节的职责权限和岗位分离要求,完善无形资产的验收、使用、维护的具体规章制度;加强公司品牌等无形资产的保护,确保公司合法权益不受侵犯;制定符合国家统一要求的无形资产成本核算、摊销等方法,保证无形资产财务信息的真实可靠。

(十)关联交易

本公司制定了《关联交易实施细则》,按照有关法律、行政法规、部门规章及上市规则等有关规定,明确划分公司股东大会、董事会对关联交易事项审批权限,规定关联交易事项的审议程序和回避表决的要求。公司参照上市规则及其他有关规定,确定公司关联方的名单并及时予以更新,确保关联方名单真实、准确、完整。公司及其下属全资子公司在发生交易活动时,相关责任人应当仔细查阅关联方名单,审慎判断是否构成关联交易,尽可能避免关联交易。如果构成关联交易,相关责任人会在各自权限内履行审批、报告义务。报告期内,公司没有发生较大的关联交易。

(十一)信息披露

本公司严格按照证券法律法规,制定了相关的信息披露制度。董事长是公司信息披露的第一责任人;董事会秘书是信息披露的直接责任人,负责管理公司信息披露事务和投资者关系管理工作。公司证券部门是信息披露事务的日常工作部门,在董事会秘书直接领导下,统一负责公司信息披露事务。公司严格按照信息披露规定履行信息披露义务,真实、准确、及时、完整地披露有关信息,公平地对待所有股东,确保公司所有股东能有平等的机会获得公司信息,提高公司信息披露的透明度。

(十二)销售业务

公司完善了销售管理制度,对销售业务的主要环节进行了规范与控制,确定了适当的销售政策和策略,明确了各岗位的职责和权限,确保了不相容职位相分离。销售控制内容涵盖销售预算和销售计划的制订、客户开发与管理、接单管理、合同管理、价格管理、发货控制等相关事项,与公司销售的实际情况相匹配,提高了销售工作的效率,确保实现销售目标。

### (十三) 研究与开发

公司高度重视产品开发工作,根据公司发展战略、结合市场开拓和技术进步要求,科学制订工艺研发和产品开发计划,强化工艺研发和产品开发全过程管理,规范工艺研发和产品开发等行为,促进新技术、新工艺和新产品成果的有效利用,不断提高公司自主创新能力。

### (十四) 工程项目

公司完善了工程项目各项管理制度,梳理了各个环节可能存在的风险点,规范了工程预算、招标、施工、监理、验收等工作流程;明确了相关部门和岗位的职责权限,做到了可行性研究与决策、预算编制与审核、竣工决算与审计等不相容职务相互分离;强化了工程建设全过程的监控,实行问责制,确保了工程项目的质量、进度和资金安全。

### (十五) 财务报告

公司根据国家相关法律法规要求和自身实际情况,全面梳理了财务报告编制、对外提供和分析利用的业务流程,明确了财务报告各环节的职责分工和岗位分离,机构设置和人员配备基本科学合理。

公司财务报告的编制方法、程序、内容及对外提供的审批程序均严格遵循国家相关法规的要求,确保财务报告的真实、完整,信息披露充分、及时。公司科学设计财务报告内容,对财务报告所披露的信息进行有效分析,并利用这些信息满足公司经营管理决策的需要。

### (十六) 全面预算

公司建立了全面预算管理体系,明确了预算编制、审批、执行、考核等各环节的职责任务、工作程序和具体要求。公司在建立和实施预算的过程中,权责分配和职责分工清晰明了,机构设置和人员配备科学合理,确保了预算编制与调整的依据充分、方案合理、程序规范、方法科学。

### (十七) 合同管理

公司明确企业管理部门为合同归口管理部门,明确了涵盖合同签订原则、合同管理部门、合同签订过程、合同审批、合同变更与解除、重大合同谈判、合同管理、合同评估及责任追究等内容,促进合同有效履行,切实维护公司的合法权益。

(十八) 信息系统

公司高度重视信息系统在内部控制中的作用,根据内部控制的要求,结合组织架构、业务范围、地域分布、技术能力等因素,制订信息系统建设整体规划,加大投入力度,有序组织信息系统开发、运行与维护,优化管理流程,防范经营风险,全面提升公司现代化管理水平。

(十九) 业务外包

公司建立和完善了业务外包的管理制度,规定了业务外包的范围、方式、条件和实施等相关内容,明确了相关部门和岗位的职责权限,强化了对业务外包全过程的监控,防范外包风险,充分发挥了业务外包的优势。

(二十) 内部信息传递

为了确保各种生产经营信息在各管理层级之间能够有效沟通和得到充分利用,公司建立的内部信息与传递内部控制体系涵盖了信息沟通的基本原则、适用范围、信息沟通的组织与职责、信息的收集与发布、信息沟通的渠道等主要环节。

(二十一) 突发事件应急处理

公司建立、健全了重大风险预警机制和突发事件应急处理机制,完善了相关制度,规范了处理程序,明确了职责权限,确保突发事件得到及时、妥善处理。

上述业务和事项的内部控制涵盖公司经营管理的主要方面,不存在重大遗漏。

**五、内部控制评价的程序和方法**

(一) 内部控制评价的程序

内部控制评价工作严格遵循《企业内部控制评价指引》及公司内部控制评价办法规定的程序执行,体现了全面性、重要性和客观性原则。公司2012年度内部控制评价分为制订评价方案、成立内部控制自我评价小组、现场测试评价、监督落实整改、内部控制缺陷认定和编制内部控制评价报告六个阶段。

(1) 制订评价方案阶段的主要工作程序包括:公司内部控制建设实施工作办公室研究制定年度内部控制评价方案,报经董事会审计委员会批准后,通知部署年度内部控制评价工作。

（2）成立内部控制自我评价小组阶段的主要工作程序包括：公司内部控制建设实施工作办公室根据经董事会审计委员会批准的评价方案，组成内部控制自我评价小组，具体实施内部控制评价工作。内部控制自我评价小组由内部控制领导小组、审计部门、内部控制建设实施工作办公室及内部控制专员组成。

（3）现场测试评价阶段的主要工作程序包括：各业务部门根据年度内部控制评价方案组织实施内部控制有效性现场测试，对现场测试样本情况进行工作底稿记录，自我评价小组对各业务部门的工作底稿进行复核并进行独立测试。

（4）监督落实整改阶段的主要工作程序包括：监督落实整改内部控制评价中发现的问题。

（5）内部控制缺陷认定阶段的主要工作程序包括：自我评价小组针对内部控制评价中发现的问题进行缺陷认定。

（6）编制内部控制评价报告阶段的主要工作程序包括：由内部控制建设实施工作办公室编制并按程序报批年度内部控制评价报告。

（二）内部控制评价的方法

在评价过程中，公司采用个别访谈、调查问题、专题讨论、穿行测试、实地查验和抽样等适当方法，广泛收集公司内部控制设计和运行是否有效的证据，如实填写评价工作底稿，分析、识别内部控制缺陷。

内部控制评价人员均来自各业务部门的业务骨干，拥有必要的独立性、客观性及专业胜任能力。测试评价工作统一设计，工作底稿、情况确认书及备查记录等工作记录使用标准模板。对于测试评价事项如实填写评价工作底稿，分析和识别内部控制缺陷。对于测试评价遵循统一的技术标准，测试评价标准和测试评价方法在评价手册中统一进行规范，发送各测试工作组遵照执行。对于缺陷认定采用统一的技术标准，内部控制缺陷分为财务报告内部控制缺陷和非财务报告内部控制缺陷，按严重程度分为重大缺陷、重要缺陷和一般缺陷三个等级。本年度内部控制评价方法和取得的证据，符合公司实际情况，保证了评价方法的适当性和证据的充分性。

六、内部控制缺陷及认定

公司董事会根据基本规范和评价指引对重大缺陷、重要缺陷和一般缺陷的认定要求，结合公司规模、行业特征、风险偏好和风险承受度等因素，研究确定了适用本公司的内部控制缺陷具体认定标准。公司内部控制缺陷包括财务报告内部控制缺陷和非财务报告内部控制缺陷。

（一）财务报告内部控制缺陷认定标准

对于财务报告内部控制缺陷，采用定性和定量的方法将缺陷分为重大缺陷、重要缺陷和一般缺陷。

1. 定性标准

（1）重大缺陷。单独缺陷或连同其他缺陷导致不能及时防止或发现并纠正财务报告中的重大错报。出现下列情形的，认定为重大缺陷：

① 控制环境无效；

② 董事、监事和高级管理人员舞弊行为；

③ 外部审计发现当期财务报告存在重大错报，公司在运行过程中未能发现该错报；

④ 已经发现并报告给管理层的重大缺陷在合理的时间后未加以改正；

⑤ 公司审计委员会和审计部门对内部控制的监督无效；

⑥ 其他可能影响财务报表使用者正确判断的缺陷。

（2）重要缺陷。单独缺陷或连同其他缺陷导致不能及时防止或发现并纠正财务报告中虽然未达到和超过重要性水平，仍应引起管理层重视的错报。

（3）一般缺陷。不构成重大缺陷或重要缺陷的其他内部控制缺陷。

2. 定量标准

财务报告缺陷的定量标准如表8所示。

表8 财务报告缺陷的定量标准

| 认定内容 | 指标 | 一般缺陷 | 重要缺陷 | 重大缺陷 |
|---|---|---|---|---|
| 财务报告缺陷 | 营业收入潜在错报 | 错报≤营业收入0.2% | 营业收入0.2%≤错报≤营业收入0.5% | 错报>营业收入0.5% |
| | 资产总额潜在错报 | 错报>资产总额0.5% | 资产总额0.2%≤错报≤资产总额0.5% | 错报>资产总额0.5% |

注：表中的营业收入和资产总额指最近经审计的会计年度报表数据。

（二）非财务报告缺陷认定标准

非财务报告缺陷认定按定性标准与定量标准划分为重大缺陷、重要缺陷和一般缺陷。

1. 定性标准

出现以下情形的,认定为重大缺陷;其他情形按影响程度分别确定为重要缺陷或一般缺陷。

① 违反国家法律、法规或规范性文件;

② 重大决策程序不科学;

③ 制度缺失可能导致系统性失效;

④ 重大或重要缺陷不能得到整改;

⑤ 其他对公司影响重大的情形。

2. 定量标准

非财务报告缺陷的定量标准如表 9 所示。

表 9　非财务报告缺陷的定量标准

| 认定内容 | 指标 | 一般缺陷 | 重要缺陷 | 重大缺陷 |
| --- | --- | --- | --- | --- |
| 非财务报告缺陷 | 直接资产损失金额 | 小于 100 万元（含 100 万元） | 100 万—500 万元（含 500 万元） | 500 万元以上 |
| | 重大负面影响 | 受到省级（含省级）以下政府处罚但未造成负面影响 | 受到国家政府部门处罚但未造成重大负面影响。 | 对公司造成较大影响并以公告形式对外披露 |

### 七、内部控制有效性的结论

公司已经根据基本规范、评价指引及其他相关法律法规的要求,对公司截至 2012 年 12 月 31 日的内部控制设计与运行的有效性进行了自我评价。结合日常监督和专项监督情况,在完善内部控制评价的过程中,在专业机构的指导下,发现我公司存在成本核算不够准确的问题。

报告期内,公司对纳入评价范围的业务与事项均已建立了内部控制,但由于蔗糖榨季及蔗渣采购跨会计年度,公司之前的核算方法是遵循行业普遍采用的一贯性做法,之前会计师事务所对此也未提出重大异议,因此才出现本次自查中发现的缺陷。该缺陷在 2012 年度发生额较小,在年度会计报表中已得到修正。

### 八、内部控制体系建设及缺陷的整改情况

报告期内,在变更实际控制人为国有控股后,公司高度重视内部控制体系

建设,聘请了国家知名外部专业机构作为实施内部控制规范的咨询机构,对公司内部控制体系进行了内部控制风险和缺陷的排查,并按要求聘请专业机构对2012年度内部控制制执行情况进行了审计;最后,根据专业机构的管理建议和措施进行了全面整改,在2012年12月完成了最后一批内部控制制度的修订。在自评过程中发现存在上述缺陷后,公司高度重视,已责令相关部门进行原因分析,同时完善相关的内部控制制度,修正会计报表,对2012年度会计报表已不产生影响。

董事会决定2013年上半年针对公司内部控制缺陷聘请专业机构进行专项审计。

自内部控制评价报告基准日至内部控制评价报告发出日,公司未发生对评价结论产生实质性影响的内部控制重大变化。

我们注意到,内部控制应当与公司经营规模、业务范围、竞争状况和风险水平等相适应,并随着情况的变化及时加以调整。公司将继续完善内部控制制度,规范内部控制制度的执行,强化内部控制监督的检查,促进公司健康、可持续地发展。

广西贵糖(集团)股份有限公司<br>董事长(签名):但昭学<br>二〇一三年四月十二日

## (二) 公司内部控制审计报告

公司2012年度内部控制审计报告如下:

广西贵糖(集团)股份有限公司二〇一二年度<br>内部控制审计报告<br>致同审字(2013)第 110ZA1390 号

广西贵糖(集团)股份有限公司全体股东:

按照《企业内部控制审计指引》及中国注册会计师执业准则的相关要求,我们审计了广西贵糖(集团)股份有限公司(以下简称"贵糖股份公司")2012年

12月31日财务报告内部控制的有效性。

**一、企业对内部控制的责任**

按照《企业内部控制基本规范》《企业内部控制应用指引》《企业内部控制评价指引》的规定,建立、健全和有效实施内部控制,并评价其有效性是贵糖股份公司董事会的责任。

**二、注册会计师的责任**

我们的责任是在实施审计工作的基础上,针对财务报告内部控制有效性发表审计意见,并对注意到的非财务报告内部控制的重大缺陷进行披露。

**三、内部控制的固有局限性**

内部控制存在固有局限性,存在不能防止和发现错报的可能性。此外,由于情况的变化可能导致内部控制变得不恰当,或者对控制政策和程序遵循的程度降低,根据内部控制审计结果推测未来内部控制的有效性具有一定风险。

**四、导致否定意见的事项**

重大缺陷是内部控制中存在的、可能导致不能及时防止或发现并纠正财务报表出现重大错报的一项控制缺陷或多项控制缺陷的组合。

贵糖股份公司蔗渣、原煤等大宗原材料的成本核算基础薄弱,部分暂估入账的大宗原材料缺少原始凭证(包括原材料数量、供应商名称等信息的入库单),影响该等存货的发出成本结转与期末计价的正确性,与此相关的财务报告内部控制运行失效。上述重大缺陷导致贵糖股份公司2012年度未审财务报表的本期数据和前期比较数据中"营业成本""应付账款""存货"等项目存在重大会计差错。根据2013年4月12日董事会决议,贵糖股份公司管理层对前期比较数据相应进行追溯重述,该等重大会计差错更正调减2011年度净利润5 251.20万元,调增2011年年初留存收益11 663.42万元。有效的内部控制能为财务报告及相关信息的真实、完整提供合理保证,而上述重大缺陷使贵糖股份公司内部控制失去这一功能。上述重大缺陷未包含在贵糖股份公司2012年内部控制评价报告中。

在贵糖股份公司2012年财务报表的审计中,我们已经考虑了上述重大缺陷对审计程序的性质、时间安排和范围的影响。本报告并未对我们在2013年4月12日对贵糖股份公司2012年财务报表出具的审计报告产生影响。

### 五、财务报告内部控制审计意见

我们认为,由于存在上述重大缺陷及其对实现控制目标的影响,贵糖股份公司于 2012 年 12 月 31 日未能按照《企业内部控制基本规范》和相关规定在所有重大方面保持有效的财务报告内部控制。

致同会计师事务所(特殊普通合伙)<br>
中国注册会计师<br>
中国注册会计师

中国北京　二〇一三年四月十二日

## (三) 内部控制自评报告与外部审计报告差异原因说明

2013 年 4 月公司发布"内部控制自评报告与外部审计报告差异原因说明"称:"公司根据基本规范、评价指引及其他相关法律法规的要求,对公司截至 2012 年 12 月 31 日的内部控制设计与运行的有效性进行了自我评价。在内部控制评价完善的过程中,在专业机构的指导下,发现我公司存在成本核算不够准确的问题。该缺陷在 2012 年度发生额较小,并在年度会计报表中已得到修正,公司内部控制在总体上是有效的。而外部审计机构对我公司 2012 年度内部控制审计却发表了否定性意见,认为我公司的原材料领用计量不准确,对存货账实差异的处理不及时,对公司内部控制制度的执行力不足,导致成本核算不实。部分原材料的暂估无暂估依据、无合理理由,该暂估应付账款对本期产品成本产生重大影响。我公司认为,公司和审计机构在原材料核算方法上存在认识上的差异,由于公司蔗糖榨季及蔗渣采购跨会计年度,公司之前的核算方法是遵循行业普遍采用的一贯性做法,之前会计师事务所对此也未提出重大异议,因此才出现本次自查中发现的缺陷。我公司内部审计机构也在这种情况下认可公司的会计信息,管理层对这些情况是了解的,也在管理层的控制范围内,对公司并未构成风险,也没有直接造成公司的损失,对 2012 年度财务报告不产生影响。因此,我公司认为,公司整体内部控制体系是有效的。"

# 案例使用说明

## 一、教学目标与用途

适用课程：高级审计理论与实务、内部控制与风险管理。

适用对象：审计专业硕士、会计专业硕士，拓展适用于所有管理类的专业硕士（如 MBA），以及企事业单位高级管理人才。

教学目标：针对贵糖股份长期以来内部控制的状况及审计师变更和会计重述、2012 年内部控制自评报告与审计报告的差异，引导学员进一步熟悉内部控制缺陷分类与内部控制认定标准的制定，并掌握内部控制重大缺陷的识别、认定及报告的技巧。

## 二、思考题

1. 判断上市公司内部控制重大缺陷的标准是什么？
2. 讨论并分析贵糖股份内部控制重大缺陷及其认定标准。
3. 贵糖股份内部控制评价报告和审计报告差异说明了什么？如何控制风险？
4. 结合本案例讨论内部控制重大缺陷与审计师更换、会计报表重述的关系。

## 三、理论依据与案例分析

（一）内部控制缺陷及分类

2013 年 5 月 14 日，美国 COSO 委员会颁布了修订版的《内部控制——整体框架》（以下简称"新框架"），旧框架在 2014 年 12 月 15 日后废止，过渡期后所有在美上市公司必须改用新框架。新框架沿用了 1992 年版本对内部控制的定义、三大目标和五大基本要素的界定。与此同时，新框架也有变化与发展，例如扩展了内部控制报告目标，增加了对企业背景环境、组织结构、计算机技术发展等因素的考虑。此外，新框架最引人注目的变化是明确，清晰地从发展近二十年的内部控制理论中提炼了十七项内部控制基本原则，总结了旧框架为世界范围内众多企业采用所积累的经验。新框架与旧框架的对比如图 5 所示。

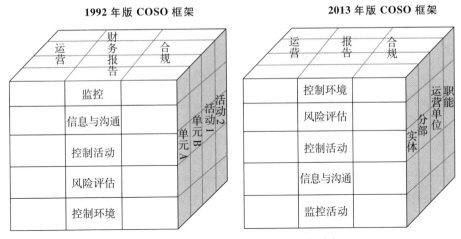

图 5　新旧 COSO 内部控制框架的对比

目前,我国借鉴先前 COSO 模型并结合国情,制定了《企业内部控制基本规范》《企业内部控制应用指引》,形成我国的五要素模型内部控制体系。具体指内部环境、风险评估、控制活动、信息与沟通、内部监督五个基本要素(见图 6),相互之间紧密联系。

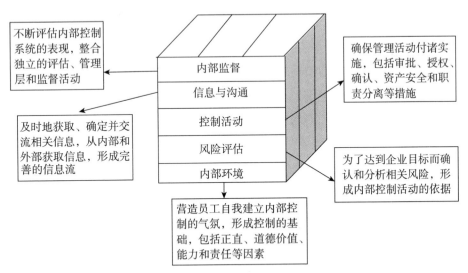

图 6　中国企业内部控制五要素模型

企业内部控制缺陷分为财务报告内部控制缺陷与非财务报告内部控制缺陷两大类。现实中,财务报告内部控制缺陷被认为可以直接导致财务错报,包括从原始凭证、明细账、总分类账、财务报表到编制合并财务报表和披露所有过程或环节中的内部控制缺陷,具体又分为账户核算类、账户核对类、原始凭证类、期末报告类和会计政策遵从类。这类缺陷容易被审计师识别,且与会计人员息息相关。非财务报告内部控制缺陷是发生在财务报告缺陷之外的、影响公司经营效率和经济效益并间接影响财务错报。对于公司内部控制缺陷的分类,根据2013年版COSO框架的公司内部控制五要素进行一一对应,总结出五方面的内部控制缺陷(见表10和表11)。

表10 财务报告内部控制缺陷与公司内部控制缺陷的界定

| 控制缺陷 | 导致后果 | 分类 | 备注 |
| --- | --- | --- | --- |
| 财务报告内部控制缺陷 | 直接导致财务错报 | 账户核算类<br>账户核对类<br>原始凭证类<br>期末报告类<br>会计政策遵从类 | |
| 公司内部控制缺陷 | 影响公司目标(如经营效率、资产安全性及合规性等),或者间接导致财务错报 | 控制环境类<br>风险评估类<br>监督类<br>控制活动类<br>信息与沟通类 | 五类控制缺陷还可以再细分为若干个二级子目录 |

表11 内部控制缺陷定性标准

| 分类 | 认定标准(包括但不限于) |
| --- | --- |
| 控制环境缺陷 | 公司治理结构不合理<br>人力资源政策与实务缺失<br>管理层凌驾于内部控制制度之上<br>管理层缺乏诚信和道德价值观念<br>缺乏关键岗位人员<br>缺乏内部控制企业文化 |
| 风险评估缺陷 | 未设置风险管理部门<br>经营风险评估缺失<br>风险应对措施缺失 |

(续表)

| 分类 | 认定标准（包括但不限于） |
|---|---|
| 监督缺陷 | 未设内部审计部门<br>内部审计部门独立性和专业胜任能力缺失<br>未定期对内部控制的运行情况进行评价<br>不能及时纠正内部控制运行中的偏差 |
| 控制活动缺陷 | 存在不相容岗位混岗现象<br>存在管理层侵占资产导致的舞弊行为<br>未定期对资产进行盘点、无适当的安全保护措施<br>交易活动（如重大资本支出）未经过适当的授权批准 |
| 信息与沟通缺陷 | 重大交易未能适当输入<br>对于重要数据的访问缺乏授权<br>缺乏相应的安全软件、操作系统软件和应用软件<br>内部沟通缺乏有效机制 |

企业内部控制缺陷等级分为重大、重要和一般。重大缺陷是指一个或多个控制缺陷的组合，可能导致企业严重偏离控制目标；重要缺陷是指一个或多个控制缺陷的组合，其严重程度和经济后果低于重大缺陷，但仍有可能导致企业偏离控制目标；一般缺陷是指除重大缺陷、重要缺陷之外的其他缺陷。借鉴以上观点，本案例将内部控制缺陷分成四方格形式（见表12）。

表 12　内部控制缺陷评估

| 偏离度<br>可能性 | 偏离目标程度大 | 偏离目标程度小 |
|---|---|---|
| 可能性较大 | 重大缺陷 | 重要缺陷 |
| 可能性较小 | 重要缺陷 | 一般缺陷 |

对可能性的考查，可以适当借鉴其他准则制度的经验及做法，例如，我国或有事项会计准则规定，对一项或有事项是否确认为预计负债主要考虑其发生可能性，其中"很可能"为发生概率大于50%但小于或等于95%，"可能"为大于5%但小于或等于50%，"极小可能"为大于0但小于或等于5%。

## (二)内部控制缺陷认定标准及认定方法

内部控制缺陷认定标准为企业发现和认定内部控制缺陷提供了规范与指引,有利于企业无偏地评估内部控制缺陷,能够显示企业在提供内部控制缺陷信息不同环节上的方式、方法选择"路径",有助于信息使用者了解内部控制缺陷信息的产生过程以及因内部控制缺陷的存在而给投资者带来的企业风险提示,是利益相关者做出决策的重要依据。因此,从这个意义上来说,企业应当确保内部控制缺陷认定标准的科学、合理和有效,其中制定权的归属尤为重要。

2010年4月,财政部等五部委发布的《企业内部控制评价指引》第十七条指出,"重大缺陷、重要缺陷和一般缺陷的具体认定标准,由企业根据上述要求自行确定"。解释第1号对企业应该如何确定内部控制缺陷认定标准做出解释:"企业可以根据《企业内部控制基本规范》及其配套指引,结合企业规模、行业特征、风险水平等因素,研究确定适合本企业的内部控制重大缺陷、重要缺陷和一般缺陷的具体认定标准。企业确定的内部控制缺陷标准应当从定性和定量的角度综合考虑,并保持相对稳定。"可见,监管部门鼓励上市公司自主确定内部控制缺陷认定标准。同时,注册会计师在接受委托对企业内部控制进行审计并出具内部控制审计报告时,也面临内部控制缺陷认定的问题,因此内部控制缺陷认定标准的确定涉及政府监管部门、上市公司和注册会计师。当前,由于缺乏统一的、可供参考的内部控制缺陷认定标准,上市公司披露的内部控制缺陷认定标准表现出较大的不同。本案例认为,应该由监管部门尽快制定相关缺陷认定标准。

单项内部控制缺陷认定出来后,认定模板如表13所示。

表13 单项内部控制缺陷认定模板

| 编号 | 分类(或指标) | 内部控制缺陷描述 | 定量标准 | 定性因素 | 缺陷认定结果 | 备注 |
| --- | --- | --- | --- | --- | --- | --- |
|  |  |  |  |  |  |  |
|  |  |  |  |  |  |  |

企业应该披露内部控制整体有效性的判断标准。当存在多项内部控制重要缺陷时,企业必须考虑多项发重要缺陷的组合对内部控制目标的影响(丁友刚和王永超,2015)。因此,针对具体化控制目标的多项一般缺陷和重要缺陷,要分析多项缺陷之间的相关性,确定互相影响的多项缺陷组合后的综合影响程度,其认定模板如表 14 所示。

表 14　组合缺陷认定模板

| 编号 | 分类（或指标） | 单项控制缺陷描述 | 汇总缺陷主要内容 | 定量标准 | 定性因素 | 缺陷认定结果 | 备注 |
|---|---|---|---|---|---|---|---|
|  |  |  |  |  |  |  |  |
|  |  |  |  |  |  |  |  |

(三) 分析贵糖股份内部控制评价及其重大缺陷认定标准

贵糖股份 2009—2012 年年报及其内部控制自评报告都没有提及内部控制缺陷认定的有关内容。2013 年 4 月 13 日,公司公布《关于内部控制自评报告》,才明确提出内部控制缺陷认定标准。结合贵糖股份长期以来内部控制状况、2012 年年报审计报告、内部控制审计报告以及期间审计师的变更、会计重述,我们认为贵糖股份内部控制评价及其重大缺陷认定标准存在以下问题:

1. 定量分析基准指标选择不全面

在贵糖股份的内部控制缺陷认定标准中,重大缺陷标准为"错报>营业收入 0.5%"或"错报>资产总额 0.5%"。实际上,贵糖股份因成本核算基础薄弱所引起的内部控制重大缺陷并没有对营业收入产生影响,而是对成本产生影响从而影响利润。根据致同会计师事务所内部控制审计报告的意见,重大缺陷导致贵糖股份 2012 年度未审财务报表本期数据和前期比较数据中"营业成本""应付账款""存货"等项目存在重大会计差错,贵糖股份管理层对前期比较数据相应进行了追溯重述,该等重大会计差错更正调减 2011 年度净利润 5 251.2 万元、调增 2011 年年初留存收益 11 663.42 万元。因此,贵糖股份在内部控制重大缺陷认定基准中少了净利润的基准。与财务状况有关的错报用资产指标作为基准,与财务成果有关的错报用净利润指标,这样更科学和全面。

**2. 定性分析认定没有细分**

在2009—2012年贵糖股份自评报告分析中,公司内部控制及整改计划存在的问题如表15所示。

表15  贵糖股份自评报告内部控制缺陷问题与整改计划

| 存在的问题 | 整改计划 |
| --- | --- |
| (1)公司尚未建立起完整的内部控制风险评估体系,通过对企业风险的有效评估,严格防范、发现、纠正企业经营风险行为<br>(2)随着公司经营业务的发展,将进一步加大监督检查工作,公司内部审计工作相对显得比较薄弱 | (1)公司将按照有关法规、现金管理制度,结合公司内部控制结构和公司业务特点,认真研究公司内部控制风险评估体系的建立、健全措施<br>(2)公司将按照内部控制指引的要求,加强对公司内部审计人员的培训力度,提高审计监督、检查能力 |

资料来源:贵糖股份2009—2012年内部控制自评报告。

为了对比发现问题,选取南宁糖业作为对照公司。南宁糖业内部控制缺陷分为财务报告内部控制缺陷和非财务报告内部控制缺陷,分别进行内部控制缺陷认定。以南宁糖业财务报告内部控制缺陷认定为例。报告期内公司存在财务报告内部控制重大缺陷0个、重要缺陷4个,如表16所示。

表16  南宁糖业自评报告内部控制缺陷问题与整改计划

| 问题 | 缺陷性质及影响 | 整改情况 |
| --- | --- | --- |
| (1)固定资产的处置报废账务处理时间滞后 | 公司总部在报废固定资产时经过审批的文件未及时传递到财务,导致固定资产报废的账务处理时间滞后,属运行缺陷 | 9月内部检查发现问题后,已立即要求公司财务部门将董事会审批通过的报废固定资产进行账务处理。此外,公司企业管理部门修订了现行的固定资产报废制度 |
| (2)固定资产的入账不及时,工程项目账务处理时间滞后 | 公司直属厂南宁糖业股份有限公司伶俐糖厂及南宁糖业股份有限公司明阳糖厂的分蜜机项目账务处理时间滞后,公司控股子公司南宁云鸥物流有限责任公司的二手车购入、固定资产入账不及时,属运行缺陷 | 9月内部检查发现问题后,要求各相关直属企业和子公司按照公司相关管理规定及时进行账务处理,在内部控制评价报告基准日前完成整改 |

（续表）

| 问题 | 缺陷性质及影响 | 整改情况 |
|---|---|---|
| （3）在建工程、工程物资结转固定资产账务处理凭证附件不完备 | 伶俐糖厂从工程物资（单项设备）、在建工程结转固定资产的凭证后未附出库单、验收单、设备入库单、发票，也未对此项固定资产做说明，仅有手工制的领料明细，无法判断该项固定资产单项设备归属的项目大类（在建工程）及应入账时间，属运行缺陷 | 伶俐糖厂已于内部控制评价报告基准日前，补办2013年度在建工程的结转，在结转时附出库单、验收单、设备入库单、发票等原始凭证，并在以后结转时附上完整的原始凭证 |
| （4）工程安装费、制作费、加工费单独设立固定资产卡片 | 公司控股子公司广西侨旺纸模制品有限责任公司未将工程项目发生的安装费、制作费、加工费归集到相应的工程中，待工程投入使用再统一进行结转，而按发票将不形成单项固定资产的工程费用登记为单张固定资产卡片，这会导致按卡片盘点资产时无相应实物对应，属运行缺陷 | 由于侨旺公司固定资产卡片修改需符合相应的固定资产调整条件，只能将经内部审查后再发生类似的安装费、制作费、加工费归集到相应的工程中，不再另列固定资产卡片。经过上述整改，在内部控制评价报告基准日，公司未发现未完成整改的财务报告内部控制重大缺陷、重要缺陷 |

资料来源：南宁糖业内部控制自评报告。

与南宁糖业对比发现，贵糖股份未披露内部控制缺陷数量，未对缺陷进行具体描述；贵糖股份仅笼统地表述公司存在缺陷——"尚未建立起完整的内部控制风险评估体系""公司内部审计工作显得相对薄弱"，没有鉴定内部控制缺陷的严重程度，没有分别披露存在的重大缺陷、重要缺陷，没有区分财务报告内部控制缺陷或者非财务报告内部控制缺陷，也没有具体指出每一个缺陷对应的严重程度。根据上市公司的披露，信息使用者无法判断内部控制缺陷的性质及其对内部控制的影响程度，必将影响投资决策。另外，贵糖股份对于建立风险评估体系的整改计划，没有具体的整改措施，也没有对上一年度的整改进度进行总结，使得内部控制自评报告的对外报出毫无意义。"公司内部审计工作显得相对薄弱"的整改措施中，提及加强对公司内部审计人员的培训力度。如果只是内部审计工作人员胜任能力的问题，不管是加强培训还是聘请专业人士，都不至于从2009年到2012年都没有得到解决。对于短期能解决的问题，四年过后，却仍然是同样的问题、同样的计划，每年都没有整改进展报告，而是一字不差、一如既往,从另一个侧面说明企业完全无视内部控制问题,或者是用无足轻重的小问题掩盖大问题,避重就轻。

3. 未考虑组合缺陷

在判断企业内部控制缺陷时,贵糖股份仅仅考虑了单独错报或单独事项构成重大缺陷的情况,忽视了影响整体控制目标实现的多个一般缺陷或重要缺陷是否构成重大缺陷。例如,贵糖股份风险评估存在重要缺陷,风险应对也存在重要缺陷,尽管两个均不构成重大缺陷,但是应该考虑这两个重要缺陷的组合对内部控制目标的影响,再认定组合的缺陷程度。

4. 标准不统一

理论上,根据不同的执行主体,内部控制缺陷认定标准可以分为注册会计师内部控制缺陷认定标准和上市公司内部控制缺陷认定标准。在贵糖股份案例中,注册会计师审计对贵糖股份出具的内部控制否定意见的审计报告,基于贵糖股份公司蔗渣、原煤等大宗原材料成本核算基础薄弱,部分暂估入账的大宗原材料缺少原始凭证(包括原材料数量、供应商名称等信息的入库单),影响该等存货的发出成本结转与期末计价的准确性,判断与此相关的财务报告内部控制运行失效。贵糖股份认定标准简单,没有涉及存货内部控制;在执行内部控制审计的过程中,注册会计师更大程度是依据专业判断和职业谨慎性进行鉴定。这样会造成企业和会计师事务所两套标准,标准不统一,不利于企业自我评价。

5. 极大的"自由裁量权"

根据贵糖股份 2012 年内部控制重大缺陷的重要性水平,重大缺陷标准为"错报>营业收入 0.5%"或"错报>资产总额 0.5%"或"直接损失金额>500 万元";然而 2014 年内部控制重大缺陷的重要性水平,重大缺陷标准为"错报>营业收入 1%"或"错报>资产总额 0.5%"或"直接财产损失>1 000 万元(见表 17)"。2012 年财务报告缺陷以营业收入或资产总额的 0.5% 作为重要性水平,然而 2014 年内部控制重大缺陷标准,却以营业收入或资产总额的 1% 作为重要性水平;在非财务报告缺陷中,2012 年直接财产损失金额以 500 万元作为重要性水平,2014 年直接财产损失金额却以 1 000 万元作为重要性水平,明显扩大了可容忍的错报范围。尽管重要性水平是一个职业判断问题,但是标准设定差异如此之大,披露的内部控制缺陷信息如何纵向可比?如果没有具体、清晰的定量化或定性化标准,或者说在内部控制缺陷认定过程中没有必须遵循的标准,一个很严重的后果就是增大利己主义倾向。也就是说很多企业不会承认自己存在重大缺陷,而是归为一般控制缺陷和重要控制缺陷,从而得出内部控制有效的结论。

表17  2014年贵糖股份内部控制缺陷认定定量标准

| 认定内容 | 指标 | 一般缺陷 | 重要缺陷 | 重大缺陷 |
| --- | --- | --- | --- | --- |
| 财务报告缺陷 | 营业收入潜在错报 | 错报≤营业收入0.5% | 营业收0.5%<错报≤营业收入1% | 错报>营业收入1% |
| | 资产总额潜在错报 | 错报≤资产总额0.5% | 资产总0.5%<错报≤资产总额1% | 错报>资产总额1% |
| 非财务报告缺陷 | 直接财产损失金额 | 小于500万元(含) | 500万—1 000万元(含) | 1 000万以上 |

资料来源:贵糖股份2014年内部控制自评报告。

6. 内部控制自我评价模板化

贵糖股份内部控制自我评价报告得出的结论是:"公司内部控制完整、合理、有效,不存在重大缺陷,公司现有内部控制制度得到有效执行。公司内部控制体系与相关制度能够适应公司管理的要求和发展的需要,能够对编制真实、公允的财务报表提供合理的保证,能够对公司各项业务的健康运行及公司经营风险的控制提供保证。"在被出具内部控制否定意见之前,贵糖股份内部控制自评报告简单,几年都是同一个模板和同样的表述,涉及内部控制的组织构架、内部控制体系的建立和健全、内部审计部门的监督检查情况、对子公司的管理、关联交易、对外担保、募集资金使用、重大投资、信息披露几个方面,对于发展战略、采购业务、资产管理等可能存在问题的方面有选择性地回避而没有涉及。内部控制自我评价过于模板化,根本没有实实在在地对本公司内部控制设计与运行中出现的内部控制缺陷加以认定和披露,而仅仅机械地照搬《企业内部控制基本规范》《企业内部控制评价指引》中有关的原则性规定,章程化、模式化地对内部控制报告进行自我评价。内部控制评价工作作为一个核心问题,其内部控制缺陷认定标准的制定和披露并没有得到上市公司应有的重视,完全违背了国家要求企业对自身内部控制进行评价的初衷。当被曝出内部控制存在重大缺陷以后,贵糖股份才在对外公布的内部控制自评报告中加上内部控制缺陷认定标准和具体认定内容,但是仍然保持一贯的空洞无物的风格。

## 四、教学安排

(一)案例资料及讨论顺序

案例资料在课前发给学员,让学员阅读并进行小组讨论。

案例讨论的知识储备部分可以由教师提出知识点,建议学员上网或课前阅读相关文献,归纳总结并在课堂上陈述。这部分内容也可以由教师在课堂上进行简要介绍和讲授。

案例讨论主题如表18所示。

表18 案例讨论主题

| 序号 | 讨论主题 | 案例中的相关线索 | 涉及的相关理论和知识 | 结论/启示/感受 |
| --- | --- | --- | --- | --- |
| 1 | 贵糖股份内部控制 | | | |
| 2 | 贵糖股份内部控制重大缺陷与认定标准 | | | |
| 3 | 内部控制缺陷与审计师更换 | | | |
| 4 | 内部控制缺陷与会计重述 | | | |

(二)课时分配

1. 课前自行阅读资料,约2小时。

2. 讨论小组讨论并提交讨论记录,约1小时。

3. 讨论小组推荐代表陈述并进一步讨论,约1小时。

4. 课堂讨论与总结,约0.5小时。

(三)讨论方式

可以采用分小组头脑风暴式讨论,要求各讨论小组推荐代表陈述观点。

(四)课堂讨论与总结

课堂讨论与总结的关键是:归纳发言者的主要观点;重申讨论的重点和亮点;提请学员进一步思考焦点问题或争论问题;建议学员对案例素材进行拓展研究和深度分析。

### 五、主要参考文献

1. 丁友刚,王永超.上市公司内部控制缺陷认定标准研究[J].会计研究,2013,12:79—85.

2. 企业内部控制编审委员会.企业内部控制基本规范及配套指引[M].上海:立信会计出版社,2012.

3. 田高良,齐保垒,李留闯.基于财务报告的内部控制缺陷披露影响因素研究[J].南开管理评论,2010.

4. 田娟,余玉苗.内部控制缺陷识别与认定中存在的问题与对策[J].管理世界,2012,6:80—81.

5. 周守华,胡为民,林斌,刘春丽.2012年中国上市公司内部控制研究[J].会计研究,2013,7:3—12.

(郑海英编写,李晓慧校审)

# 公共部门与政府审计

# 华西区审计局：审计外包业务的质量管理

殷 浩

**摘 要**：为了强调审计监督职责，华西区审计局把16个一级预算单位的部门预算执行情况审计外包给会计师事务所。本案例描述选择会计师事务所并签约情况、对审计外包项目全过程的监督管理、审计外包出现的质量问题，进一步引导学员熟悉政府审计外包流程及其质量控制，掌握政府审计外包质量管理的技巧。

**关键词**：审计外包 会计师事务所 质量管理

## 一、起因

为了强调审计监督职责，华西区审计局开展2016年预算执行审计，需要对16个一级预算单位进行部门预算执行审计，但该审计局仅有5名审计人员可参与此项工作。针对这一现状，审计局决定采取审计项目外包的方式开展此项工作，全权委托会计师事务所派出审计组对16个部门的预算执行和其他财政收支情况进行审计，并由本单位5名审计人员（为了避免与审计组成员混淆，以下称"管理人员"）负责管理外包项目。考虑到工作连续性的问题，华西区审计局同时将16个部门后续需要开展的经济责任审计以同样的方式外包给会计师事务所。

## 二、选择会计师事务所并签约

### （一）选择会计师事务所及其委派人员

华西区审计局选择实施外包项目的会计师事务所的来源为事前通过公开招标确定的本市审计局的审计中介服务机构名录库。

为了选择合适的会计师事务所，在公开招标前，华西区审计局设置了详细的评标细则（见表1）以评价会计师事务所，设立合格条件与资格要求以筛选符合需求的投标会计师事务所。

表1 评标细则

| 序号 | 名称 | 内容 | 项目 | 评分标准 | 得分 |
|---|---|---|---|---|---|
| 一 | 人力资源部分（30分） | 企业人员情况（6分） | 注册造价师人数（3分） | 15人以上 | 3 |
| | | | | 10—14人 | 2 |
| | | | | 6—9人 | 1 |
| | | | 注册会计师人数（3分） | 50人以上 | 3 |
| | | | | 20—49人 | 2 |
| | | | | 19人以下 | 1 |
| | | 项目经理（4分） | 从事该行业经验年限（2分） | 20年以上 | 2 |
| | | | | 10—19年 | 1 |
| | | | | 10年以下 | 0 |
| | | | 同类项目经验（2分） | 每个得0.5分，最高2分 | 2 |
| | | 项目组人员构成（20分） | 专业配置（4分） | 专业齐全、合理 | 2—4 |
| | | | | 欠齐备、欠合理 | 1 |
| | | | 岗位构成（2分） | 分工明确、分配合理 | 2 |
| | | | | 职责分工欠明晰 | 1 |
| | | | 主要成员从业经验（4分） | 在本行业有较长从业资历，有同类项目参与经验 | 3—4 |
| | | | | 从业资历均较短 | 0—2 |

（续表）

| 序号 | 名称 | 内容 | 项目 | 评分标准 | 得分 |
|---|---|---|---|---|---|
| | | | 拟派会计专业人员配备(5分) | 本单位具有同类项目服务经验的相关专业人员 | 4—5 |
| | | | | 针对本项目提供相应的外聘人员或合作机构 | 1—3 |
| | | | | 未配备相关专业人员 | 0 |
| | | | 拟派造价专业人员配备(5分) | 本单位具有同类项目服务经验的相关专业人员 | 4—5 |
| | | | | 针对本项目提供相应的外聘人员或合作机构 | 1—3 |
| | | | | 未配备相关专业人员 | 0 |
| 二 | 审计流程及方案(25分) | | | 审计流程的完整性、合理性、科学性 | 0—5 |
| | | | | 结算审计方案的严谨性、可行性、创新性 | 0—5 |
| | | | | 决算审计方案的严谨性、可行性、创新性 | 0—5 |
| | | | | 跟踪审计(包含工程建设项目和征收项目两类)方案的严谨性、可行性、创新性 | 0—10 |
| 三 | 配合措施及服务承诺(15分) | | | 配合措施的重视程度、完备程度 | 0—5 |
| | | | | 服务承诺 | 0—6 |
| | | | | 服务优势(合作优势、反应速度等) | 0—4 |
| 四 | 合理化建议(5分) | | | 合理化建议较优 | 4—5 |
| | | | | 合理化建议合理 | 2—3 |
| | | | | 合理化建议欠缺 | 0—1 |
| 五 | 类似业绩(10分) | | | 以前年度从事政府审计项目业绩情况(每个项目最高2分) | 0—10 |

(续表)

| 序号 | 名称 | 内容 | 项目 | 评分标准 | 得分 |
|---|---|---|---|---|---|
| 六 | 内部管理制度、质量控制体系(5分) | | | 内部管理制度健全、质量控制体系完善 | 3—5 |
| | | | | 欠缺内部管理制度、质量控制体系 | 0 |
| 七 | 报价(10分) | | | 投标报价得分 =（评标基准价/投标报价）× 价格权值 × 100 | |

会计师事务所的合格条件与资格要求如下：

（1）具有独立承担民事责任的能力；

（2）具有良好的商业信誉和健全的财务会计制度；

（3）具有履行合同所必需的设备和专业技术能力；

（4）具有依法缴纳税收和社会保障资金的良好记录；

（5）参加政府采购活动前三年内，经营活动没有重大违法记录；

（6）法律、行政法规规定的其他条件。

其中，"具有履行合同所必需的设备和专业技术能力"的合格条件所要求的资质证明为：投标人应具有会计师事务所执业资格证书、工程造价咨询企业乙级以上（含）资质；联合体资质要求一方具有有效期内的会计师事务所执业资格证书，另一方具有有效期内的工程造价咨询企业乙级以上（含）资质。

考虑到预算执行审计工作时间从1月至3月、与上市公司年报披露时间有所重合、会计师事务所可用人员相对紧张的情况，华西区审计局采取优先联系名录库中规模较大事务所的方式选择会计师事务所，并由有意向参与该项工作的会计师事务所自行决定派出人员，仅仅提出项目组组长应为注册会计师、优先派出具有参与政府审计经验人员的要求，未进一步考核会计师事务所派出审计组人员。

（二）与会计师事务所签约的情况

公开招标完成后，华西区审计局与中标会计师事务所签订合作框架协议；在会计师事务所确定承接具体项目后，华西区审计局与其签订审计项目委托合同。

在合作框架协议中,华西区审计局对会计师事务所提出以下工作要求:

(1)应提供的服务内容包括预算执行审计、领导干部经济责任审计、其他使用财政资金组织的财务收支审计等。

(2)应按照项目委托合同中规定的时间、地点、内容等提供服务。

(3)应遵守各项法律法规的规定,根据审计机关执行的相关规定和要求提供服务。

在审计项目委托合同中,华西区审计局对会计师事务所提出以下工作要求:

(1)应当遵守国家有关法律法规。严格执行审计机关的有关工作规范及各项工作要求,在审计机关规定的时间内完成审计工作和阶段性审计任务,出具相应报告或结论,并对报告或结论的真实性、合法性负责。

(2)应当对执行业务过程中知悉的委托方及被审单位的信息予以保密,除非相关法律法规另有规定或经审计机关同意,不得擅自公开或泄露给他人。

(3)应当负责涉及审计事项的调查取证、分析判断和归纳,负责审计实施方案、审计工作底稿的编制,负责审计中疑难问题和经济指标的收集,负责项目相关文件资料档案的妥善保管、整理、立卷和归档,审计结束后移交审计机关。

(4)应当保证派出人员固定,并且具备相应职称或执业资格及严谨、稳健、负责的职业态度。特殊情况确需调换,必须提前书面通知审计机关。

华西区审计局对会计师事务所承接全委托项目的最终付费按照基础付费乘以考评费率计算。

基础付费按分段累进计算,具体公式为:

$$基础付费 = \Sigma(分段资金量 \times 费率) \times 难度系数$$

其中,资金量 5 000 万元(含)以下部分,按照资金量 0.45‰计算;资金量 5 000 万元以上、1 亿元(含)以下部分,按照资金量 0.25‰计算;资金量 1 亿元以上、5 亿元(含)以下部分,按照资金量 0.15‰计算;资金量 5 亿元以上、10 亿元(含)以下部分,按照资金量 0.05‰计算;资金量 10 亿元以上部分,按照资金量 0.02‰计算。难度系数依据审计项目性质和被审计单位距城区距离调整。

按此公式计算,此次外包项目中各预算执行审计项目基础付费大多为 3 万—5 万元,仅个别单位因有大量工程项目、资金量较大而付费较高(见图1)。

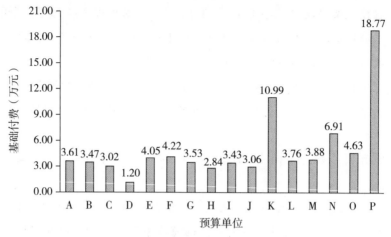

图 1　华西区预算执行审计项目外包基础付费

考评费率为审计局依据管理人员对会计师事务所派出审计组的考评得分确认得出。考评满分为 100。考评在 90 分(含)以上的,考评费率为 120%;80—89 分的,考评费率为 110%;70—79 分的,考评费率为 100%;60—69 分的,考评费率为 90%;50—59 分的,考评费率为 80%;50 分以下的,考评费率为 0%。

此次外包工作中,承接外包项目审计组仅有 1 组因不服从审计机关安排且丢失审计资料,考评费率被确认为 80%,其余各组考评费率均被确认为 100%。

# 三、审计外包项目全过程的监督管理

## (一) 审前沟通

审计局在开始实施本次外包工作之前,组织管理人员讨论制订了 2016 年部门预算执行审计工作方案,归纳概括部门预算执行审计中的主要关注内容。在会计师事务所确定承接项目后,管理人员将工作方案、审计项目文书模板和档案装订归档说明等项目工作要求文档整理后发给审计组,明确了审计工作重点和审计时间要求,要求审计组不要急于开展审计工作,而要先学习相关资料,熟悉有关资料文书格式。在审前调查阶段,审计局派出管理人员跟随审计组听取被审计单位介绍情况,根据自身经验向审计组提出工作建议。在审计组编制审计实施方案完成后,审计局组织业务会议听取审计组汇报并提出修改建议。

## （二）审中监督

在审计项目实施过程中，审计局要求管理人员每周至少到各审计组工作现场巡视一次，对审计组的工作持续关注。巡视工作一方面帮助解决了审计组在工作中遇到的调阅资料及与被审计单位有关人员沟通的困难，另一方面实现了对审计组工作内容的定期了解与指导。在本次外包工作中，管理人员通过现场巡视，及时发现了一系列审计组因不熟悉政府审计而出现的工作未满足政府审计质量要求的问题并予以纠正，保证了外包项目的审计质量。

## （三）审后评价

《华西区审计局外包项目管理办法》规定，管理人员在确认审计组人员执行完成包括业务档案装订在内的全部工作后，依据自身对审计组人员工作表现的判断及被审计单位的反馈情况，对审计组的工作质量进行考评（见表2）。

表2　会计师事务所承接项目考评表

| 考核内容 | 考核指标 |
| --- | --- |
| 工作态度及工作纪律（20分） | 主动接受审计机关的监督 |
| | 中介机构及委派人员的工作态度热情周到、认真敬业 |
| | 严格保守被审计单位的商业秘密等 |
| | 严格遵守回避制度 |
| | 严格遵守审计"八不准"规定及行业职业道德 |
| 业务基础（40分） | 按照审计实施方案拟派人员名单委派人员，人员配备充足、到位 |
| | 中介机构委派人员具有受托项目所需的职业胜任能力和沟通能力 |
| | 中介机构委派人员针对受托项目积极提出建设性意见及建议 |
| | 中介机构委派人员具有良好口头表达及文字撰写能力 |
| | 保持委派人员通信畅通，做到及时响应 |
| | 按时参加相关工作会议，定期、不定期按照要求汇报项目进展 |
| | 服从审计机关安排，执行商定事项 |
| | 按时完成任务，出具中介机构审结报告 |
| | 及时按要求报送相关资料 |
| | 按要求及时归集、整理审计档案并报审计机关检查考核 |

(续表)

| 考核内容 | 考核指标 |
| --- | --- |
| 审计质量(40分) | 严格执行审计程序 |
| | 按审计局要求提供审计实施方案,严格按照审计实施方案实施审计 |
| | 发现问题及时与审计机关沟通、汇报 |
| | 审计工作底稿规范、完整 |
| | 按照审计要求进行和收集取证,审计取证材料规范、事实确凿 |
| | 内部控制制度健全,内部管理到位,严格执行三级复核制度 |
| | 发现审计问题事实清楚、数据准确 |
| | 审计问题定性及引用法规准确、恰当 |
| | 按照审计规范要求撰写审计报告 |

## 四、审计外包项目出现的质量问题

### (一)工作行为违反法律

审计组在对 A 单位进行预算执行审计时,了解到后续需要对该单位开展经济责任审计工作后,为了缩短总体现场审计时间,在未下达经济责任审计通知书的情况下,要求被审计单位提供以前年度账目等相关审计资料。提供资料后被审计单位认为审计组要求的资料超出了该单位收到的审计通知书中说明的审计范围,向负责外包项目的管理人员提出了异议。审计局讨论后认为审计组该行为违反了《中华人民共和国审计法》第三十八条"应在实施审计三日前向被审计单位送达审计通知书"的规定,要求审计组停止对 A 单位开展的经济责任审计相关工作并退还相关资料,待下达经济责任审计通知书后再开展相关工作。

### (二)审计结论不恰当

审计组在对 B 单位某工程项目资金使用进行审计时了解到,该项目编制预算时计划建 100 米深监测井,实际建 150 米深监测井。由于工程内容变更较大、原预算资金不足,B 单位为此申请追加预算资金才完成该项目。审计组据此认为项目单位编制预算不准确,导致工程开工后出现较大的工程变更。被审计单位对此结论不认可,拒绝在取证材料上签名、盖章。管理人员得知此事后组织双方当面进行充分沟通。沟通中了解到该项目的背景为某地区发生污染事件,B单位需要对地下污染程度进行监测以便采取相应措施,因为没有其他技术手段快速了解污染深度而建设了监测井。该事项紧急,找专家论证评估做出科学的预算编制所需时间较长,可能耽误对污染的治理,在难以快速准确编制预算的情况下,B单位采取了先行简单估测工程所需井深、视实际污染情况而调整的方法建设监测井。管理人员确认了该事实后认为,虽然该项目预算编制不准确,但其目的和项目背景具有特殊性,不宜仅仅依据财务信息而认定为工作效益问题,并对审计组给予工作效益评价方面的指导,要求审计组对于此类事项综合考虑各方面因素进行评价。

### (三) 档案文书不合规范

1. 不按规范使用文书

在本次外包工作中,管理人员通过现场巡视,发现部分审计组完全按照注册会计师审计准则开展工作,审计工作底稿侧重于对审计程序实施和结果的描述,缺少国家审计准则中要求的对于事实的认定及审计结论相关的法规标准等内容,未对审计发现问题等重要事项编制审计取证单并拒绝更改相关文书。经了解,按政府审计要求编制的审计工作底稿无法通过会计师事务所内部质量管理的审核。审计局经讨论后对会计师事务所提出:必须保证最终移交的政府审计相关文书资料符合政府审计有关规范,不得完全以内部质量管理制度代替政府审计有关规范的要求。

2. 档案资料不完备

在外包工作开始时,管理人员专门对审计组进行了档案文书使用方面的讲解,并要求审计组在实际工作中遇到无法确定的事项时应询问管理人员后才可进行。但在审计过程中,审计组极少向管理人员询问文书使用相关事项,而在装订档案时,管理人员发现外包项目普遍存在未编制审前调查了解记录,缺少被审计单位承诺书等法定文书,审计发现问题相关取证单缺少提供证据有关人员、单位的签名或者盖章等资料不完备等问题。一方面,这体现出审计组对审计项目质量的关注存在缺失；另一方面，在审计工作结束后，审计机关须重新联系被审计单位及相关人员帮助完备相关文书，有损审计工作的权威性。

### （四）合作行为违反工作要求

1. 无法按时出具审计报告

在对 C 单位进行经济责任审计工作时，审计组人员在结束现场审计工作后立即被会计师事务所委派了其他工作，只能在其他工作间隙期撰写该项目审计报告征求意见稿、征求被审计单位意见、出具正式审计报告等，致使出具审计报告的时间从审计实施方案中计划的 7 月底拖延至 12 月底。

2. 派出人员变动频繁

在对 D 单位进行预算执行审计工作时，会计师事务所委派审计通知书记载的审计组长另有其他工作，提出临时委派其他人开展 D 单位预算执行审计工作。审计局讨论后认为该行为不符合《中华人民共和国国家审计准则》的要求，且临时委派人员未参与审计调查等前期工作，无法保证审计项目的完成质量，要求会计师事务所必须委派原项目组长实施该项目并按时完成。

在各项目完成审计实施工作后，会计师事务所难以保证人员稳定，且装订工作档案派出非审计组人员开展工作。一方面，管理人员几乎每日要为不同的派出人员讲解档案装订规定；另一方面，非审计组人员在装订档案时需要经常与审计组人员沟通文书内容问题，使得档案装订工作效率低下。

### （五）工作过程不合规范

在针对 E 单位开展经济责任审计工作时，该单位领导在承接此项目的审计组进驻现场一周后即结束审计实施阶段的工作。管理人员认为一周时间很难准确评价 E 单位领导干部经济责任履行情况，询问审计组组长实施阶段的工作内容。审计组组长认为，审计组在一周之内加班工作，完成了 E 单位领导干部任职期间账目支出的合规审计工作，没有其他需要审查的事项。管理人员追问实施阶段所发现票据不合规、项目产生较大结余等问题的产生原因，以及被审计领导干部在所发现问题中因做了哪些工作而须负什么责任等政府审计重点关注内容，但审计组对此未进行深入了解。审计局讨论后认为审计组未能按《中华人民共和国国家审计准则》第八十四条规定获取充分的审计证据，约谈会计师事务所相关负责人及审计组组长,要求审计组重新进驻现场,获取充分审计证据后方可结束工作。而会计师事务所相关负责人在被审计局约谈时直接表明审计机关付费太低,开展业务时只能按所收取费用拟定工作时间。虽然几经沟通,会计师事务所在本次项目中做出了妥协,按审计机关要求完成了项目,但也表达了不会再承接华西区审计局业务的意愿。

# 案例使用说明

## 一、教学目标与用途

适用课程:高级审计理论与实务、政府审计理论与实务。

适用对象:审计专业硕士、会计专业硕士,延伸适用于所有管理类的专业硕士(如 MBA),以及企事业单位高级管理人才。

教学目标:为了强调审计监督职责,华西区审计局把 16 个一级预算单位的部门预算执行情况审计外包给会计师事务所。本案例描述选择会计师事务所并签约情况、对审计外包项目全过程的监督管理、审计外包出现的质量问题,进一步引导学员熟悉政府审计外包流程及其质量控制,掌握政府审计外包质量管理的技巧。

## 二、思考题

1. 分析华西区审计局审计外包中对会计师事务所的选择及签约。

2. 分析并讨论华西区审计局对审计外包全过程的质量控制。

3. 分析并讨论华西区审计局审计外包出现质量问题的根源及如何改善。

4. 引申思考在不同审计外包模式下,如何有效解决权利行使与责任承担的匹配问题。

## 三、背景、理论依据与案例分析

### (一)政府审计外包的制度背景

为了解决审计机关人手不足的问题,国家审计署在 2006 年颁布《审计署聘请外部人员参与审计工作管理办法》,初步规定审计机关从社会中介机构和其他专业机构聘请或者直接聘请外部人员参与审计的审计项目类型范围、聘用机构和人员的资质条件、聘用方式、业务管理及支付费用等内容,尝试政府审计外包模式。2014 年,财政部、民政部发布了《关于支持和规范社会组织承接政府购买服务的通知》,国务院出台了《关于加强审计工作的意见》,为政府在实现审计全覆盖过程中探索向社会购买审计服务提供了政策依据。之后,各地政府开始积极探索实践购买审计服务,但从目前来看,各地探索进度不同,审计服务的侧重方面也有所差异。总体上,政府在购买审计服务方面实践还有待进一步规范。

在实际工作中,政府向社会购买审计服务主要有以下几种方式:委托会计师事务所参与审计,购买会计师事务所的技术、咨询等服务用于审计,聘用专业技术人员协助审计工作。由于聘用人员和会计师事务所难以充分了解审计项目的实际情况,审计机关的审计人员对委托给会计师事务所的审计项目参与度不高,难以有效地指导监督聘用人员及会计师事务所,因此外包审计项目的质量风险较大。在国外,美国审计总署在 1986 年就对注册会计师参与政府审计工作开展了抽样审查研究,促使美国注册会计师协会为从事政府审计的注册会计师提供会计与审计指导以提高工作质量。而在我国,政府购买审计服务尚处于探索阶段,审计机关缺乏对于将购买审计服务的理论研究转化为实际操作的指导,也缺乏对于会计师事务所提供审计外包服务的能力与质量的认识。因此,虽然当前政府积极向社会购买审计服务,一定程度上缓解了审计机关力量的不足,并且为注册会计师行业开拓了新的业务市场,但是在实际操作中,审计项目外包工作存在审计机关与社会审计力量目的不同、沟通不畅、结论不同等现象,给政府审计项目的质量控制带来了新的问题。审计机关有必要进一步研究审计外包业务中自身的质量要求和会计师事务所的质量管理情况,改进审计业务外包工作模式,规范管理外包项目,以提高外包项目的审计质量。

(二)政府审计外包的相关文献

1. 政府审计外包中面临的问题

1985 年,美国审计总署在调查地方检察官监管政府支持资金审计项目情况时认为,政府审计的审计质量是指在实施特定类型审计时对一系列专业标准的遵守;并揭露在对审计项目的监管上存在不按规定政策检查注册会计师工作,很少在不合格审计事项上对注册会计师工作提出反对意见,没有很好地利用质量控制评价系统去分析和纠正注册会计师工作中常见的审计质量问题等现象(GAO,1985)。

1986 年,美国审计总署在调查注册会计师参与的政府支持资金审计项目情况时揭露,注册会计师在实施政府审计项目时存在不遵守审计准则、严重违规、审计工作不足和工作底稿不完整的问题,并认为小型会计师事务所在遵守准则方面比大型会计师事务所更加规范(GAO,1986)。

Brown and Raghunandan(1995)根据美国注册会计师对上市公司审计项目

的审计质量检查结果优于政府审计项目的审计质量检查结果的分析,指出注册会计师在质量控制制度不健全的情形下会因风险低而放松对政府审计项目审计质量的要求。

刘玉波和桑海林(2010)从资源整合的角度认为,政府审计与社会审计形成合力,应当注意注册会计师对审计证据和问题定性的把握、对审计方向的判断、对审计纪律的遵守。刘玉波(2015)还总结出政府购买审计服务主要存在审计目标背离风险、审计质量风险、合同风险、寻租风险、廉政风险、保密风险与经费风险。

贾云洁(2014)研究澳大利亚政府审计外包的现状,认为审计外包可能带来政府公共服务责任降低、交易和合规成本提高等问题,提出对审计外包的共识应当是严格管理外包合同。

徐向真(2014)将政府审计外包模式分为全部外包和部分外包,指出部分外包模式的问题在于社会审计由于信息不对称等在审计责任承担、审计工作目标、审计结论等事项上与审计机关存在不同,而全部外包模式的缺点在于存在项目审计质量降低、政府职能弱化、定价不公、泄露机密等风险。

姜迎雪和李淳惠(2015)从国家治理的角度分析政府购买审计服务,认为政府购买审计服务的工作流程设计应予以提高,现行制度在立项、公开招标服务的质量方面缺少科学、合理的评估与统一的评价标准。姜迎雪(2015)还指出,政府购买审计服务存在内容尚未形成统一的规范、缺少法律法规方面的支持、行为不规范等问题,导致政府对审计中介机构的约束力不够,难以把控审计独立性和风险。

陈媛媛(2015)从制度角度分析政府审计外包存在的问题,认为体制改革的缺位、法律法规保障的缺失、非正式环境的影响等限制了政府审计外包的发展。

刘俊和帅青燕(2015)针对政府购买审计服务进行投资审计的风险成因分析,认为注册会计师容易更多地关注与所收取服务费直接相关事项而忽略其他违法违规问题,缺乏精通财务和工程的审计人员容易导致需要重点关注的内容被忽略,审计机关对中介机构及其审计人员违反审计相关规定难以有效地约束和预警。

仇成(2016)从寻租理论角度分析了政府购买审计服务行为,认为会计师事务所为了追求利润,可能会做出利用风险与责任分配不明确以及被审计单位对审计意见的需求进行寻租牟利的行为,指出审计机关在使用外部审计资源时应当建立完善的监督体系,充分控制审计项目的风险和审计质量,防止寻租行为。

2. 会计师事务所提供外包审计服务

杨磊(2006)对美国注册会计师服务范围的拓展进行了研究,认为旧领域的竞争加剧、边际利润下降和新领域的高附加价值、低风险促使注册会计师拓展业务,而注册会计师良好的职业声誉和执业能力为拓展业务打下了基础。

颜延(2010)对注册会计师执业领域拓展进行了研究,认为拓展注册会计师执业领域可以解决注册会计师之间的恶性竞争、低价竞争等过度竞争问题,符合会计师行业的国际惯例,而且注册会计师行业目前已经具备胜任能力,并提出包括承接相关服务外包业务在内的注册会计师新业务内容。

陈力(2010)对会计师事务所参与政府投资审计进行了研究,认为注册会计师在投资审计事项上能充分发挥管理和业务技能优势,可以提高审计效率,保证审计结果的准确性。李美华(2010)认为,社会投资审计理论的健全及在市场竞争下专长于工程审计的复合型人才在中介机构的聚集,使得社会中介机构在政府投资审计项目中具有人才优势。

李晓慧(2011)对会计师事务所拓展鉴证业务进行了案例分析,认为会计师事务所参与政府审计等鉴证业务是基于管理者或监管者要求而进行的,具有一定的强制性,业务目标及报告使用者具有特定性,对注册会计师有着更高的专业水准要求。

徐超和齐思君(2014)认为,注册会计师对高校科研经费的审计解决了学校内部审计部门独立性不强、政府审计出于多方面的制约而不能全面审计高校科研经费的问题;对高校固定资产清查的审计可以使得审计具有持续性,能够弥补政府部门会计人员审计能力方面的不足。

吴寿元(2014)认为,由于政府相关业务具有一定的特殊性、复杂性和重要性,有必要在注册会计师从事政府相关业务前对其进行专门的培训、考试,并在后续教育培训中增加相应内容以提升胜任能力。

王羚(2015)认为,虽然中国注册会计师协会详细列出了我国注册会计师行业及其从业人员可以承接的具体业务范围,明确了所能承接的政府部门委托的各项审计服务的具体内容,但是传统财务报表审计仍然占据会计师事务所收入的绝大比重,业务拓展并没有实质性的突破。

财政部会计司联合研究组(2016)归纳国外实施公共部门注册会计师审计的经验时提到,政府在选择注册会计师时,会随着注册会计师参与度的提高而更加注重考核其对公共部门经济业务的了解及相关执业经验;频繁的招标和轮换会影响注册会计师积累公共部门审计经验。

3. 政府审计外包的工作模式

张小秋(2005)从审计资源整合的角度提出,在审计资源不足的条件下,审计机关应当着重使用自身力量审计财政、金融、国家建设项目及主要的大规模国有企业,利用社会中介机构开展对大量的中小型企业的审计,并列举了将部分审计事项委托社会中介机构、聘用内部审计与社会中介机构人员、招标委托社会中介机构实施审计项目、利用内部审计和社会中介机构的审计结果等资源整合方式。

郑石桥(2015)在交易成本理论的基础上,将审计独立性和审计主题组合,提出审计主体多样化的理论框架,认为审计交易的资产专用性程度和外部性的高低决定了审计主体的选择。

孙文刚和贺婧(2015)分析政府购买社会审计服务运行模式,将该模式分为四个步骤:①实施可行性研究,确定审计范围;②选择审计机构,签订合同;③加强合同管理,实行跟踪监督;④评估审计工作,支付审计费用。

财政部审计司和普华永道中天会计师事务所(特殊普通合伙)(2015)在对不同国家(地区)政府购买会计师事务所服务的现状进行分析后指出,审计服务的采购中关键环节包括招投标时双方充分提供信息,任命审计师时加以公告并制定选择评价标准以保证公开竞争,开展审计质量监督并规范审计收费制度以把握购买审计服务与政府预算控制的平衡。

应超(2015)提出审计机关建立新型管理制度的构想,认为在政府审计服务领域引入市场竞争机制的情况下,借助相关法律法规的支持,政府审计部门应当扮演好新型管理制度的"设计者"、政府购买社会审计市场的"引导者"、政府所购社会审计的"监督者"、政府购买社会审计的"宣传者"、政府购买社会审计行为的"披露者"等角色。

谢娇(2016)对政府审计业务外包中的实际操作问题进行研究,指出审计机关的角色定位是计划组织者、决策者与监督者,应当结合外包项目所能达到的审计质量和对外部机构的人力、物力、技术等资源的需求量决定审计外包方式，并认为应当结合成本与公平性考虑使用先例沿用、建立中介机构库、公开招标等不同的中介机构选择方式。

朱志宏（2016）对政府购买审计业务的主要形式进行分析，认为将审计项目部分或全部委托给社会中介机构的方式适用于专业性比较强的审计，但由于审计机关参与不足而缺乏有效的指导监督，风险较大；购买第三方机构提供的专业技术，操作简单，但由于对实际情况了解不深入，出具的结论有可能出现偏差；聘请专业技术人员协助审计，审计机关能给予及时指导和进行有效监督。

（三）会计师事务所质量管理与政府审计外包业务质量要求的差异

1. 政府审计外包业务质量要求

政府审计工作的基本内容为：摸清被审计单位的基本情况，编制切实可行的审计工作方案；准确地制定审计评价标准；严格按照有关法律法规的规定，检查被审计单位提供或通过其他方式获得的资料，形成充分的审计证据；认真考虑被审计单位对审计报告的意见，形成正确、恰当的审计结论，提出具有可操作性的审计建议；及时进行审计回访，并做好审计资料的整理和归档工作等。

将以上工作内容的审计质量要求从编制和执行审计实施方案、形成审计结论、编制审计记录、编辑审计结果文书、执行审计程序等五方面进行分解，具体如表3所示。

表3 审计项目质量要求内容

| 工作内容 | 质量要求具体内容 |
| --- | --- |
| 编制和执行审计实施方案 | 编制、调查、了解、记录审计实施方案 |
| | 审计实施方案内容具体、完整 |
| | 按规定调整、审定审计实施方案 |
| | 完成审计实施方案确定的审计事项 |
| 形成审计结论 | 按规定程序和方法获取审计证据；获取的证据材料合规 |
| | 获取的审计证据适当、充分，证据链完整，能支持审计结论 |
| | 审计证据形成的结论对所揭示的问题查深、查透 |
| | 针对审计结论提出的审计建议具有可操作性，能够促进被审计单位改进工作 |

（续表）

| 工作内容 | 质量要求具体内容 |
|---|---|
| 编制审计记录 | 按规定编制审计工作底稿、重要管理事项记录 |
| | 审计工作底稿完整记录实施审计的过程、审计结论 |
| | 审计工作底稿按规定审核 |
| | 审计工作底稿记录真实、与相关审计证据相符，得出结论正确 |
| 编辑审计结果文书 | 审计结果文书反映的事实清楚、数据准确，适用法律法规或者标准适当 |
| | 审计定性或者责任界定准确，审计处理处罚途径告知适当 |
| | 审计结果文书格式符合要求，归类编排合理，文字表述规范、准确 |
| | 审计查出的重要问题在审计结果文书中反映 |
| 执行审计程序 | 按法定程序向被审计单位送达审计通知书 |
| | 按规定程序和条件查询被审计单位在金融机构的账户、被审计单位以个人名义在金融机构的存款，封存被审计单位资料或资产 |
| | 按规定征求被审计单位、被审计人员、拟处罚的有关责任人员的意见，符合法定听证条件，依法履行听证程序 |
| | 按规定取得相应审计文书送达回证、被审计单位和被审计人员的书面承诺 |

可见，政府审计质量要求可总结为政府审计工作过程中有关程序合法，项目内部管理完整与有效，审计结论深入、准确、有建设性，审计资料规范。其中，审计程序、项目内部管理、资料规范等内容均可制定相应规章规定予以明确；由于审计环境的复杂性，审计结论质量要求相对主观与模糊，无法简单量化，要求审计人员在工作中充分利用自身经验技术，因时因地制宜地力求工作效果最大化。

2. 会计师事务所质量管理的内容

会计师事务所质量管理的依据分为两类：一是注册会计师在开展审计业务时应执行的技术标准，即各项注册会计师审计准则；二是会计师事务所为了合理保证自身遵守职业准则和适用的法律法规，出具符合具体情况的报告的技术标准，即质量控制准则。会计师事务所和注册会计师据此对审计项目从事前、事中、事后进行质量管理。

在审计业务开展前期，会计师事务所主要应详细询问客户及项目有关信息，对风险及重要性做出符合实情的评价，与客户签订范围具体、职责明确的业务约定书,制订详细的计划,做好人员安排等工作,开展质量管理,确保自身能力能达到项目要求的标准,降低自身执业风险,节约审计过程的时间和成本。

审计业务实施阶段是审计项目质量管理的核心节点。一方面,会计师事务所通过严格的工作程序进行现场质量控制,要求注册会计师和其他审计人员各司其职,根据自身职责要求落实审计计划,确保审计证据的质量,跟踪负责审计风险,保证现场工作高质量、有序地开展;另一方面,通过严格落实复核制度,控制把关最终质量,增强风险责任意识,严肃监督约束,要求项目组、部门、事务所三级确定详细的复核内容并对相关内容负责,以严格的质量管理措施确保审计项目实施中各项工作的落实满足审计准则的有关规范要求。

在审计业务结束后,会计师事务所应整理审计档案,总结审计工作,为下一次开展审计业务提供经验借鉴。会计师事务所通过对档案进行质量检查,可以做到防检结合,将检查中发现的问题通过管理手段予以警示和纠正,降低潜在的审计风险,确保审计质量的长期性和持续性改进。

会计师事务所质量管理内容实质上是借助详细的审计准则,实施标准化的工作流程,在保证自身行为符合审计准则规范的同时得到质量可控的、满足需求的审计结果。

3. 会计师事务所审计工作内容与政府审计质量要求存在差距

会计师事务所审计质量管理的目的是保证在工作中对被审计单位财务信息充分进行合理性、有效性的检查,从而为财务报告可靠性意见提供合理保证;而政府审计质量要求的目的则是保证在工作中发现被审计单位财政、财务收支合规问题及履行财政支出职能过程中的资金使用效益问题,并依法提出处理意见和可操作性的建议。目的的不同使得会计师事务所审计工作内容和政府为满足质量要求所要开展的审计工作内容存在差距。

对被审计单位财务信息的检查是会计师事务所审计与政府审计共通的基础工作,要求审计人员精通财务知识,做到不放过细微问题。会计师事务所在财务信息检查方面具有丰富的实践经验、严格的审计准则与完善的内部控制规范等优势,可以通过质量管理得出可预期的高质量检查结果。但政府审计的质量要求使得会计师事务所的工作内容除财务信息检查外,还包括对于财政支出使用效益方面的检查,这要求审计人员深入、细致地了解被审计单位主要职责和业务开展方式,以做出专业判断。会计师事务所审计较少开展此类工作,注册会计师在这方面欠缺处理相关业务的经验,注册会计师审计准则没有相关工作规范,会计师事务所也没有成熟的管理方式控制此类工作的质量。由此可见,会计师事务所尚不具备承接政府审计项目全部工作内容的能力,无法承担过多的政府审计职能。

(四)不同外包模式下权利行使与责任承担的匹配问题

政府审计外包工作常见的模式有:聘用会计师事务所人员协助政府审计人员工作的聘用模式,将部分审计事项委托会计师事务所人员完成的部分委托模式,通过招投标委托会计师事务所全权负责完成审计项目的全委托模式。由于政府审计的主体始终是审计机关,审计效果与依法审计方面的责任均由审计机关承担,会计师事务所及其委派人员就所承担工作向审计机关负责。

1. 聘用模式

政府审计人员负责从编制审计计划到出具审计报告的全部环节的工作,仅将检查权授予会计师事务所人员。会计师事务所人员在完成政府审计人员交办的检查事项后将结果汇报给政府审计人员,由政府审计人员审核后取证。此时,会计师事务所人员只需承担对工作中了解事项的保密责任。

政府审计人员负责审计项目全过程的各项工作,则审计项目质量应满足的全部要求均由审计机关负责。会计师事务所人员虽然不对审计项目质量内容负责,但因在交办检查事项上行使了检查权,其交付政府审计人员审核的审计证据及审计记录等审计资料代拟稿的内容必须满足准确与规范的质量要求。

2. 部分委托模式

政府审计人员负责审计计划、外包事项以外的审计实施和全部的审计报告工作,将部分审计事项的检查权与调查取证权授予会计师事务所,由会计师事务所实施该事项的审计。会计师事务所人员在完成审计事项后将审计证据与审计记录交付政府审计人员,由政府审计人员确认后编入审计报告。此时,会计师事务所人员必须就所承办事项向审计机关负责,确保交付审计机关事项的调查了解、实施方案编制、审计取证、审计记录的准确性和可靠性及调查取证的依法开展。

会计师事务所人员承办的审计事项应满足审计实施过程中调查取证程序

合法、工作记录完整与有效、得出结论正确与可靠、形成资料规范的质量要求。政府审计人员对审计项目其他事项满足相关的质量要求。

3. 全委托模式

政府审计人员负责审计计划、审计实施中审计通知书的签发、审计报告的审理与签发工作,将要求报送资料权、检查权、调查取证权授予会计师事务所。会计师事务所负责审计通知书的起草、调查了解、实施方案编制、审计取证、审计记录、审计报告的起草与复核以及项目归档工作。此时,审计机关在审计工作中参与度极低,名义上却担负了全部的审计责任,要求会计师事务所确保所承担审计工作全过程实质上能够履行审计效果与依法审计方面的责任。

政府审计人员因负责最后的审计报告审理工作,应满足项目该环节中内部管理完整与有效的质量要求,审计项目其余质量要求均应由会计师事务所负责。

可见,从聘用模式、部分委托模式到全委托模式,会计师事务所在审计外包工作中的参与度越来越高,实质上承担的政府审计责任也越来越大,所应当满足的质量要求也越来越高。由于会计师事务所承担政府审计工作内容的能力有限,因此其质量管理对政府审计质量要求的满足能力有限。会计师事务所在审计外包中承担超出能力范围的职责时,如果审计机关不采取一定措施进行弥补,则政府审计存在履行受托责任缺位、质量管理存在缺失的现象。

(五)政府审计外包出现质量问题的成因

1. 信息不对称导致外包审计项目履行受托责任不到位

审计外包过程中的委托-代理关系是审计机关受公众委托对政府进行监督,会计师事务所受审计机关委托执行对政府的具体监督工作的双重委托-代理关系。审计机关在双重委托-代理关系中分饰受托人和委托人两种角色,会计师事务所通过委托代理,实质上承担了受公众委托具体监督政府的工作,这造成了严重的信息不对称。审计机关了解政府审计所需履行的责任和对应的质量要求,但不了解会计师事务所能否提供符合质量要求的服务;会计师事务所了解自身的能力,但对于所承接政府审计项目中的受托责任缺乏清晰的认识。

为了解决这一信息不对称问题,需要双方建立良好的沟通,包括在签订合同协议方面的正式沟通和双方人员在工作过程中协调配合的非正式沟通。但目前，审计机关习惯于使用自身力量开展审计业务，对外包项目的管理缺乏清晰的认识，简单以对自身力量的要求管理会计师事务所的审计组；会计师事务所习惯于企业财务报表审计，认为对使用收付实现制的政府机关财务审计难度远低于使用权责发生制的企业，轻视了财政资金使用目标多元化在评价资金使用效益方面增加的难度。这使得双方沟通起来难上加难。

从双方签订合同协议的内容来看，一方面，审计机关自身经历了审计法规从无到有逐渐建立健全的过程，并在这一过程中不断完善自身工作的质量要求，形成了丰富的将法律法规落实到工作实际中的政府审计经验，因此在与会计师事务所签订合同协议时，习惯性地认为法律法规即可代表全部的质量要求，在合同中仅罗列应当遵守的法律法规作为对会计师事务所的要求，而缺乏相应的将法律法规与工作相结合的具体要求；另一方面，会计师事务所没有接触过政府审计的实际业务，对于合同中法律法规所代表的质量要求缺乏清晰的认识，难以将法律法规内容与实际工作中对各环节的质量要求一一对应，简单地认为审计机关合同条款中的遵守法律法规只是要求自身行为不违法而没有进行具体分析。这样，双方在信息不充分的情况下签订了合同协议，使得审计机关误以为会计师事务所有能力完全按照政府审计的要求开展工作，会计师事务所误以为政府审计对质量要求非常低，可以很容易地完成任务。

从双方在工作中的非正式沟通来看，由于合同协议中没有厘清双方的具体工作内容和责任，使得双方在开展工作时都带着错误的预设立场。管理人员认为自身肩负监督责任，是审计质量的把关人，审计组有义务服从管理，做到令行禁止；而审计组人员则认为自己是审计主体，项目具体事宜应该由自己决定，管理人员仅起辅助沟通协调和提供建议的作用，由此造成管理人员在监督现场对审计组的要求不能当场被审计组接受，需要上报后由审计局与会计师事务所沟通。一方面，管理人员认为自己在帮助审计组人员而审计组人员却不服从管理，对会计师事务所的胜任能力非常不满，产生了"事务所既然收费就应该有能力把工作做好，要么就不需要我们管那么多，要么就应该服从管理，都做不到就不应该接这个项目"的观点；另一方面，审计组人员认为自己工作完全符合规范而管理人员却提出刁钻要求为难自己，对审计机关的管理行为非常不满，认为审计机关在故意拖延项目进度，无理克扣对会计师事务所的付费。

双方沟通的不畅使得政府审计外包的双重委托-代理关系带来的信息不对称问题未能很好地得到解决,造成审计机关将自身责任过多地让渡给尚不能很好地独立发挥政府审计监督职能的会计师事务所,进而导致政府审计外包项目工作对履行受托责任缺位。具体表现为之前所述的审计组违法提前开展工作、档案资料不规范与不完备、派出人员变动频繁等工作行为不规范,依法行政责任履行不到位的现象,以及审计组不充分开展工作、无法按时出具审计报告、对资金使用效益判断有偏颇等审计监督职能履行不到位的现象。上述责任履行不到位的情况使得政府审计被外包后无法很好地满足公众在政府使用财政资金等经济信息方面的知情权,带来了很大的审计风险。

虽然审计机关在本次审计外包工作中通过监督手段发现了质量问题,并运用约谈等行政手段在一定程度上解决了问题,但是由于审计机关与会计师事务所之间是合同关系,过多通过非正式沟通或使用行政手段增加相关工作要求在会计师事务所看来有变相违约之嫌,长此以往会恶化审计机关与会计师事务所的关系,进而使会计师事务所不愿提供服务。若想解决政府审计外包履责不到位的问题,仍然要从在正式沟通中消除审计机关与会计师事务所的信息不对称、明晰双方责任入手,奠定双方互信的基础,才能在工作中通过非正式沟通逐渐完善双方合作的管理,形成稳定的合作关系。

2. 付费标准不高导致部分会计师事务所动力不足

在审计业务市场竞争日趋白热化的今天,会计师事务所面临越来越严重的时间不足和人员匮乏的压力。在审计成本和审计质量冲突之下,作为以营利为目的的机构,会计师事务所明显倾向于做出为了经济利益而缩减现场工作内容、牺牲审计质量的选择。在选择承接外包项目的会计师事务所的过程中,审计机关应当注意会计师事务所对付费的接受程度。

仍然以本次审计外包工作的预算执行审计项目为例。实际上,每位注册会计师承接两个项目,平均每项目基础付费为5.09万元,每位注册会计师给事务所带来业务收入10.18万元(见图1)。在项目进行的过程中,各项目除现场工作10日外,还需与被审计单位沟通意见2日、装订档案2日、两项目共同的审计方案论证会1日、征求意见论证会1日等其他审计程序所需工作日。每位承接本次外包预算执行审计项目的注册会计师共计需要30个工作日才能完成所承接的两个项目,平均每注册会计师每工作日给事务所带来业务收入 0.34 万元。根据中注协发布的"2016 年会计师事务所综合评价前百家信息",2016 年"百强所"中 29 家的平均每注册会计师每工作日带来的业务收入低于这一数值,16 家的平均每注册会计师每工作日带来的业务收入高出这一数值的 1 倍以上。可见,这一付费标准对于实力不强的会计师事务所来说报酬丰厚,而对于"百强所"中那些实力雄厚的会计师事务所来说则不值一提。案例中某"百强所"相关负责人的言论充分体现了这一点。这也提醒了审计机关不能只依据规模的大小评价会计师事务所的优劣,在选择承接业务的会计师事务所时还应该根据对付费的接受程度、对政府审计的熟悉程度等情况选择适合自身的会计师事务所。

(六) 提高政府审计外包质量的相关措施

1. 重视对双方合作的管理

目前,由于审计全覆盖等工作任务要求,政府审计任务繁重。如果审计机关仅仅使用自身的审计力量,为了完成任务,则只能要求审计组在极短时间内完成项目,几乎不可能保证审计质量,而会带来极大的审计风险,是应付差事、不负责的行为。在这一背景下,开展并普及审计外包对于审计机关来说势在必行。而审计外包作为新生事物,一方面欠缺成熟制度规范双方的行为,另一方面市场上可提供服务的会计师事务所虽然数量较多,但尚未形成政府审计外包服务的公认评价标准。因此,审计机关必须重视并逐步加强对双方合作的管理能力。

如前所述,在政府审计外包中,审计机关与会计师事务所是合同关系,即审计机关通过与会计师事务所签订的合同向公众提供监督政府、官员的审计服务。此时,审计机关的角色从服务的直接提供者变成了对所提供服务的管理者,因此审计机关必须改变原有的思维模式,探索通过合同管理其所提供服务、保证所提供服务质量的方式。

① 在合同中对工作要求明确说明。虽然在当前政府审计全面转型升级的背景下,对外包审计项目的要求容易随政策改变而变化,审计机关不宜在合同条款中对会计师事务所做出过于严格而明细的要求,以免合同条款在执行中难以适应变化而反复修订,但在会计师事务所对政府审计缺乏基础了解的情况下,审计机关仍然需要在合同中明确说明基本的审计质量要求,通过明确的规则选择合适的会计师事务所。

一方面，审计机关应当在公开招标时加大信息公开的力度，将政府审计的工作流程和相关的基本质量要求予以明示，使得会计师事务所在投标时能正确评估自身能力，准确核算自身的时间、人员成本，做出充分判断，避免双方在签订协议后因期望不一致而产生分歧，不能顺利合作；另一方面，在签订具体项目合同时，审计机关要充分考虑合作过程可能出现的诸如违法审计、丢失项目资料等不可通过监督手段弥补的质量问题，将相关的质量要求明确写入合同，而不是仅要求会计师事务所遵守法律法规，避免合作中发生因会计师事务所对法律法规理解不充分而造成严重的质量事故。

② 在合同中对双方权责做出明确规定。由于审计机关对政府审计结果负有最终责任，会计师事务所在理论上只需对合同约定事项负经济责任，而在审计外包特别是全委托模式中，审计机关在审计工作中的参与度有限，主要工作均由会计师事务所开展，形成了承担大部分工作并获取报酬的一方所负责任极小的权利与责任不对等的情况，极易造成双方在工作中互相推诿，导致政府审计履行职责缺位、审计项目发生质量问题的现象。

为此，审计机关应当在合同中就外包工作开展过程中双方在每一环节中各自的权责进行明晰划分，特别是要加强审计实施过程中管理人员与审计组的权责划分，明确管理人员的监督责任和代表审计机关提出工作要求的权利。一方面规范审计机关及管理人员在外包工作中的行为，为审计机关内部监督提供依据，避免审计机关及管理人员因项目外包后自身工作内容减少而错误认识合作关系，产生推卸责任的想法，放松管理要求，对外包项目听任会计师事务所处理，审计质量得不到保证；另一方面抑制会计师事务所为了盈利而在权责不清晰的环节中推脱责任，发生减少自身工作内容、节约自身成本而损害公众利益的投机行为，通过激励与约束并存的合同机制管理合作，推动会计师事务所与审计机关协同履行政府审计受托责任。

③ 在合同中对沟通协调规则做出明确规定。任何合同在执行过程中都可能遇到不可抗力的问题，特别是政府审计项目目标随着改革政策变化而多元化，合同规定过于细致就很难保证所有内容在合同执行过程中一成不变，带来合同修订等一系列问题；而合同过于粗糙则又容易产生内容不完整、不明确，留下推诿空间。

为此,审计机关应当在合同中明确双方对争议和不可抗力的解决办法。一是在签订合同之前从自身角度充分提出合同执行中可能遇到的变更情况,与会计师事务所协商相关情形下的解决机制和办法,以信息交流共享的方式增强双方互信,以明确合同条款的方式规范双方行为,形成良好的关系契约,为双方在发生不可预见问题时沟通打下基础;二是应当在合同中明确说明双方在发生不可预见问题时应充分沟通协调,留有合同变更和增加补充协议的空间;三是应当为管理人员在现场与审计组沟通的机制做出明确规定,避免管理人员与审计组对双方工作产生误解。

2. 加强协调配合,提高管理合作的能力

会计师事务所委派的审计组人员的业务技能、工作效率一般较好,但他们缺乏的是对政府部门预算及经济责任审计的经历,对政府审计流程的熟悉,对具体规定做法的掌握,对被审计单位实际情况的了解。

政府审计到一个单位开展审计项目有沟通、磨合的过程。会计师事务所平时接受单位邀请做咨询和内部审计时,经常有单位人员主动与会计师事务所人员开展沟通;而政府审计则极少有这种情况,通常被审计单位人员只对被询问事项做出解答,对未提及事项不会多做说明。这一工作立场角度的变化,使得会计师事务所人员开展工作有可能遇到障碍,而有限的付费使得审计组人员的工作时间较为紧迫,难以开展全面深入的审前调查并根据具体情况拟定审计方案、确定审计重点、开展审计实施工作,审计质量难以保证。

为此,审计机关应该积极协助审计组打开局面,要求管理人员积极参与审计项目。一是应当代表审计局发送通知书并现场提出配合审计组工作的相关要求,帮助审计组调阅审计资料,协助提高工作效率;二是应当对审计组拟定实施方案根据自身经验和以往审计了解的情况提出具体的审计重点建议;三是应当参与谈话、取证等具体审计工作,对发现的重大问题从现场延伸到审计、收集取证资料、定性适用法规、与相关部门沟通情况、与被审计单位交换意见等环节,以协调配合的方式保证审计项目的质量。

3. 严格对会计师事务所工作的监督

(1)慎重选择审计组人员。

由于尚没有成熟、公认的针对会计师事务所提供政府审计外包服务工作质量的评价标准或排行,审计机关无法简单依据会计师事务所的规模、名声等因素判断其委派的审计组人员能否胜任;而政府审计中对审计结论等方面的质量要求无法简单量化,更依赖于审计组人员的经验技术,使得选择适当的审计组人员特别是项目经理对于保证政府审计外包项目的正常开展和高质量完成至关重要。这就要求审计机关慎重选择审计组人员,一方面应当在审计外包事前和事中关注会计师事务所委派人员的胜任能力,及早发现不合格的审计组人员并及时向会计师事务所提出更换要求,避免造成审计质量风险;另一方面在事后对审计人员做出客观评价,为下一次审计外包工作选择审计组人员提供参考依据。

在会计师事务所委派人员之前,审计机关应当对外包项目所需的审计组人员能力做出初步判断,确定一定的资质条件,(如从业时间、从事政府审计项目经历、担任审计组组长的项目数量等),要求会计师事务所委派符合条件的人员,避免会计师事务所委派实际不具备承接政府审计项目能力的人员应付差事。

在会计师事务所委派人员开始参与项目工作后,审计机关应当关注审计组人员的工作情况,从审计组人员在编制审计实施方案等关键内部管理环节的工作态度及结果评估其能力,判断其能否按时保质完成项目,并对不合格的审计组提出更换人员的要求。

在外包项目结束后,审计机关应当对审计组人员的工作情况进行考评,通过工作态度与业务基础评价其与审计机关的协作效果,通过审计质量评价其工作效果,并就评价结果与审计组人员进行沟通、整理备案,逐步形成会计师事务所审计人员评价数据库,为进一步科学选择审计组人员提供参考依据。

(2)充分监督审计工作全过程。

在外包项目开始时,审计机关应当向会计师事务所人员明确审计项目的主要工作内容、审计时间安排等要求,特别是审计机关对于编制审计方案、审计报告征求意见、三级复核等内部控制关键环节的时间和内容要求,确保审计组在实施政府审计项目时能充分确认政府审计的质量期望,对自身工作内容和时间做出合理的安排,避免因不了解政府审计的要求而出现纰漏。

在实施外包项目的过程中,审计机关应当持续关注会计师事务所人员的工作。一方面,派出管理人员经常与审计组进行沟通,了解审计组的工作内容和工作方式,通过现场指导的方式纠正审计组工作中的偏差;另一方面,严格实施对关键环节的论证和审批,管理人员提前沟通确认审计组能按时备齐相应的论证、审批资料并参加论证、审批,由审计机关相应机构对关键环节按规定开展质量控制。

在外包项目结束后,审计机关应当将根据对审计组人员工作情况的评价计算付费。一方面,将依据评价付费的工作办法明确告知审计组人员,使得审计组人员重视工作中的相关表现,保证审计质量;另一方面,将付费计算方式明确告知负责评价的管理人员,要求其据实严格评分,使评分结果能起到奖优罚劣的作用,并对调增或调减费率的情况做出详细说明以备与会计师事务所沟通,为进一步建立外包结果公示制度打好基础。

4. 完善相关机制

(1)建立符合项目特点的审计外包形式的选择和管理机制。

不同业务类型的审计项目对审计人员技术和知识的要求是不同的,审计机关在决定开展审计外包时应当针对外包项目的业务类型充分评估会计师事务所人员的胜任能力,形成规范的审计外包工作实施机制,选择合适的工作模式开展和管理外包工作。

对于固定资产投资类审计项目,由于审计事项需要丰富的工程专业知识与经验,而会计师事务所具备充足的专业力量,适宜采用全委托模式开展审计外包。在管理中,审计机关应当注重督促审计组开展必要的现场查看、测量等工作,避免审计组只关注与付费相关的金额较大的分项内容,而忽略工程中金额不大但在极大程度上决定了资产使用效果的内容,以保证审计工作的全面性。

对于非固定资产投资类项目(如预算执行审计、经济责任审计、专项审计调查等),虽然只要求熟悉行政事业单位会计制度和财政法律法规等,对专业知识的要求不高,但还是要考虑会计师事务所人员对财政体制、领导干部经济责任等基础知识的了解程度以及对调查事项深入思考的能力,在选择外包模式时应当平衡考虑项目需求和会计师事务所人员关键素质供给两方面。在会计师事务所供给能力不足的情况下,尽量选择政府审计人员参与度较高的聘用模式或部分委托模式,慎重使用全委托模式。在管理中,审计机关应当持续关注会计师事务所人员行为和工作结果满足政府审计要求的情况,并及时纠正工作中的偏差,保证审计工作的效果。

（2）探索符合政府审计特点的会计师事务所质量管理模式。

国家审计准则与注册会计师审计准则的差异导致了会计师事务所现行质量管理模式无法完全满足政府审计的要求。当前政府审计外包工作规模呈现日益扩大的趋势,预计未来会计师事务所会成为政府审计中不可或缺的力量。在此背景下,如何规范会计师事务所的行为,使得会计师事务所能提供标准化的政府审计外包服务,真正做到有能力承接部分政府审计职责,解决政府审计职能转变带来的工作缺位问题。

审计机关应当积极联合注册会计师协会,研究政府审计要求与当前注册会计师审计质量控制的异同,结合已有的政府审计外包工作经验,制定相关审计准则和实务指引,形成切实可行的会计师事务所承接政府审计外包项目的质量管理模式,提高会计师事务所胜任政府审计工作的能力,确保外包项目的审计质量。

## 四、教学安排

（一）案例资料及讨论顺序

案例资料在课前发给学员,让学员阅读并进行小组讨论。

案例讨论的知识储备部分可以由教师提出知识点,建议学员上网或课前阅读相关文献,归纳总结并在课堂上陈述。这部分内容也可以由教师在课堂上进行简要介绍和讲授。

案例讨论主题表4所示。

表4　案例讨论主题

| 序号 | 讨论主题 | 案例中的相关线索 | 涉及的相关理论和知识 | 结论/启示/感受 |
| --- | --- | --- | --- | --- |
| 1 | 会计师事务所质量管理与政府审计外包质量要求的差异 | | | |
| 2 | 审计外包中选择会计师事务所应考虑的因素 | | | |
| 3 | 审计外包中出现质量问题的动因 | | | |
| 4 | 提升政府审计外包质量的措施 | | | |

### （二）课时分配

1. 课前自行阅读资料,约 2 小时。

2. 讨论小组讨论并提交讨论记录,约 1 小时。

3. 讨论小组推荐代表陈述并进一步讨论,约 1 小时。

4. 课堂讨论与总结,约 0.5 小时。

### （三）讨论方式

可以采用分小组头脑风暴式讨论,要求各讨论小组推荐代表陈述观点。

### （四）课堂讨论与总结

课堂讨论与总结的关键是：归纳发言者的主要观点；重申讨论的重点和亮点；提请学员进一步思考焦点问题或争论问题；建议学员对案例素材进行拓展研究和深度分析。

## 五、主要参考文献

1. Brown, Clifford D. and K. Raghunandan, Audit quality in audits of federal programs by non-federal auditors[J]. Accounting Horizons, 1995, 9(3)：1—10.

2. GAO. CPA Audit Quality：Inspectors General Find Significant Problems[R]. Washington, D. C., GAO, 1986.

3. GAO. CPA Audit Quality：Many Governmental Audits Do Not Comply With Professional Standards[R]. Washington, D. C., GAO, 1985.

4. 财政部会计司联合研究组.公共部门注册会计师审计制度研究——基于政府财务报告审计的思考[J].会计研究,2016,4:3—8.

5. 陈力.政府购买审计服务参与国家投资审计探析[J].绵阳师范学院学报,2010,12：6—9.

6. 陈媛媛.中国政府审计服务外包相关问题的探讨——以制度分析和发展框架为视角[J].商,2015,24：110—111.

7. 仇.政府审计机关购买社会审计服务的必要理论架构[J].现代商业,2016,19：65—66.

8. 贾云洁.澳大利亚政府审计外包及其对我国的启示[J].审计研究,2014,6：63—71.

9. 姜迎雪,李淳惠.国家治理视角下政府购买审计服务的探讨[J].商业会计,2015,13：46—47.

10. 姜迎雪.政府购买审计服务探析——基于双重受托责任的视角[J].财会研究,2015,4:5—7.

11. 李季泽.论国家审计之界定[J].中国社会科学院研究生院学报,2002,3:41—48,110.

12. 李美华.浅议中介机构参与政府投资审计[J].工业审计与会计,2010,1:23—24.

13. 李晓慧.会计师事务所开拓其他鉴证业务的案例研究[J].会计之友,2011,3:47—48.

14. 刘俊,帅青燕.政府投资审计购买中介服务现状及风险防范[J].审计月刊,2015,11:13—16.

15. 刘玉波,桑海林.国家审计与社会审计资源整合应把握的关键环节[J].审计月刊,2010,7:27—28.

16. 刘玉波.政府购买审计服务面临的风险及规避策略[J].经济师,2015,2:159—160.

17. 孙文刚,贺婧.政府购买社会审计服务运行模式及保障研究[J].齐鲁珠坛,2015,6:47—50.

18. 王羚.推动政府购买审计服务发展的问题探析[J].财会学习,2015,6:46—48.

19. 吴寿元.谈政府会计改革与注册会计师业务拓展[J].中国注册会计师,2014,2:88—92.

20. 谢娇.基于审计全覆盖的政府审计业务外包初探[J].中国管理信息化,2016,7:14—16.

21. 徐超,齐思君.政府购买审计服务思考[J].财会通讯,2014,11:108—109.

22. 徐向真.政府审计外包相关问题探讨[J].审计月刊,2014,7:15—16.

23. 颜延.注册会计师执业领域拓展研究[J].中国注册会计师,2010,1:63—70.

24. 杨磊.注册会计师服务范围在美国的拓展及对中国的启示[J].山东大学学报(哲学社会科学版),2006,2:106—110.

25. 应超.审计建立新型管理制度的初步构想——由"政府购买社会审计服务"引发的思考[J].审计月刊,2015,6:9—12.

26. 张小秋.对国家审计与社会审计、内部审计资源整合的探讨[J].陕西审计,2005,5:15—16.

27. 郑石桥.独立性、审计主题和审计主体多样化[J].会计之友,2015,2:127—133.

28. 朱志宏.政府购买社会审计服务开展审计项目的探索[J].财经界,2016,5:287.

(殷浩编写,李晓慧校审)

# A 单位：政府采购审计的实施与问题

## 张 阔

**摘　要**：针对 A 单位政府采购审计实施中发现的问题以及评价自身审计存在的问题，引导学员掌握政府采购审计的技巧及风险控制。

**关键词**：政府采购审计问题　改善

## 一、A 单位及其政府采购简介

### （一）A 单位简介

A 单位是 B 部委直属的事业单位，是 B 部委承担国家重点科研项目的主要单位，下设办公室、业务处、财务处(监审办)、重大项目专项办公室、科研室、地面站等部门。由重大项目专项办公室牵头组织全单位的政府采购工作，政府采购程序的执行由 B 部委下属政府采购中心进行，政府采购的监督由业务处、财务处(监审办)负责。由于 A 单位承担的一项国家重点科研项目政府采购频繁且规模偏大，地方审计局决定抽调 6 人组成专项审计小组所开展专项审计。审查重点：①明确政府采购的管理机制是否健全；②政府采购活动是否符合《中国政府采购法及条例》、财政部相关法律法规和 B 部委采购规章的要求；③政府采购监督是否完善、有效；④政府采购是否收到良好的社会效益和经济效益；⑤找出政府采购方面的问题并给出合理建议。

## (二) A 单位政府采购事项

按照国家重点科研项目的批复,A 单位在该项目中获得的采购预算为 3 875.33 万元,项目周期跨度为两年,采购品目包含计算机、存储等通用设备采购,部门专用设备采购,软件开发维护和小型基建等。

1. A 单位专用设备采购

按照《关于中央预算单位实施批量集中采购工作的通知》(财办库 2013〔334〕号)的要求,该科研项目所需采购的台式计算机应通过批量集中采购的方式进行,但 A 单位将其中 10 台计算机以配置要求高、时间紧为由,以工作站的名义采购,未申报进行批量集中采购。

项目所需天线在国内实际上只有一家供应商能生产,采购时应申请财政部变更采购方式,以单一来源方式采购。采购单位认为申报变更方式耗时长,以害怕延误项目进度为由,将项目内容扩展为集成项目并委托采购中心公开。在投标阶段,天线生产厂家 C 公司私下邀请另两家公司"陪标",实际上三家供应商均以 C 公司生产的天线投标,采购中心工作人员、抽取的评审专家均发现了这一点,但为了完成项目顺利,并未指出其中的问题。该项目同时采购了一批调制解调器,但实际交付时 C 公司与 A 单位私下联系,提供与招标文件不一致的另一型号的调制解调器。该型号的调制解调器与招标文件的要求相比,配置稍低,但验收报告中也未对此变更做出说明,实际支付时仍按原招标价格支付。

该项目需采购一批网络存储设备,A 单位原有一批网络存储设备但已准备停产退市。A 单位以提高设备利用率且该批网络存储设备暂时无法替换为由,采购原厂设备维保。原计划用于采购网络存储设备的预算,用于采购新型网络存储设备备用。

设备采购预算有结余资金 267.17 万元,采购单位以专家咨询名义向本单位工作人员、采购中心工作人员和监督人发放额外劳务费,剩余资金未申报结转,直接归入水电改造项目用于大楼装修。

2. A 单位软件开发采购

A 单位软件开发前期曾向 D 公司咨询技术方面的问题,并请 D 公司出具了《软件规格说明书》,在项目实际公开招标时 D 公司也参与投标。A 单位倾向于 D 公司中标,在评审标准中为其量身定制评审标准,并在主观分上给 D 公司打高分、给其他供应商打低分。采购中心前在期审查中未能了解情况，发现采购人代表与评审专家打分差别较大也未提出异议，监督人核查专家打分情况时也未制止。

因项目进行中国家要求及标准发生变化，软件后期技术规格发生重大变化，超过50%的部分需要修改，中标供应商由此拒绝履约，而前期开发软件难以满足项目需求。为了完成项目，A单位以软件维护的名义在第二年度再次招标，为此追加预算300万元，仍由D公司中标。经此事，项目履约时间延长，为了在总体项目原定验收前完成软件开发方面的工作，A单位在软件实际开发未结束时即组织了内部验收，实际软件开发工作在质保期内才完成，但实际的质保期并未因此而顺延。此外，此项软件开发产品未录入固定资产明细。

3. A单位水电改造采购

按照项目执行流程，应提前执行水电改造的设计，故A单位在预算未批复的情况下请某设计院进行水电图设计，未经公开招标即直接支付该设计院138.5万元。A单位与该设计院在接到审计通知后补签合同，但未向审计小组说明。

在水电改造项目招标阶段，设计院推荐一家供应商E公司参与投标，但水电改造图纸以保密为由在投标阶段提供，导致设计院推荐供应商E公司与其他投标供应商获得信息不对等，E公司的方案因此脱颖而出，顺利中标。

该项目招标文件，以改造方案未定为由，要求投标供应商提供"补全改造实际施工中未提供设备"的承诺。在签约阶段，E公司发现因设备采购、软件开发项目未履约，施工中需要提供的设备过多，可能导致赔本，故自愿放弃中标。采购单位未与采购中心确认，直接与排名第二的供应商F公司签订合同，导致项目公示内容与实际合同的中标供应商及中标金额不一致，引起排名第三供应商的质疑。采购中心收到质疑后，提请B部委主管部门裁决，B部委主管部门判定：A单位的做法违反法律规定，该项目应组织重新招标，并要求A单位在新的招标文件中提供图纸和大约保底设备清单。

再次评审后，F公司中标。为了在预算执行节点前满足执行预算进度的要求，A单位通过财政授权支付账户向F公司支付中标金额的10%作为首付款，并执行申请财政直接支付程序，打算等申请财政直接支付后，由F公司以履约保证金的名义再将10%的首付款返回财政授权支付账户。

## 二、A 单位政府采购审计的实施

按照政府采购法及条例、审计法及条例和 B 部委相关法规章的要求，审计小组制订了"A 单位××项目政府采购审计实施计划"，并提前 1 个月向 A 单位和采购中心下发"A 单位××项目政府采购审计通知手册"，手册中包含审计范围、审计时间、审计目的、审计原则、审计过程及方式、绩效审计指标（初稿）和审计报告模板，要求 A 单位按手册中的审计内容，在规定时间内查缺补漏并准备相关材料。

### （一）A 单位政府采购审计监督材料的获取

在政府采购审计过程中，审计小组主要获取了以下材料：

（1）项目的预算、决算资料，包括项目预算、政府采购预算和追加（减）预算的申请资料与批准资料及项目决算报表；

（2）项目可行性研究报告、项目申请材料及批复材料；

（3）项目政府采购计划材料，包括计划的申请、执行和追加（减）的统计表与明细表；

（4）政府采购相关法律法规和部门规章，政府集中采购目录、部门采购目录等政府采购制度；

（5）A 单位内部政府采购管理制度、政府采购监督制度和内部控制制度，以及单位的内部职责和权限划分制度等；

（6）政府采购执行过程中的文件，包括政府采购项目的内部申请、签报、委托材料，政府采购文件及定稿审批，政府采购公告，评标过程记录，中标通知，政府采购合同及项目验收材料；

（7）相关会计账簿及凭证，包括资金支付凭证、验收清单和单位登记记录；

（8）固定资产登记总表及明细。

### （二）A 单位政府采购审计监督实施步骤

1. 内部控制测试

审计小组在获取上述材料后，首先对 A 单位政府采购体系进行了整体梳理，并对政府采购流程进行了内部控制测试。通过资料查询、分析和人员交流等方式，审计小组从内部控制环境、风险防控、内部控制流程、信息与沟通、监督五个方面着手，估算 A 单位潜在的违规风险水平，具体测试内容如表 1 所示。

表 1  政府采购内部控制测试

| 测试项目 | 主要测试内容 |
| --- | --- |
| 内部控制环境 | 1. 该单位是否有完善的内部控制<br>2. 机构设置是否有利于采购部门明确职责分工与工作的协调开展<br>3. 是否有采购程序、手册和详细的岗位职责介绍<br>4. 采购部门员工在专业技术和品德素养方面是否符合岗位设置要求<br>5. 是否定期对员工进行专业培训 |
| 风险防控 | 1. 单位主管领导或部门了解政府采购风险<br>2. 政府采购风险识别有无恰当的方法<br>3. 政府采购风险是否预估全面<br>4. 政府采购风险预防和解决措施是否完善 |
| 内部控制流程 | 1. 政府采购活动是否有详细的采购计划和申请批复<br>2. 预算编制、采购方式的选择是否符合规定并获得批复<br>3. 政府采购不相容职位的分离<br>4. 采购部门员工是否定期进行轮岗<br>5. 采购内容交付后是否有独立部门组织验收<br>6. 政府采购信息是否按规定公示或保密 |
| 信息与沟通 | 1. 政府采购信息的内部沟通渠道是否通畅<br>2. 与单位外部是否有信息沟通<br>3. 收集的物价变动信息、市场需求信息、经济政策信息等是否全面<br>4. 职工的反馈及供应商质疑通道是否畅通 |
| 监督 | 1. 是否存在适当的对政府采购活动持续进行的日常监督<br>2. 监督是否有效 |

内部控制测试结果显示，A 单位及政府采购内部控制制度总体上是可靠的。

2. 实质性审计

在内部控制制度可靠的前提下,针对A单位的政府采购情况,审计小组按采购计划、采购预算、采购实施、采购合同、采购执行、发现问题的思路进行实质性审计。具体审计流程如下:

(1) 总结项目预算和政府采购预算情况,将基本支出和项目支出逐项列表;

(2) 审查政府采购情况,将实际采购的货物、货物及工程,按品目、类别、金额逐项列表;

(3) 逐项比较实际采购情况和预算情况,寻找差异,分析无预算采购或超预算采购情况;

(4) 对照实际采购情况与集中采购目录和部门集中采购目录中列示的采购品目,查找规避采购和未经申请变更采购方式的情况;

(5) 审查政府采购项目的存档资料,比较实际供应商、交付物、支付情况与评审结果、中标通知、合同内容,查找政府采购程序不规范和采购结果与实际情况不一致等问题;

(6) 对审计发现的疑点和线索,顺着政府采购流程和资金流向,延伸审计相关供应商直至最终验收环节,查找有无供应商没有资质、虚假应标、层层转包等导致国有资金流失、损失的问题;

(7) 对照合同条款,审查货物等实物资产交接及入账管理情况,查找有无虚假采购、骗取财政资金、资产未及时入账、管理不规范等问题;

(8) 对照合同和固定资产登记表,核查有无资产未登记或登记与实际情况不一致、资产管理不规范等问题。

在实质性审计过程中,审计小组还针对审计通知手册中绩效审计指标设置问题,与A单位审计负责人不断沟通,调整绩效审计指标,出具"A单位××项目绩效审计指标",使其更有效地反映A单位审计的实际情况。

3. 绩效审计

在实质性审计后,审计小组利用实质性审计过程中收集的数据、资料,依据"A单位××项目绩效审计指标",对审计项目进行绩效审计,具体审计指标如表2所示。

表 2　绩效审计指标

| 类别 | 指标名称 | 指标内容 |
|---|---|---|
| 政府采购规模 | 资金节约率 | $\dfrac{\text{政府采购预算资金}-\text{政府采购实际金额}}{\text{政府采购预算资金}}\times 100\%$ |
| | 预算调整率 | $\dfrac{\text{一定时期内调整的政府采购预算金额}}{\text{同一时期政府采购预算金额}}\times 100\%$ |
| | 集中采购占比 | $\dfrac{\text{一定时期内集中采购金额}}{\text{同一时期政府采购金额}}\times 100\%$ |
| | 政府采购费用率 | $\dfrac{\text{一定时期内因政府采购所发生的费用}}{\text{同一时期政府采购金额}}\times 100\%$ |
| | 供应商政府采购价格系数 | $\dfrac{\text{某供应商一定时期内政府采购商品平均价}}{\text{同一时期供应商同类商品非政府采购销售平均价}}\times 100\%$ |
| 固定资产使用 | 未使用固定资产率 | $\dfrac{\text{一定时期内同类未使用固定资产数量}}{\text{同一时期内同类固定资产总数}}\times 100\%$ |
| | 节能环保产品采购比例 | $\dfrac{\text{一定时期内成交产品中节能环保产品总金额}}{\text{同一时期成交产品总金额}}\times 100\%$ |
| | 中小企业中标率 | $\dfrac{\text{一定时期内中小企业中标项目数}}{\text{同一时期成交项目数}}\times 100\%$ |
| | 返修率 | $\dfrac{\text{一定时期内某产品返修金额}}{\text{同一时期该产品采购金额}}\times 100\%$ |
| 采购代理机构工作 | 采购完成率 | $\dfrac{\text{一定时期内完成采购项目数}}{\text{同一时期接收委托项目数}}\times 100\%$ |
| | 项目失败率 | $\dfrac{\text{一定时期内采购失败项目数}}{\text{同一时期接收委托项目数}}\times 100\%$ |
| | 平均采购周期 | $\dfrac{\text{一定时期内采购项目耗费总时间}}{\text{同一时期接收委托项目数}}$ |
| | 信息公开程度 | $\dfrac{\text{一定时期内采购信息已公开项目数}}{\text{同一时期政府采购应公开项目数}}\times 100\%$ |
| | 质疑率 | $\dfrac{\text{一定时期内有效质疑次数}}{\text{同一时期政府采购项目数}}\times 100\%$ |
| | 采购人员人均采购额 | $\dfrac{\text{一定时期内政府采购项目总额}}{\text{同一时期政府采购人员数量}}\times 100\%$ |
| | 采购人员人均采购量 | $\dfrac{\text{一定时期内政府采购项目总数}}{\text{同一时期政府采购人员数量}}\times 100\%$ |

绩效审计结果显示:从采购规模来看,A 单位整体项目预算编制情况较为规范,预算调整率低,预算节约率高,集中采购占比大,政府采购费用低;在固定资产使用方面,固定资产使用率高,但节能环保产品和小微企业产品少,固定资产返修率高;在采购代理机构工作方面,项目完成度高,信息公开程度高,人均工作量高,项目质疑率低。

## 三、A 单位政府采购审计发现的问题

经过实质性审计和绩效审计,审计小组认为 A 单位在该项目的政府采购工作中存在以下问题:

### (一)预算管理方面

全部财政性资金均在政府采购法管理的范围之内,必须严格遵守预算管理制度,经主管部门批复后生效,不得出现无预算采购、超预算采购的行为。A 单位在采购预算还没有被批复的情况下,邀请设计院提供水电改造设计图纸的行为属于无预算采购。

该项目中原定用于采购网络存储设备的预算,在实际执行中被分为两部分,一部分用于采购旧设备的维护,另一部分用于采购新设备,与预算批复不符;而且,A 单位以前购买的设备已面临停产退市,后期维护和购置替换产品的金额远远超过在项目初期购置新设备的费用,A 单位在预算管理中应考虑采购效益的问题,不能仅仅听从采购部门的意见。

在实际执行中,非特殊原因不得临时追加采购内容和规模,对超计划、超标准的采购需求,原则上不得予以追加。软件开发项目后期因重大技术变化,导致采购项目无法执行又追加预算的行为,显示 A 单位预算管理方面仍须加强。

### (二)采购执行方面

依据《关于中央预算单位实施批量集中采购工作的通知》(财办库 2013〔334〕号)的规定,纳入批量集中采购范围的货物,必须以批量集中采购的方式采购,A 单位把计算机以工作站的名义采购,不符合要求。

A 单位采购只有一家供应商能够提供的天线,未申请变更政府采购方式,C 公司违规组织"陪标"的行为,这些显然是 A 单位采购程序失误所带来的;C 公

司与 A 单位协商更换调制解调器型号，以低配置替换原本招标文件规定型号的行为属于虚假采购，在政府采购执行中应予以杜绝。

在软件开发项目和水电改造项目采购中，采购单位的倾向非常明显，这里固然有采购单位找到优质供应商的考虑，但就采购程序而言是违法的。采购单位、采购中心和采购监督人不作为的行为，也说明政府采购程序执行中存在漏洞。

### （三）资金支付方面

政府采购结余资金应遵循"专款专用"和"结余资金上缴财政"的原则进行规范管理。A 单位将设备采购项目结余资金 267.17 万元用于发放额外劳务费并归入水电改造项目中用于大楼装修的行为，显示 A 单位政府采购资金支付方面存在漏洞。

A 单位购置的调制解调器配置比原招标文件中规定的标准低但仍按原价支付的行为，说明财务部门在执行预算时没有仔细检查支付内容，导致国有资产流失。

依据政府采购相关规定，凡是资金来源为财政性资金的采购项目，以批复形式分为"财政直接支付"和"财政授权支付"，两个账户必须分别管理，不得串通。在水电改造项目中，A 单位将本应通过"财政直接支付"账户的资金通过"财政授权支付"账户支付的行为属于重大失误。

### （四）采购监督方面

A 单位的业务处、财务处（监审办）应当全面监督政府采购的内容、流程、价格、合同签订与执行、资金支付等方面，但对于采购过程中采购单位的倾向性明显的行为不予制止，对于实际履约和验收中出现的中标结果与交付货物不一致、软件项目未开发完成便进行验收的行为也没有进行有效的监督。

很明显，A 单位采购监督受采购单位采购意图的影响大，虽然 A 单位内部制定了专门的政府采购监督管理办法，但在实际监督工作中，采购监督部门并没有严格按法律法规和单位内部管理办法执行监督，而是出于采购执行效益和效率的考虑，对违规行为睁一只眼闭一只眼。采购监督方面的疏漏间接地扩大了政府采购问题发生的概率，给单位造成了不好的影响。

### （五）固定资产管理和使用

在固定资产管理方面，A 单位没有理解固定资产的含义，没有把软件开发的交付物纳入固定资产管理。软件开发项目结束后，软件交付物就属于国有资产，后期软件维护或二期开发都需要采购单位继续把关。在财务管理角度，虽然事业单位的固定资产不计提折旧，但后期的基本建设、管理仍需要国家财政拨款，如果初期的软件未纳入固定资产管理，后期的财产家底就不清，无法使国有资产得到合理运用、妥善保管和维护。

## 四、A 单位政府采购审计存在的问题

审计小组在审核过程中也发现了自身的一些问题。

### （一）审计标准的缺失

本次审计过程中政府采购审计标准的缺失，直接导致审计内容的局限性和审计指标的缺乏，最终影响了审计的权威性。

#### 1. 审计内容的局限性

A 单位是 B 部委直属的事业单位，是 B 部委承担国家重点科研项目的主要单位，所承担项目政府采购金额大、采购内容广，审计小组在展开项目审计时面临纷繁复杂的审计内容。审计内容的复杂和审计人员的紧缺，决定了此次审计内容的局限性。这种局限性主要体现在：①审计小组在审计时进行了选择性审计，在对预算金额和项目情况进行排序时，审计小组预计审计对象涉及金额的大小和项目内容，选取了相对重要的事项进行优先审计，致使在职业判断的过程中很可能忽视了一些存在潜在问题的项目；②审计小组的审计是事后审计，这是由项目性质和审计重点所决定的。事后审计决定了政府采购问题所造成的后果只能补救和调整，不能修正和制止，提出的审计建议无法在本项目中得到落实。

审计内容的局限性，决定了审计小组在审计内容方面的广度和深度受到约束。

#### 2. 审计指标的缺乏

审计小组在审计过程中也感受到审计指标的缺乏。在对政府采购项目进

行评价时,应考核的不仅包括容易获取、可以量化的指标,还要考虑外部经济性、效益型指标。在政府采购重点逐渐转移到物有所值的今天,资金节约已不再是政府采购主管部门关注的重点;同时,粗略估计的指标很难全面、合理地衡量政府采购项目的得失,政府采购的效益和效率难以得到客观、公正的评价。例如,A 单位所承担的这项国家重点科研项目,国家和社会更关注科研成果的应用及其带来的有利于社会和国家的效用,而这部分指标恰恰是缺失的,难以量化,仍然以抽象的文字描述体现在审计报告中。

## (二) 审计深度、力度不足

1. 审计材料获取困难

审计小组在审计之初,审计材料的获取就遇到了困难。审计小组需要的资料往往散落分布在采购单位的各个部门,或者采购单位和采购中心交接过程中存在疏漏,导致某些资料不知存放在哪里,间接制约了审计小组工作的开展。此外,审计材料的多寡也是一个问题,审计小组在审计不同项目时发现,同一类别的项目可能存在批复形式不一致、采购程序不一致或者存档文件不一致。审计小组需要花费大量的时间,审查存在差异的原因——是项目存在区别还是采购工作存在疏漏。

采购单位出于自身利益的考虑,也会选择性地向审计小组隐瞒一些情况。例如,A 单位与设计院是在收到审计通知后补签的合同,但 A 单位为了减少审计问题,并未向审计小组反映这一情况。审计小组是在审查合同签订流程时才发现这一点。

审计小组在总结本次审计工作时认为,审计材料出现获取困难的原因,固然有采购单位内部管理疏漏、采购中心工作失误和利己考虑的问题,但审计小组本身也存在审计材料缺乏统一标准、审计人员无法解释清楚需要什么材料及审计材料传递不便等问题,让 A 单位抓住了漏洞。

2. 审计内容和指标制定受制约

审计小组在审计开始前向 A 单位发布的"A 单位××项目政府采购审计通知手册"中提出了审计过程及方式、绩效审计指标(初稿)和审计报告等审计指标的草稿,这些内容和指标的最终定稿,需要审计小组在审计过程中不断与采购单位沟通,依据审计情况不断调整。

在不断沟通和不断调整的过程中,审计内容和指标标准受采购单位的影响非常大。比如在审计内容方面,因为 A 单位自身不重视固定资产管理,导致固定资产账目不清、制度不全,所以在审计过程中希望通过随查随改的方式加以弥补。审计小组出于审计目的的考虑答应了这一要求,并在审计报告中只汇报整改结果而忽略整改过程,但这一行为侵害了审计的权威性,也助长了 A 单位的侥幸心理。

在绩效审计指标的制定方面,采购单位希望把指标大多定在反映 A 单位政府采购工作的优势方面(如采购完成度高、采购人员工作效率高等),对于项目效益和成果应用等问题,希望审计小组考虑审计内容负责、指标标准缺失的现实情况予以取消,审计小组最后也接受了这一建议。

### (三)审计小组成员专业性不足

因为现行政府采购审计监督法规体系的不完善和审计本身的工作特点,政府采购审计过程充满了审计职业判断。得出全面、合理、有效的审计报告的前提是审计人员充分了解采购事项,审计过程的职业判断合理。判断合理要求审计人员不但精通审计和财务方面的知识,而且充分了解政府采购和政府采购中出现的设备、软件和基建工程方面的知识,仅靠文档和实物是难以发现实际履约中的不足的。而专业知识的不足,加大了职业判断不合适的概率,从而影响采购审计工作的开展。

例如,水电改造项目中针对水电图纸到底是否影响招标的问题,仅仅凭借采购单位提供的资料和供应商的投标文件,无法全面反映事情的真相。在审计调制解调器采购时,审计小组成员也不知道实际购买型号的配置是否低于招标文件的要求。在软件开发项目中,审计小组仅能审核验收程序是否完备,无法了解软件交付物是否真的达到验收标准。

在本次审计工作中,为了弥补专业知识方面的缺失,审计小组邀请了财政部专家库中的几位专家参与审计,但专家并不了解审计内容,对很多事项给出的意见模棱两可,无法完全弥补审计小组人员专业性的不足。

### (四)绩效审计效果不明显

审计小组在接受审计邀请时,也受邀对 A 单位本项目的绩效审计给出结论,但在最终的审计报告中,未能进行全面的绩效审计,而是着重进行采购规模审计、固定资产使用效率审计和采购机构工作方面的审计。审计报告所得出的结论也没有超出以往政府采购审计的内容,执行的绩效审计指标不能完全反映A单位承担的××项目的经济性、效率性,尤其是效益性。

几方面因素共同作用的结果如下:①项目采购频繁,审计工作量大,审计小组成员完成常规审计的精力尚且不足,更没有能力进一步分析政府采购行为的经济性、效益性和效率性;②绩效审计方面尚没有明确可行的法规政策和合同文件以供参考,也没有具体的政府采购绩效审计指南,绩效审计标准不足;③审计小组成员既没有能力做出结论确凿的主观判断,也没有能力分析市场、社会和公众的反应,即使开展绩效审计,深度也有限。

# 案例使用说明

## 一、教学目标与用途

适用课程：高级审计理论与实务、政府审计理论与实务。

适用对象：审计专业硕士、会计专业硕士，延伸适用于所有管理类的专业硕士(如 MBA 等)，以及企事业单位高级管理人才。

教学目标：针对 A 单位政府采购审计实施中发现的问题以及评价自身审计存在的问题，引导学员掌握政府采购审计的技巧及风险控制。

## 二、思考题

1. 分析并讨论政府采购常见的问题。
2. 分析并讨论 A 单位政府采购审计发现的问题。
3. 结合本案例，分析并讨论影响政府采购审计质量的因素。
4. 结合本案例，分析并讨论如何改善政府采购审计。

## 三、背景、理论依据与案例分析

### (一)政府采购审计的界定及必要性

政府采购审计是运用审计学的基本理论和方法，由国家审计机关对财政部门、采购单位和供应商在政府采购过程中遵循国家法规及行政法规的情况、政府采购过程及采购结果进行的审计。政府采购审计是财政审计中的一种专项审计，是对国家财政支出及其效益直接行使监督权。政府采购审计的主体是国家审计机关，主要客体是政府采购单位。政府采购监督的范围大于政府采购审计，而政府采购审计是政府采购监督中的一种形式。政府采购制度的建立是财政支出管理的扩展和延伸，而政府采购审计是财政支出审计的重要组成部分。

自 1996 年开始试点政府采购制度以来，我国政府采购事业不断发展，政府采购规模不断扩大，采购范围涵盖货物类、服务类和工程类，政府采购方面的法律法规也从无到有不断完善。在政府采购监督管理层面，初步形成了"管采分离、机构分设、政事分开、相互制约"的监督机制。但在政府采购领域，仍存在政府采购预算编制不合理、采购专业分离、政府采购监督不力的问题。政府采购审计的必要性有：

（1）对政府采购进行审计,能有效发现政府采购中的违法、违规现象。审计人员按照我国政府采购和审计方面的法律法规及审计部门、采购单位的有关规定,对采购单位的预算收支、政府采购流程和履约验收过程行为的真实、合法、效益进行监督检查,促使采购单位的政府采购工作在合法、效益的轨道上运行,对各种违法、违规现象起到一定的制约作用,保护国家和采购单位的利益。

（2）对政府采购进行审计,能有效预防政府采购问题的二次发生。审计人员对采购单位的财政预算收支、政府采购流程和履约验收过程进行全方位审计,并在审计后提出合理可行的整改建议,有利于采购单位核实本单位政府采购效益;有利于采购单位弥补本单位政府采购管理方面的疏漏,针对可能发生问题的风险点构建有力的防线;有利于健全采购单位的内部控制制度,防止政府采购问题再次发生。

（3）对政府采购进行审计,对采购单位制定政府采购策略起到指导作用。在国家"简政放权、放管结合、优化服务"深化改革的新要求、新形势下,自行采购的标准不断提高,采购单位的政府采购自主权不断扩大,采购单位制定政府采购策略的正确与否,关系到本单位能否认清形势、履行国家赋予的行政职责。在政府采购审计的过程中,随着审计监督中问题的暴露,采购单位可以随时修正本单位下一步政府采购策略的制定,以确保决策和管理的有效性,使本单位政府采购事业朝着良性的方向发展。

（4）对政府采购进行审计,有利于推动政府采购审计制度的完善。虽然无论是在审计方面还是在政府采购方面,国家均出台了一系列的法律法规,但从文件专业性、全面性的角度出发,仍有必要对现有法律法规进行补充完善。从政府采购审计监督工作的实际出发,政府采购审计制度的不完备制约着政府采购审计监督工作的开展,与国家推行政府采购工作的意愿相悖。

（二）政府采购审计的重点审计领域

目前,我国的政府采购审计主要是梳理政府采购的预算申请到固定资产管理的全流程风险点,确定我国的政府采购审计重点,同时考虑国家开展绩效审计的要求,在审计中逐步得出对政府采购项目经济性、效益性和效率性方面的政府采购审计结论。

1. 政府采购预算的合法性

政府采购预算的编制和确认要遵循一定的程序与手续,否则即为不合法预算。在审计时,审计小组应查明预算的编制是否遵循规定的程序,其数值计算有无依据,避免采购标准虚高或错误计算;注意审查预算过程中有无任意追加或追减情形,追加或追减预算的原因是否合理,追加或追减预算的过程是否经过严格审批。对于审计中出现的政府采购预算编制不合理、审批不严格等情况,在审计报告中应提出明确的整改意见,包括追究责任、补充材料甚至终止项目等。

2. 政府采购过程的合规性

政府采购法及相关法规对政府采购项目的执行有着严格的规定,对政府采购过程进行审计,主要目的是防止政府采购过程中的违法行为,维护公平竞争,保护社会公共利益和经营者的合法权益。在审计时,应审查预算是否按规定执行了政府采购,是否存在化整为零、限购后报、无预算采购等规避政府采购的行为;应注意供应商之间有无围标、串标行为,采购人、采购代理机构和供应商之间是否有私下约定;采购代理机构是否存在提前开标、私下泄露供应商商业秘密、未公示采购信息或者其他影响评审的行为;采购单位在评审过程中是否表现出明显倾向,甚至故意给某些供应商打分畸高或畸低。如果政府采购过程中出现以上现象,必然使采购缺乏充分竞争,损害国家和社会利益,因此在审计中应引起高度重视。

3. 资金支付的真实性

除了审计政府采购资金源头,在政府采购资金支付方面,应当着重审计政府采购预算的执行情况。审查采购单位是否合理使用采购资金;资金支付是否进行资金核算;是否存在采购结果与支付对象、金额等不一致的现象;支付过程是否进行严格审批;结余资金是否按规定结余或者转用于规定的项目。同时,应审核采购合同的签订、履行情况,避免签订合同不及时、变更实质性条款或者降低验收标准,出现采购单位与供应商私下约定降低采购标准从中获取经济利益,甚至虚假采购以及开大发票、假发票套现的行为。

4. 政府采购监督的严格性

政府采购审计还应当对上述政府采购行为的监督机构进行审计。政府采购设立监督机构的意义在于加强政府采购的事前和事中监督,最大限度地保证政府采购行为的公开、公平、公正。政府采购活动的监督方是否严格执行监督义务，直接影响采购效果和采购成本。在政府采购审计时，应当严格审查监督机构有无监督缺失、对重点环节打"人情牌"放低监督标准；有无私下收取利益、对政府采购中出现的问题视而不见等行为。对于政府采购监督机构缺位、失位的情况，应当在审计报告中提出严肃警告，甚至追究有关人员的责任。

5. 固定资产管理和使用的效益性

从我国目前的政府采购情况看，政府采购范围中属于固定资产管理的物品较多。因此，对固定资产进行审计，是政府采购制度的必然延伸。对政府采购的固定资产进行审计，目的是使国有资产得到合理的运用、保管与维护，避免损失和浪费。首先，审查固定资产管理和使用有无明确的规章，固定资产负责是否落实到人；其次，审查固定资产登记清单是否全面，尤其对于重复购买率高、需要后期维护的货物、软件等有无漏记、重记的现象；再次，审查登记的固定资产与政府采购结果是否一致，若有误差则核查出现误差的原因；最后，审查是否有登记但长期不使用的固定资产，明确该固定资产不被使用的原因，今后避免采购此类产品。

6. 政府采购的绩效审计

政府采购绩效审计的内容包括：①采购规模的审计，主要是预算的使用效率、资金节约率和政府采购费用等。②固定资产适用效率的审计，应计算各类固定资产的比例关系，检查未使用固定资产、不用固定资产的数量及其占固定资产总额的比重，从而分析固定资产结构是否合理。检查未使用、不用固定资产的原因及其时间长短，评价固定资产未被利用所造成的经济损失。通过审计，一方面促使被审计单位加强管理，提高固定资产的使用效能；另一方面为财务部门编制新预算提供依据，提高政府采购预算的合理性。③对采购代理机构的规模、人员素质做出评估，使政府采购规模与采购代理机构能力相匹配，提高政府采购的效率和效益。

(三) 政府采购审计存在问题分析

对比我国政府采购审计的现状和审计重点，不难发现政府采购审查监督工作在审计标准、审计力度、审计人员专业性和绩效审计方面存在不可忽略的问题。具体问题分析如下：

### 1. 政府采购审计标准缺失

政府采购审计标准是审计人员判断政府采购事项是非优劣、得出审计结论、发表审计意见的基础,应包括相应的法律法规、规章制度标准等。

首先,政府采购审计标准的缺失,造成审计内容局限性和审计标准不权威。我国的政府采购实施条例已于2015年年底出台,补全了政府采购法中关于财政性资金、与招标投标法适用的区分等问题,但相关法规和部门规章的修订工作并不及时,条例中提到的如政府采购合同范本、监督办法等规定需要有关部门进一步完善,地方有关政府采购的规定也不尽符合国家立法的要求。在政府采购审计法规方面,我国政府的采购规模和金额快速增长,但政府采购审计法规的制定跟不上,至今还没有关于政府采购的专门性审计准则或指南。政府采购审计准则或指南的缺失,又导致政府采购审计缺乏必要的审计标准,审计监督内容存在局限性。政府采购审计缺乏制度保障,既影响了政府采购的质量和效率,又不利于企业的公平竞争,容易滋生腐败行为,有违实施政府采购的初衷,最终影响政府采购的质量和信誉。

其次,政府采购审计标准的缺失,使审计效益受制于采购单位的主观能动性。因为没有明确的制度指导,工作制度和规范有限,现有法律法规无法就采购单位的责任和义务方面提出约束,以至于只有在采购单位和其他各方的支持、配合下才能得出良好的审计效果。而当审计工作会侵犯采购单位的利益时,采购单位往往消极配合、变相阻碍审计,审计部门无法顺利开展审计,也无法对采购单位进行有效制约。

### 2. 政府采购审计力度、深度不足

政府采购是对原有物资供应模式的深刻变革,不可避免地会触及采购单位和部门的既得利益者,导致实际过程常遭遇"执行难"。当前审计过程中审计资料的获取、审计标准和评价内容的制定均离不开采购单位的支持。出于自身利益考虑、采购单位往往会在资料获取或者审计标准制定上为自身争取利益,使得最后的审计结果有利于采购单位。审计人员在这方面无法对采购单位形成有力的约束,又无法规可以依据,政府采购资料获取不全、标准制定有倾向性,审计部门无法深入了解被审计采购项目,无法真正得出切实、准确的审计结论。这些都为开展政府采购审计设置了障碍,导致政府采购审计缺乏深度、力度。

首先,收集审计资料困难。当采购单位出于自身利益考虑变相阻碍政府采购审计时,会出现以政府采购文件需要保密、资料分散收集困难、无法明确资料是否需要等理由拒绝或者拖延提供相关资料。由于政府采购属于公共性和服务性的政府行为,很多信息无法量化,使得资料无法提供或者提供不全。我国的政府采购审计处于初级阶段,也没有形成统一、有效的审计方法。政府采购的范围涵盖基础设施建设、文化医疗、教育科研、社会治安等各个方面,审计部门难以提出恰当的审计范本,也无法明确审计过程需要的资料是否齐全,直接造成政府采购审计无法深入、有效地展开。

其次,审计内容和制定指标受制约。政府采购审计尤其是绩效审计方面,近年来是社会和人民大众关注的重点,而一个项目效益的优良往往体现在审计内容和审计指标上。实践中,在审计开始前,审计部门向采购单位提出审计指南,包含审计内容和审计指标,只有采购单位在审计过程中就此项内容与审计部门达成一致,审计才真正开始。审计部门与采购单位在审计前和审计中的沟通,本意是为了更好地完成审计,使用更贴合审计内容特性的审计方法,得出更权威的审计结论,最终却成为制约政府采购审计深度和力度的枷锁。采购单位往往力争使用最能体现本单位工作成绩的审计内容和审计指标,而非最能反映政府采购效益的审计指标。最终审计报告在向上级汇报前,还需经地方政府部门的审批,无法保证政府采购审计的力度。

最后,现行政府采购审计仍是政府主导模式,审计结果虽公示,但并不是针对政府采购审计的特定公开,公众对审计结果知之甚少,政府采购审计的透明度不高。

3. 审计人员专业性不足

审计人员专业性不足体现在年龄和专业知识结构不合理、与其他部门合作不足和思想意识有待加强三方面。

(1) 年龄和专业知识结构不合理。我国现阶段审计人员年龄层次呈"倒金字塔"形,年龄大的人员多、年轻人少。一方面,受人事部门制度改革的影响,人员工作年限延长,有经验的审计人员大多从事审计多年,偏老龄化;另一方面,政府限制公务员、事业单位人员编制,审计部门人员指标有限,每年新入职人员有限,经验不足且不能满足审计工作对人员数量的要求,但是不能通过招聘补充。中间层的审计人员在年龄上有优势,往往承担部门管理和审计主管工作,任务重但在人数上不占优势,工作压力大。

在专业结构方面,随着政府采购规模的不断扩大和政府采购行为的日益复杂,要求审计人员除了审计专业知识,还要拥有经济、法律、工程、政府采购、信息技术等方面的专业知识。年龄较大的审计人员在传统审计知识方面占有优势,了解传统审计的风险点和操作要点,但在新型绩效审计方面的思路和能力稍显薄弱,审计信息化水平有待提高,对政府采购审计所需其他知识的了解少。年轻的审计人员在复合型专业知识结构、接受新审计理念、审计信息化水平方面占有优势,但急需加强审计工作经验,缺乏在审计事务中独当一面的能力。

(2)与其他部门合作不足。政府采购审计由于特有的独立性、权威性和公正性,是政府采购不可或缺、无法替代的监督防线。审计监督也存在自身的专业缺陷和制约因素,特别是在当前审计手段局限、审计威慑力不强的形势下,还须与其他政府采购监督部门通力合作、优势互补、高效配置资源,共同构建我国政府采购经济监督体系,形成不同层次、不同角度的经济监督网络。从政府采购的发展过程和实践来看,我国政府采购监督管理机构还没有形成相互制衡、相互促进的管理体制。

在政府采购审计专业知识方面,现有审计人员专业知识单一,不能满足政府采购审计的复杂内容,也要加强与其他部门的合作,在审计过程中借助专业知识人才的力量,才能更好地完成政府采购审计。但在实践中,政府采购审计往往是审计部门单独的任务,在遇到审计之外的专业知识时,审计人员更倾向于自己查找有关问题资料,凭借自己不成熟的专业知识进行判断,这种行为也是不专业的。

(3)思想意识有待加强。在政府机关狠抓"四风"建设、结合审计机关的实际、深入开展党的群众路线教育实践成果的当下,仍有部分审计人员的思想认识不到位,认为学习是领导的事,个人工作与"四风"建设无关,没有认识到审计工作对于国家和社会的意义,没有主动做事的积极性,也没有对个人事业的热情,缺少工作动力。在审计工作发生重大变化的今天,部分审计人员的审计理念仍然停留在过去传统的审计监督层面,不去主动适应新环境、新要求。

(四)改善政府采购审计的建议

2016年12月29日至30日,全国审计工作会议在北京召开。刘家义表明

2017年审计工作重点:2017年,审计工作要着力促发展、促改革、促安全、促绩效,要更加主动地适应、把握、引领经济发展新常态,创新审计理念,转换思维方式,提高审计实效,始终坚持突出重点、全面覆盖,始终坚持依法审计、客观求实,始终坚持无私无畏、敢于碰硬,始终坚持标本兼治、鼓励创新,始终坚持改进方法、提高效率。

依据全国审计工作会议精神,针对政府采购审计工作中存在的问题,从制度化、规范化、信息化和人才建设方面出发,我们提出以下建议:

1. 完善政府采购审计监督法规规章、指南

目前,我国政府采购规模和范围不断扩大,政府采购审计的工作量日益繁重,但是政府采购审计监督法规建设不能满足政府采购审计监督工作的需要。

首先,政府采购法规规章中没有关于审计的具体要求。《政府采购法》第六十八条和《政府采购法实施条例》第六十五条说明,审计机关、监察机关以及其他有关部门依法对政府采购活动实施监督,但并没有提出具体的审计监督办法。在其他的财政性法规中,也没有相应的政府采购审计监督程序性文件,在现行审计中,我们默认以《审计法》及其法律体系作为政府采购审计监督的依据。

其次,审计法规体系急需修订。在实践中,政府采购审计监督在审计法规体系中也缺乏具体的法律依据。在审计法律法规的修订方面,2006年修订的《审计法》和2010年修订的《审计法实施条例》,已经不符合我国新时期政府财政支出管理方面的要求,审计法律体系建设与审计事业发展相比存在很大的滞后性,许多审计工作实践中发现的问题在处理时没有相关法律依据,只能依据常识、惯例或者审计人员的主观性进行处理,损害了审计部门的权威性。此外,一些审计方面的法规在颁布后没有进行过全面修订,却仍然被当作审计依据,比如《审计机关国家建设项目审计准则》,因此应尽快修订这些法规,并与现行《审计法》及其条例的规定相统一。针对我国审计事业的发展,审计法规体系的修订应该与国家经济发展和政治法律要求相适应,从维护审计活动权威性的角度出发,切实降低审计风险,把审计的监督职能落到实处。

最后,加快制定专门的政府采购审计监督法律法规、指南。从国家审计事业发展和法律规范建设的长远角度出发,制定专门的政府采购审计监督法规是

完善政府采购审计监督的有力保障。一是通过法律法规进一步明确政府采购审计监督机关的定位,包括相关审计部门的权力、职责大小及隶属关系等内容,保障审计机关及其工作的权威性、独立性和合法性;二是通过法律制度进一步明确政府采购审计监督的目标、内容、范围、程序或流程等,明确政府采购审计监督的方向和重点;三是建立政府采购审计监督的结果分级与反馈机制,采用法律法规或指南的形式建立一套完备的审计结果分级机制,针对不同级别采取不同的处理办法,同时建立健全相应的反馈机制,将相应的政府采购审计监督结果及整改要求及时反馈给相关部门及人员,以便采购单位做出相应的整改;四是建立完善问责机制,对于违反政府采购审计法律法规的采购单位及审计人员采取必要的问责措施,从而保障和维护政府采购审计监督工作的权威性。

2. 设计政府采购审计监督指标体系

我国政府采购审计监督内容,不仅包含传统审计的内容,还将绩效审计的内容作为审计的重点。英美等发达国家的绩效审计与传统审计是独立开展的,而我国的绩效审计与传统审计是综合开展的,可以将绩效审计视为传统审计的延伸。在政府采购审计指标设计方面,通常着眼于指标的合规性来设计政府采购审计监督指标,认为合规性高即效益高、合规性低即效益低。但是,这种单一的评价标准已经不能满足政府采购审计监督的需要。

政府采购审计监督指标的设计既要考虑审计监督指标的合规性,又要考虑指标的经济性、效率性和效果性。一是将合规性内容和经济性内容结合起来,指标体系的建设既要考虑当前政府采购的基本准则规范,也要考虑政府采购成本和审计成本;二是将政府采购审计过程考核指标和结果考核指标结合起来,既要考虑政府采购行为和过程方面的审计指标,也要考虑政府采购产生及结果方面的审计指标;三是针对分阶段或者分标段的政府采购项目,有针对性地设计各阶段或者标段的指标,同时注意指标的动态性;四是充分考虑到我国当前各个地区存在的差异,结合各地区实际情况,设计不同的政府采购审计监督指标,避免"一刀切";五是针对集中采购的通用货物、服务和工程,设计政府采购审计监督指标范本,在考虑审计指标特殊性的同时,保证审计指标的统一性,同时为特殊政府采购内容的审计范本制定提供基础保障;六是将经济效益与社会效益相结合,避免过度重视经济效益而忽视社会效益(例如,政府采购中鼓励小微企业、监狱企业发展及支持农民工就业的项目,采购重点在于发挥政府采购的宏观调控作用,而不是为了节约政府采购成本或是获得经济效益);七是为政府采购审计监督设计指标要有一定的弹性,充分考虑各个部门、各个行业和各个地区的特点,为地区或者行业保留一定的设计政府采购审计监督指标的自主权,保持指标设计的适度灵活性。

3. 注重信息公开,加强外部监督

"公开、公平、公正"是政府采购活动的基本原则,"客观公正、实事求是、廉洁奉公、保守秘密"是审计工作的基本原则。根据政府采购的有关法律,采购过程中除了关于国家秘密和商业秘密的内容,其他信息都应该公开。在审计中,国家也要求对各部委、国有企业的审计结果公开,方便社会监督。同理,对政府采购审计来讲,只有坚持开放性、坚持信息公开,政府采购审计才能在任何时候都受到公众的监督。

首先,应建立政府采购审计结果公告制度。该制度要求将政府采购审计结果直接向有关部门和社会公众报告,提高审计的透明度。这样不仅可以促使审计部门更有效地使用审计资源,而且可以促使其提高审计的效率和公正性。为了更好地保证政府采购审计的客观、公正,发挥其职能,应加强外部对审计部门工作的监督。为了提高监督效力可以采取以下措施:一是可以聘请外部独立的第三方对审计部门的政府采购审计结果进行认证,以确保其披露信息的真实性和可靠性;二是利用社会媒体的力量,利用网络等信息发布平台,使更多的公众参与到政府采购审计工作中;三是在审计部门出面设立独立的审计委员会,成员可以包括外部技术专业人员和审计专家,由审计委员会负责验证政府采购审计结果的可靠性。

其次,在建立公告制度的基础上,引入"问责"机制。本着"审计必严,责任必查,问题必改"的基本原则,问责机制将对政府采购审计中出现的审计不严、不实、不准的现象追究有关部门和人员的责任。一方面针对审计结果进行纠正,另一方面警醒政府采购人员和审计人员,纠正审计工作中的作风问题。对于审计报告中提出的政府采购审计问题是否得到有效解决,问责机制也应追究到底,检查审计意见是否落到实处,政府采购结果的经济性、效率性和效益性是否得到提高。对于不采取积极措施整改或阻碍整改的行为也要问责,追究到底。

**4. 完善内部管理制度**

在外部制度并不完善的情况下,尤其需要完善审计部门内部管理制度,以约束审计部门的行为,明确审计部门的权利与义务。

首先,设计政府采购审计监督管理办法。政府采购审计监督管理办法中应明确审计部门的审计思想、审计管理组织、审计管理方法、审计审批程序、审计人才培养方法、审计部门内部监督程序等。针对政府采购审计监督中政府采购专业背景,尤其应对政府采购信息获取、与采购单位沟通方式、政府采购中国家秘密和商业秘密的保密措施等做出明确规定。设计政府采购审计监督管理办法的意义在于:一方面划分责任,明确内部奖惩办法,形成内部制约机制和控制体系,保证审计管理规范、审计程序有理有据;另一方面形成审计部门文化,树立"客观公正、实事求是、廉洁奉公、保守秘密"的审计作风。

其次,重视政府采购审计监督标准化建设。建议审计部门总结现有政府采购审计监督案例,结合现有政府采购、审计的法律法规,形成审计流程指南、审计指标范本、审计表格和报告范本。审计流程指南主要规范审计程序,明确审计各节点的时间要求和进度要求,明确各节点审计部门和采购单位的职责。审计指标范本应包含政府采购审计监督中涉及的采购规模、采购效率、固定资产使用等通用指标,还应包含采购成本、固定资产效益、政府采购项目经济社会效益等可针对项目特点进行选择的指标。审计表格和报告范本应包含审计流程涉及的表格、报告,遵循版面清晰、结构合理、内容完整的原则,不重不漏。政府采购审计监督标准化建设的意义在于:一是规范审计部门内部管理,使审计部门内部形成合规、合法、统一的审计程序,对外形成方便公开、透明合法的审计形象;二是方便审计部门内部培训,使新入职人员能顺利接手审计工作,避免因工作经验的不足而造成审计失误;三是方便采购单位了解审计流程,提高政府采购审计效率。

再次,设立审计风险台账。为了保护审计部门资源的安全、完整,确保审计信息的正确可靠,应利用审计部门内部分工而产生的相互制约、相互联系的关系,形成一系列具有控制职能的方法、措施、程序,并予以规范化、系统化。通过设计审计风险台账,使之成为一个严密的、较为完整的体系,有利于审计部门强化内部控制、预防审计风险。设立审计风险台账:一是要统计审计流程中的风险点,针对审计资料收集、审计指标设计、审计报告出具等关键环节进行全面监管;二是明确风险程度和风险表现,台账中应清楚地说明什么程度的问题才是审计风险,与审计疏漏区分,避免夸大或者疏忽风险;三是明确风险的负责人和监督人,风险管理落实到人,与政府采购审计监督管理办法中的人员奖惩制度相联系,确保审计风险台账的效力。

最后,审计小组组成应专业配置齐全,分工合理。审计部门在针对政府采购项目组建审计小组时,应考虑政府采购项目的专业需要,选择符合专业要求的成员进行相应项目的审计;同时,审计小组的分工应有主有次,落实关键环节责任人。

5. 建立有效的沟通机制

一直以来,审计部门作为监督部门之一,为了发挥监督职能、保证审计工作的权威性,在与其他部门交流时,往往处于相对独立的地位。这一做法在审计工作的进行中的确起到了维护审计独立性的作用,但也造成审计部门与采购部门的相互不信任。同时,审计部门往往把政府采购监督责任归咎于自身,在政府采购监督工作中孤立自己,忽视了与其他监督部门的合作。

首先,扭转审计部门是来"找茬"的印象。在实际的政府采购审计监督工作中,采购单位在与审计人员交流时,往往不自觉地带着审计部门是来追究采购单位责任的想法。这是因为审计部门平时并不与采购单位交流,也没有通过宣讲等形式扭转采购单位的思想认识。采购单位人员在审计中每提供一份材料都可能给自己增添一份责任,自然不愿支持政府采购审计监督工作。也有些采购单位认为审计部门是监督部门,要自觉保持与审计部门的距离,支持审计只是出于工作责任,而不是从思想上认识到审计工作的首要目标并不是追究责任,而是避免失误的二次发生。针对这种情况,审计部门可以通过座谈、讨论会或视频宣讲等形式,加强与采购单位的沟通,在采购单位中树立正确的审计观,减少采购单位对审计监督部门的抵触情绪。

其次,构建政府采购动态监督体系。政府采购监督工作涉及多个部门,如果对政府采购进行分散化监管就可能出现监管真空或者重叠,不利于政府采购监督工作的高效开展,因此建立完善、协调的政府采购监督机制是十分必要的。

具体来说，就是在审计、监察、纪检和财政等政府采购监督部门联合设立政府采购审计监督小组，强化彼此间的沟通协调。审计部门要更加深刻地认识到自身工作的重要性，并在这方面与其他部门达成共识，最终通过政府采购审计监督，逐步形成以财政监督为主，审计监督、监察监督、司法监督和社会监督相结合的政府采购动态监督体系，保证我国政府采购事业的有序开展。

6. 审计专业人才培养

与传统的财务审计工作相比，当前我国开展政府采购审计工作对审计人员的业务素质提出了更高的要求。审计人员队伍应该由掌握多种不同相关专业知识的复合型人才组成，审计人员应该不断增强责任意识，提高综合素质，积累实践经验，完善知识结构，才能更好地适应新时期审计工作的需要。

首先，拓宽选拔优秀审计人才的渠道。审计人员的老龄化、知识结构单一和审计任务繁重的矛盾突出，不适应我国日益复杂的审计形式。一是审计机关在招聘时，有必要合理布局不同专业的招聘数量，使得录取人员的专业知识背景更多元化，为团队合作和分工打下基础。二是拓宽外部人才引进渠道，深挖内部人才的潜力，注重对非审计专业人才的引进，如吸收信息技术、法律、政府采购等方面的人才加入审计队伍，改变现有审计人员的专业结构；吸收经验丰富、专业技术扎实的社会审计人员，为政府采购审计监督事业的发展做出贡献。三是考虑审计小组内部的专业知识人员配置，避免审计人员专业与审计内容专业不匹配。

其次，强化现有审计人员的继续教育。政府采购审计的内容复杂多样，要求审计人员针对新项目不断地学习，并定期接受考核。审计部门应举办培训班、开设讲座或者实地考察等形式多样的继续教育活动培训政府采购审计人员，帮助他们了解最新的政府采购审计理论和案例，破除原有审计模式和思维。审计人员不仅应学习审计专业领域的知识，还应广泛涉猎其他学科的知识，完善自身的知识结构。

最后，加强审计人员思想教育。一方面，审计人员在审计过程中难免受到各种诱惑，但为了保证审计工作的权威性，审计人员必须做到公正无私、不贪不腐。因此，审计人员不但要重视专业知识学习，更要重视个人思想作风建设。审计人员应充分认识到作风建设的长期性、复杂性和艰巨性。依照刘家义提出的"做表率、抓常长、搞预防"的九字方针,审计人员的思想作风建设要从日常小事做起,并建立起完善的教育机制。另一方面,部分审计人员留恋过去传统的审计方式,忽视新形势下绩效审计成为审计重点的现状,对政府采购绩效审计的开展不积极、不主动。对于这种思想,审计部门有必要在审计人员的继续教育中加以扭转,鼓励审计人员创新发展我国的政府采购绩效审计事业,为政府采购审计事业的发展打下思想基础。

7. 开展多种形式的部门合作

审计人员队伍老龄化、知识结构单一和信息技术能力差等问题的解决并不是一朝一夕的事,需要审计部门长期规划落实。在此之前,为了适应现在政府采购审计监督工作的需要,审计部门应该在人才交流领域开展多种形式的部门合作。

一方面,在组成政府采购审计小组时,从其他专业部门抽调相关专业人才,确保审计小组专业组成覆盖政府采购范围;尤其确保对于政府采购履约验收阶段,审查相应产品或者服务的实际使用状况,避免因专业知识缺乏而导致审计流于表面,不能对采购单位实际采购效果得出确切的结论。另一方面,为了避免抽调专家与采购单位相熟带来的审计风险,应组建政府采购审计专家委员会,在审计过程中如果有需要,可以临时抽调与采购单位没有利益关联的专家,既保证了审计质量,又节约了审计时间,降低了审计成本。组建政府采购审计专家委员会有利于挖掘人才,为吸收外部人员加入审计人才队伍打下基础,也有利于管理和追责审计专家,保证审计结论的公平、公正。

8. 开展政府采购审计监督信息化建设

当前,随着信息技术的发展与创新,无纸化办公、政府采购电子化、审计监督信息化成为主流思想。信息化有着数据处理速度快、查找方便、存储简单的优点,更能适应政府采购数据量大、类型多的现实特点。

现代信息技术的发展,给政府采购审计监督工作带来了新的机遇和挑战。一方面,政府采购审计面对的是采购单位的海量数据,不开展有效的数据分析工作,审计工作将难以进行;另一方面,这些数据汇集起来,将极大地丰富审计材料,能为审计指标的设计提供更精准的依据。因此,应当根据云计算的软硬件资源动态分配,以网络为中心,构建奖惩效果好、可靠性高、安全性好、效率高的信息化政府采购审计平台。

2002年7月,审计署启动了审计信息化系统建设项目——"金审工程",工程的目标是:建成对财政、银行、税务、海关等部门和重点国有企业、事业单位的财务信息系统及相关电子数据进行密切跟踪,对财政收支或者财务收支的真实、合法和效益实施有效审计监督的信息化系统;实施"预算跟踪+联网核查"的新型审计模式,从而逐步实现审计监督的"三个转变",即从单一的事后审计转变为事后审计与事中审计相结合,从单一的静态审计转变为静态审计与动态审计相结合,从单一的现场审计转变为现场审计与远程审计相结合;增强审计机关在信息化环境下查错纠弊、规范管理、揭露腐败、打击犯罪的能力,维护经济社会建设秩序,促进政府廉洁高效建设,更好地履行审计法定监督职责,并最终建成贯通署、省、市、县四级的国家审计信息系统(Government Audit Information System,GAIS)。

2005年11月,审计署"金审工程"一期项目顺利通过国家发改委的验收,开发并投入使用"审计人员现场审计实施系统"和"审计办公室自动化系统"。二期工程则在一期工程的基础上升级了网络系统、安全系统,并将"金审工程"布局至市县一级。但是,由于审计人员的信息技术水平有限,难以充分利用"金审工程"网络信息化、数据分析和处理的功能,在审计工作中仍然采用传统的手工查账、人工翻阅相关审计资料的方式,对审计信息化系统不熟悉,网络化审计更是无从谈起。审计人员信息技术水平制约了审计部门和采购单位之间的数据传输与整理,影响了审计效率,所以审计信息建设离不开对审计人员的培训。

加强政府采购审计监督信息化,还要注意审计系统与财政系统的数据接口设计。财政部2011年上线的"政府采购计划管理系统",要求各预算单位的政府采购预算申报、批复、执行工作均需通过系统进行,为收集政府采购数据提供了有力支撑。审计部门在进行政府采购审计监督时,可以通过系统收集采购部门的相关审计材料。在审计信息化的进程中,还要考虑建设审计系统和政府采购计划管理系统的联动平台,使审计工作可以与收集审计材料同时进行,既提高了审计效率,也降低了审计成本。

## 四、教学安排

**（一）案例资料及讨论顺序**

案例资料在课前发给学员,让学员阅读并进行小组讨论。

案例讨论的知识储备部分可以由教师提出知识点,建议学员上网或课前阅读相关文献,归纳总结并在课堂上陈述。这部分内容也可以由教师在课堂上进行简要介绍和讲授。

案例讨论主题如表 3 所示。

表 3　案例讨论主题

| 序号 | 讨论主题 | 案例中的相关线索 | 涉及的相关理论和知识 | 结论/启示/感受 |
| --- | --- | --- | --- | --- |
| 1 | 政府采购中常见的问题 |  |  |  |
| 2 | 如何实施政府采购审计 |  |  |  |
| 3 | 政府采购审计存在的问题 |  |  |  |
| 4 | 改善政府采购审计的对策 |  |  |  |

**（二）课时分配**

1. 课前自行阅读资料,约 2 小时。

2. 讨论小组讨论并提交讨论记录,约 1 小时。

3. 讨论小组推荐代表陈述并进一步讨论,约 1 小时。

4. 课堂讨论与总结,约 0.5 小时。

**（三）讨论方式**

可以采用分小组头脑风暴式讨论,要求各讨论小组推荐代表陈述观点。

**（四）课堂讨论与总结**

课堂讨论与总结的关键是:归纳发言者的主要观点;重申讨论的重点和亮点;提请学员进一步思考焦点问题或争论问题;建议学员对案例素材进行拓展研究和深度分析。

## 五、主要参考文献

1. 李晓慧,张胜蓝.中国政府绩效审计理论研究的发展与展望——基于2000—2009年国内九大期刊的初步证据[J].审计与经济研究,2016,1:23—29.

2. 审计署审计科研所.英国绩效审计的最新发展与启示[OL].http://www.audit.gov.cn/n6/n39/n64/c1244/content.htm,2012/5/16.

3. 王云芬.我国政府绩效审计的现状及改进对策[J].会计师,2015,4:63—64.

4. 徐静.政府采购绩效审计研究[D].安徽:安徽财经大学,2014.

(张阔编写,李晓慧校审)

# 水污染防治专项资金审计：打酱油的钱能否买醋

李晓慧

**摘　要**：特派员带领参加水污染防治专项资金审计的审计员开讨论会，审计员把自己在审计中遇到的问题和疑虑分享出来，澄清和总结了打酱油的钱买醋、打酱油的钱不能买醋、打酱油和打醋的钱统筹使用的含义，并进一步引导学员思考水污染防治专项资金审计如何处理"打酱油的钱不能买醋"的问题。

**关键词**：水污染防治　专项资金审计　政府审计　专款专用

## 一、背景简介

### （一）水污染防治专项资金

2008年2月28日，全国人民代表大会常务委员会修订通过的《中华人民共和国水污染防治法》规定，水污染防治应当坚持预防为主、防治结合、综合治理的原则，优先保护饮用水水源，严格控制工业污染、城镇生活污染，防治农业面源污染，积极推进生态治理工程建设，预防、控制和减少水环境污染和生态破坏。近几年，我国的水污染问题日趋严重，无论是农村还是城镇，大量的生活污水未经处理便直接进入水体，城镇工业废水经过治理虽有所减少，但超标排放的现象依然普遍存在。调查显示，全国75%的湖泊出现了不同程度的富营养化,90%的城市水域污染严重,其中重度污染约占40%。为此,各省份都根据自身情况制订了水污染防治规划,中央和地方财政设置专项资金与水污染治理规划相衔接。例如,2016年中央预算内投资共47亿元,用于支持重点流域水污染防治相关设施建设,已下达26个省份,发展改革委明确指出将严格落实监管主体责任、明确监管内容、建立健全自查抽查和专项稽查制度,充分运用投资项目在线审批监管平台,加强项目组织实施,强化资金项目的监督检查,切实提高资金投资效益。

## (二)水污染防治专项资金管理使用情况

根据《审计署关于883个水污染防治项目审计结果》(2016年第10号公告),2015年10月至2016年1月,审计署对北京、天津、山西、辽宁、吉林、黑龙江、上海、江苏、山东、河南、湖北、湖南、广东、重庆、四川、云南、陕西、甘肃等18个省、市(以下统称"省份")的883个水污染防治项目进行了审计,并检查了这些地方水污染防治相关资金管理使用情况。从审计情况看,水污染防治相关资金管理使用出现的问题主要如表1至表5所示。

表1 拨付不及时(2年以内)的水污染防治相关资金　　单位:万元

| 序号 | 省份 | 截至2015年年底财政资金未拨付金额 |
| --- | --- | --- |
| 1 | 北京 | 2 802.67 |
| 2 | 天津 | 6 321.00 |
| 3 | 山西 | 11 100.33 |
| 4 | 辽宁 | 140 935.59 |
| 5 | 吉林 | 75 745.05 |
| 6 | 黑龙江 | 45 227.63 |
| 7 | 江苏 | 167 137.55 |
| 8 | 山东 | 90 957.87 |
| 9 | 河南 | 78 508.72 |
| 10 | 湖北 | 103 545.34 |
| 11 | 湖南 | 157 449.62 |
| 12 | 广东 | 160 428.19 |
| 13 | 重庆 | 66 742.85 |

（续表）

| 序号 | 省份 | 截至 2015 年年底财政资金未拨付金额 |
|---|---|---|
| 14 | 四川 | 99 126.35 |
| 15 | 云南 | 64 567.00 |
| 16 | 陕西 | 92 086.92 |
| 17 | 甘肃 | 24 990.08 |
| 18 | 深圳 | 6 000.00 |
| 合计 | | 1 393 672.76 |

表 2　拨付不及时（滞留 2 年以上）的水污染防治相关资金　　　　单位：万元

| 序号 | 部门 | 滞留资金额 |
|---|---|---|
| 1 | 辽宁省新民市财政局 | 180.00 |
| 2 | 辽宁省抚顺市东洲区财政局 | 402.04 |
| 3 | 辽宁省铁岭市昌图县财政局 | 4 911.57 |
| 4 | 吉林省长春市财政局 | 1 325.00 |
| 5 | 吉林省四平市财政局 | 3 100.00 |
| 6 | 吉林省辉南县财政局 | 770.00 |
| 7 | 吉林省吉林市蛟河市财政局 | 1 080.00 |
| 8 | 黑龙江省哈尔滨市松北区财政局 | 200.00 |
| 9 | 黑龙江省哈尔滨市道外区财政局 | 100.00 |
| 10 | 黑龙江省哈尔滨市香坊区财政局 | 300.00 |
| 11 | 黑龙江省富裕县财政局 | 1 552.15 |
| 12 | 黑龙江省林口县财政局 | 2 590.00 |
| 13 | 江苏省常州市武进区财政局 | 1 527.00 |
| 14 | 江苏省溧阳县财政局 | 73.00 |
| 15 | 江苏省宜兴市财政局 | 466.00 |
| 16 | 江苏省江阴市财政局 | 827.00 |
| 17 | 江苏省盱眙县财政局 | 349.00 |
| 18 | 湖北省丹江口市财政局 | 2 415.00 |
| 19 | 湖南省永兴县财政局 | 3 000.00 |
| 20 | 广东省茂名市财政局 | 3 969.66 |

（续表）

| 序号 | 部门 | 滞留资金额 |
|---|---|---|
| 21 | 广东省湛江市财政局 | 1 969.68 |
| 22 | 重庆市涪陵区财政局 | 1 445.84 |
| 23 | 四川省成都市温江区财政局 | 1 511.69 |
| 24 | 四川省崇州市财政局 | 593.76 |
| 25 | 四川省乐山市市中区财政局 | 135.31 |
| 26 | 四川省资中县财政局 | 1 046.90 |
| 27 | 四川省绵竹市财政局 | 2 445.32 |
| 28 | 四川省武胜县财政局 | 2 600.00 |
| 29 | 云南省陆良县财政局 | 853.00 |
| 30 | 云南省昆明市官渡区财政局 | 500.00 |
| | 合计 | 42 238.92 |

表3 水污染防治相关资金闲置情况　　　　　单位：万元

| 序号 | 主管部门或项目单位名称 | 闲置资金额 |
|---|---|---|
| 1 | 吉林省白城市住房和城乡建设局 | 36 200.00 |
| 2 | 吉林省白城市发展改革委 | 520.00 |
| 3 | 吉林省白城市中兴城市基础设施建设有限公司 | 326.40 |
| 4 | 吉林省白城市新开城市建设集团有限公司 | 436.93 |
| 5 | 吉林省大安市住房和城乡建设局 | 1 412.00 |
| 6 | 吉林省长春市长春净月建设发展有限公司 | 1 026.70 |
| 7 | 吉林省长春市长春净月开发区政府采购办公室 | 491.45 |
| 8 | 辽宁省新民市住房和城乡建设管理局、新民市动物卫生监督管理局、新民市环境保护局、新民市财政局 | 4 450.00 |
| 9 | 辽宁省沈阳市环境保护局 | 400.00 |
| 10 | 辽宁省沈阳市环境保护局沈北新区分局 | 60.00 |
| 11 | 辽宁省抚顺市环境保护局 | 2 662.80 |
| 12 | 黑龙江省绥化市发展改革委 | 2 160.00 |
| 13 | 黑龙江省绥化市北林区环境保护局 | 2 500.00 |
| 14 | 黑龙江省绥化市供排水有限公司 | 4 140.00 |

（续表）

| 序号 | 主管部门或项目单位名称 | 闲置资金额 |
| --- | --- | --- |
| 15 | 黑龙江省哈尔滨市环境保护局 | 271.00 |
| 16 | 黑龙江省齐齐哈尔市垃圾处理公司 | 5 135.00 |
| 17 | 黑龙江省齐齐哈尔市市政排水工程有限公司 | 2 040.00 |
| 18 | 江苏省泰州市姜堰区财政局环境保护局 | 766.00 |
| 19 | 江苏省泰州市姜堰环卫管理中心 | 422.96 |
| 20 | 山东省金乡县人工湿地管理办公室 | 924.60 |
| 21 | 山东省济宁市任城区环境保护局 | 5 068.60 |
| 22 | 山东省菏泽市牡丹区水务局 | 2 998.37 |
| 23 | 湖北省十堰市环境监察支队 | 500.00 |
| 24 | 湖北省十堰市环境监测站 | 320.00 |
| 25 | 湖北省十堰市茅箭区住房和城乡建设局 | 4 500.00 |
| 26 | 湖北省十堰市茅箭区环境保护局 | 130.00 |
| 27 | 湖南省岳阳市平江县黄金开发总公司 | 390.00 |
| 28 | 重庆市长寿区环境保护局、大足区环境保护局 | 32 890.31 |
| 29 | 重庆市大足区创佳公司、重庆市水务资产公司 | 135 363.41 |
| 30 | 四川省乐山市城市建设投资有限公司 | 2 950.00 |
| 31 | 四川省成都市温江区环境保护局 | 914.69 |
| 32 | 四川省崇州市水务局 | 1 756.04 |
| 33 | 四川省隆昌县住房和城乡建设局 | 1 193.00 |
| 34 | 云南省昆明市滇池投资有限责任公司 | 10 421.93 |
| 35 | 云南省昆明市西山区水务局（环境综合治理工程） | 3 067.96 |
| 36 | 云南省昆明市西山区水务局（清水河、杨家河、太家河截污及水环境治理） | 1 304.84 |
| 37 | 云南省昆明市西山区水务局（金家河水系截污及水环境综合整治） | 707.50 |
| 38 | 云南省昆明市空港投资开发有限责任公司 | 358.50 |
| 39 | 陕西省丹凤县住房和城乡建设局 | 892.30 |
| 40 | 陕西省商洛市城管局 | 1 933.60 |
| 41 | 甘肃省白银市环境保护局 | 13 000.00 |
| 42 | 甘肃省会宁县住房和城乡建设局 | 1 500.00 |

（续表）

| 序号 | 主管部门或项目单位名称 | 闲置资金额 |
|---|---|---|
| 43 | 甘肃省白银市白银有色集团股份有限公司 | 3 800.00 |
| 44 | 甘肃省白银市平川区给排水公司 | 507.00 |
| | 合计 | 292 813.89 |

表4 水污染防治相关资金损失浪费情况　　　　单位：万元

| 序号 | 项目名称 | 损失浪费金额 |
|---|---|---|
| 1 | 山西省长治市三河一渠综合治理工程项目 | 896.25 |
| 2 | 山西省阳曲等11个县农村环境连片整治示范工程项目 | 363.02 |
| 3 | 山西省忻州市镀锌重金属污染防治项目 | 49.98 |
| 4 | 辽宁省抚顺市望花区塔峪镇污水处理设施项目和东洲污水处理厂项目 | 28.83 |
| 5 | 湖南省衡阳市钛白副产硫酸亚铁生产5万吨/年聚合硫酸铁工程项目 | 1 200.00 |
| 6 | 云南省昆明市主城区城市污水处理厂污泥处理处置工程项目 | 22 600.00 |
| 7 | 陕西省咸阳市城西快速干道工程项目 | 680.00 |
| 8 | 陕西省西安第三污水处理厂扩建工程项目 | 480.00 |
| 9 | 陕西省西安市第四污水处理厂、第六污水处理厂和第十污水处理厂建设项目 | 580.28 |
| | 合计 | 26 878.36 |

表5 水污染防治相关资金被套取情况　　　　单位：万元

| 序号 | 项目名称 | 套取资金额 |
|---|---|---|
| 1 | 河南省安阳市富氧铅熔池熔炼环保技改工程项目 | 2 902.00 |
| 2 | 湖南省衡阳市铬渣污染综合治理工程项目 | 120.00 |
| 3 | 湖南省郴州市固体废物管理及交易平台建设项目 | 98.88 |
| 4 | 广东省茂名市重金属污染防治项目 | 428.62 |

（续表）

| 序号 | 项目名称 | 套取资金额 |
|---|---|---|
| 5 | 重庆市大足区江河湖泊生态环境保护项目和农村环境连片整治项目 | 1 080.00 |
| 6 | 四川省内江市道路污水管网完善工程项目 | 460.00 |
| 7 | 四川省自贡市污水管网完善工程项目 | 630.07 |
| 8 | 陕西省商洛市污水管网建设项目 | 812.00 |
| | 合计 | 6 531.57 |

## 二、案例概况

A特派办9名审计人员参加了审计署组织的水污染防治项目专项审计工作。在历时3个月的审计后，A特派办特派员张兴组织9名审计人员反思与讨论整个审计过程，以进一步提升特派办审计人员的业务素质和审计水平。

2016年8月3日上午8:30，在A特派办的大会议室，A特派办特派员张兴与审计人员准时参加会议。

特派员张兴首先强调："这次你们有幸参加全国水污染防治项目专项审计，成绩与收获很大。今天我们主要反思和讨论参加这次审计工作所遇到的问题和疑虑，不仅要提炼总结一下水污染防治项目专项审计工作的一些技巧，也要通过他人的分享来提升每个审计人员对审计理论及其技巧的认知和理解。希望大家不要穿衣戴帽讲客气话，而要直接分享审计中遇到的难点、疑点及经验与体会。"

众人沉默片刻，王审计员率先发言："我多次参加审计署组织的涉及水污染防治资金审计工作，以前发现问题多集中在少征、挪用和截留污水处理费及排污费方面，这次发现的问题集中在水污染防治资金闲置和低效方面。我认为这一方面说明我国预算资金对水污染防治的投入增大，另一方面说明我们对财政资金专项审计重点从以合规合法审计为主转向了以绩效审计为主。"

"小王总结得很好，审计要为预算资金合理高效使用保驾护航，审计其合规合法性固然重要，但目前预算资金最主要的问题是使用效率。审计中发现这个问题后,我们如何提出改进意见呢?这是最关键的。"特派员张兴问。

李审计员若有所思地说:"尽管我多次参加审计署组织的全国大型审计工作,但第一次参加水污染防治项目专项审计,在审计中与被审计单位沟通就遇到问题。我们审计认定Y县城镇污水垃圾处理设施及污水管网工程项目专项资金结存525万元,发现2013年7月,中央财政拨付甘肃省Y县生活垃圾卫生填埋场工程资金750万元,项目计划于2014年建设完成。截至2016年3月末,该项目一直处于停工状态,除预付施工单位工程款225万元外,其余中央专项资金525万元尚未使用,结存在Y县财政局专户。询问为什么好不容易争取到的中央财政资金不尽快拨付使用,他们说项目实施中遇到拆迁和土地征用需要资金500多万元,而Y县没有这么多资金完成拆迁和土地征用,该项目只能一拖再拖,无法继续投入建设。有人建议先用中央拨付的生活垃圾卫生填埋场工程专项资金完成拆迁和土地征用,但基于专项资金专款专用,不能'拿打酱油的钱买醋',因此Y县只能眼睁睁地看着一方面中央财政拨款闲置在账上造成低效,另一方面因资金缺乏不能完成拆迁和土地征用,Y县急需的生活垃圾卫生填埋场建设项目无法实施。这种资金闲置与短缺并存的现象如何处理呢?"

"我们也遇到类似的问题。X省分别从国土、水利、环保、林业、财政等部门和发改委申请到水污染防治专项资金共计8亿多元,投资水污染治理项目40个,其中列入国家重点流域水污染防治规划中城镇污水处理及配套设施项目12项中,就有6项是因为人员搬迁、房屋拆迁和土地征用而推延,白白让中央财政资金闲置在账上。被审计单位也很着急,问我们能否像扶贫资金统筹使用一样,X省可以统筹使用水污染防治资金,这部分资金不仅可以支付项目专项建设资金,还可以支付为项目建设而必须支付的人员迁移、房屋搬迁和土地征用费。"章审计员说。

祝审计员分析道:"要解决这个问题,首先要深究一个问题:为什么打酱油的钱不能买醋?按照预算资金管理相关法规和财经纪律,打酱油的钱和买醋的钱必须专款专用,不能挪用和混用,但从战略预算和绩效预算管理的角度,如果打酱油和买醋最终目的就是做好某一顿饭,把打酱油和买醋的钱整合起来使用,为什么不可?"

"为什么不可?"方审计员一边重复,一边说,"从我们审计的角度来讲,打酱油的钱就是不能买醋。依据预算资金管理相关法规及财经纪律,我们一定要坚持打酱油和买醋的钱专款专用,严格按程序办理。但究其好不容易申请到的水污染防治专项资金闲置在账上的原因,我们要针对不同的根源提出相关应的建议:一是利用一个项目套取各方财政资金,造成财政资金闲置,这是属于套取财政资金的违法事项,应当制止和处理,同时应当在预算资金分配环节完善制度,减少各个部门各自为政地抓项目;二是存在急需投入的水污染防治项目,但项目建设投产需要的基础(如土地等)不具备,这种情况不能仅仅拨付水污染防治项目专项资金,应当同时拨付建设该项目的配套资金,否则专项资金一定会沉淀;三是水污染防治资金申请获批后,由于某一方面的惰政、不作为或不配合而导致资金闲置甚至浪费,这真正属于资金使用效率问题,需要从强化激励约束机制、促进财政资金高效运作抓起。"

"你说的前两种问题,最后都涉及预算资金分配体制,这无法从被审计单位如何改善方面提建议,而是为政府及其职能部门提建议,我们审计人员能承担起这份责任吗?我们提出建议有用吗?"潘审计员问道。

"思考这个问题很有意思。"特派员张兴赞许道,"政府审计究竟为什么?是为了查问题处罚当事人还是为被审计单位提出改进建议呢?作为审计人员,我们能否为国家、政府和国家宏观经济提出建议?这些建议如何才能被采纳呢?"

……

人们的讨论又转向这些务虚的命题了……

## 案例使用说明

### 一、教学目标与用途

适用课程：高级审计理论与实、绩效预算与政府审计。

适用对象：审计专业硕士、会计专业硕士，延伸适用于所有管理类的专业硕士（如 MBA 等），以及企事业单位高级管理人才。

教学目标：引导学员分析特派员带领参加水污染防治专项资金审计的审计员的质疑和讨论，思考打酱油的钱买醋、打酱油的钱不能买醋、打酱油和打醋的钱统筹使用的含义，进一步思考水污染防治专项资金审计如何处理"打酱油的钱不能买醋"的问题，提高政府审计的价值。

### 二、思考题

1. 如何理解"打酱油的钱买醋"？
2. 如何理解"打酱油的钱不能买醋"？
3. 如何理解"打酱油和打醋的钱统筹使用"？
4. 审计中如何处理"打酱油的钱不能买醋"的问题？
5. 政府审计如何提升专项资金的价值增值？

### 三、背景、理论依据与案例分析

（一）政策背景

1. 统筹使用预算资金

2014 年 12 月 30 日，国务院办公厅发布的《关于进一步做好盘活财政存量资金工作的通知》（国办发〔2014〕70 号）明确规定：

（1）清理一般公共预算结转结余资金。各级一般公共预算 2012 年及以前年度结转（不含权责发生制）资金，应当作为结余资金管理，补充预算稳定调节基金，统筹用于 2015 年及以后年度预算编制。2013 年结转资金应加快执行，不需按原用途使用的，应按规定统筹用于经济社会发展急需资金支持的领域。

（2）清理政府性基金预算结转资金。各级政府性基金预算结转资金原则上按有关规定继续专款专用。结转资金规模较大的，应调入一般公共预算统筹使用。每一项政府性基金结转资金规模一般不超过该项基金当年收入的30%。

（3）加强转移支付结转结余资金管理。对上级政府2012年及以前年度专项转移支付结转资金，预算尚未分配到部门的，由下级政府交回上级政府；已分配到部门的，由该部门同级政府收回统筹使用。对上级政府2013年专项转移支付结转资金，下级政府可在不改变资金类级科目用途的基础上，发挥贴近基层的优势，加大整合力度，调整用于同一类级科目下的其他项目，并报上级政府有关部门备案。

（4）加强部门预算结转结余资金管理。各部门、各单位要加大结转资金执行力度，对不需按原用途使用的，按规定调剂用于本部门、本单位其他项目。2012年及以前年度项目结转资金，应当作为结余资金管理，由同级政府收回统筹使用。收回资金的项目需要在2015年及以后年度继续实施的，应作为新的预算项目，按照预算管理程序重新申请和安排。

（5）规范权责发生制核算。各级政府要严格权责发生制核算范围，控制核算规模。从2014年起，地方各级政府除国库集中支付年终结余外，一律不得按权责发生制列支，严禁违规采取权责发生制方式虚列支出。除国库集中支付年终结余资金外，凡在总预算会计中采取借记"一般预算支出"、贷记"暂存款"科目方式核算的，一律按照虚列支出问题处理。对实行权责发生制核算的特定事项，应当向本级人大常委会报告。地方各级政府应对2013年及以前年度按权责发生制核算的事项进行清理，统筹用于经济社会发展急需资金支持的领域，并在2016年年底前使用完毕。对因清理国库集中支付年终结余新产生的权责发生制核算事项，要在2年内使用完毕。

（6）严格规范财政专户管理。全面清理存量财政专户，除经财政部审核并报国务院批准保留的财政专户外，其余财政专户在2年内逐步撤销；2014年财政部已经发文要求各地清理撤销的财政专户，必须严格按照规定时间清理归并或撤户。严格执行财政专户开立核准程序，各地一律不得新设专项支出财政专户；开立其他财政专户的，必须按照国务院规定报经财政部核准。严格财政专户资金管理，除法律法规和国务院另有规定外，禁止将财政专户资金借出周转使用或转出专户进行保值增值，已经出借或转出专户的资金要限期收回；专户资金必须按照规定用途使用，清理撤销的财政专户中的资金，要按规定并入其他财政专户分账核算或及时缴入国库。严禁违规将财政资金从国库转入财政专户并虚列支出,或将财政资金支付到预算单位实有资金银行账户。

(7) 加强收入缴库管理。地方各级政府所有非税收入执收单位要严格执行非税收入国库集中收缴有关规定,取消收入过渡性账户,确保非税收入及时足额上缴财政。积极推行非税收入电子缴库,实现非税收入直接缴入国库;暂未实现非税收入直接缴库的,应当将缴入财政专户中的非税收入资金在10个工作日内足额缴入国库,不得以任何理由拖延或不缴。坚决杜绝延迟缴库等调节财政收入的行为。严禁采取各种方式虚列收入或应计未计收入挂往来项。

(8) 加强预算周转金、预算稳定调节基金和偿债准备金管理。各级政府可以设置预算周转金,用于本级政府调剂预算年度内季节性收支差额,但要严格控制预算周转金额度,不得超过《预算法实施条例》规定的比例。各级政府可以根据实际需要将闲置不用的预算周转金调入预算稳定调节基金。合理控制预算稳定调节基金规模,预算稳定调节基金编制年度预算调入后的规模一般不超过当年本级一般公共预算支出总额的5%;超过5%的,各级政府应加大冲减赤字或化解政府债务支出力度。加强偿债准备金管理,从2015年1月1日起,地方各级政府不得新设各种形式的偿债准备金,确需偿债的,一律编制三年滚动预算并分年度纳入预算安排。对已经设立的各类偿债准备金,要纳入预算管理,优先用于偿还到期政府存量债务。

(9) 编制三年滚动预算。从2015年起,在财政部编制全国三年财政规划、地方财政部门编制本地区三年财政规划的同时,对目标比较明确的项目,各部门必须编制三年滚动预算,特别是要在水利投资运营、义务教育、卫生、社保就业、环保等重点领域开展三年滚动预算试点,加强项目库管理,健全项目预算审核机制,明确规划期内将要开展的项目。对列入三年滚动预算的项目,各部门、各单位要提前做好项目可行性研究、评审、招投标、政府采购等前期准备工作,确保资金一旦下达就能实际使用;出于特殊原因无法使用的资金,要及时调剂用于规划内的其他项目,并报同级财政部门备案。

(10) 加大督查和问责力度。根据《预算法》和《财政违法行为处罚处分条例》,对于截留、占用、挪用或者拖欠应当上缴国库的预算收入,未将所有政府收入和支出列入预算或者虚列收入和支出,违法违规开设财政专户等行为,对负有直接责任的主管人员和其他直接责任人员依法给予处分,构成犯罪的依法追究刑事责任。

2. 发挥审计促进国家重大决策部署落实的保障作用

2014年10月27日,国务院颁布的《关于加强审计工作的意见》(国发〔2014〕48号)明确规定:

(1) 推动政策措施贯彻落实。持续组织对国家重大政策措施和宏观调控部署落实情况的跟踪审计,着力监督检查各地区、各部门落实稳增长、促改革、调结构、惠民生、防风险等政策措施的具体部署、执行进度和实际效果等情况,特别是重大项目落地、重点资金保障及简政放权推进情况,及时发现和纠正有令不行、有禁不止的行为,反映好的做法、经验和新情况、新问题,促进政策落地生根和不断完善。

(2) 促进公共资金安全高效使用。要看好公共资金,严防贪污、浪费等违法违规行为,确保公共资金的安全。把绩效理念贯穿审计工作始终,加强预算执行和其他财政收支审计,密切关注财政资金的存量和增量,促进减少财政资金沉淀,盘活存量资金,推动财政资金合理配置、高效使用,把钱用在刀刃上。围绕中央八项规定精神和国务院"约法三章"要求,加强"三公"经费、会议费使用和楼堂馆所建设等方面的审计,促进厉行节约和规范管理,推动俭朴政府建设。

(3) 维护国家经济安全。加大对经济运行中风险隐患的审计力度,密切关注财政、金融、民生、国有资产、能源、资源和环境保护等方面存在的薄弱环节与风险隐患,以及可能引发的社会不稳定因素,特别是地方政府性债务、区域性金融稳定等情况,注意发现和反映苗头性、倾向性问题,积极提出解决问题和化解风险的建议。

(4) 促进改善民生和生态文明建设。加强对"三农"、社会保障、教育、文化、医疗、扶贫、救灾、保障性安居工程等重点民生资金和项目的审计,加强对土地、矿产等自然资源,以及大气、水、固体废物等污染治理和环境保护情况的审计,探索实行自然资源资产离任审计,深入分析财政投入与项目进展、事业发展等情况,推动惠民和资源、环保政策落实到位。

(5) 推动深化改革。密切关注各项改革措施的协调配合情况,促进增强改革的系统性、整体性和协调性;正确把握改革和发展中出现的新情况,对不合时宜、制约发展、阻碍改革的制度规定,及时予以反映,推动改进和完善。

2013年以来,审计署先后制定下发《关于适应新常态践行新理念更好地履行审计监督职责的意见》《关于加强审计监督进一步推动财政资金统筹使用的意见》等13个文件,要求各级审计机关按照"整合专项、盘活存量、优化结构、用好增量、提高绩效"的思路,切实推动财政资金统筹整合,促进提高资金使用效益。审计署多次开展财政存量资金审计,并在国家重大政策措施贯彻落实情况跟踪审计中持续关注财政资金统筹使用和存量盘活情况。审计中把握以下三点:一是不片面地强调专款专用,而是对各地积极作为、主动整合盘活财政资金的做法给予大力支持和保护;二是对以权谋私、假公济私、权钱交易、骗取财政资金、失职渎职、贪污受贿等违法犯罪问题,始终坚持零容忍,坚决查处;三是对任何地方或单位以"打酱油的钱不能买醋"等为借口拒不整合财政资金的,坚决查处、坚决曝光、坚决推进改革、促进整合,发挥财政资金的使用效益。

(二)理论基础

1. 财政资金专款专用原则

财政资金专款专用原则,是指对指定用途的资金应按规定的用途使用,并单独反映。财政收支管理中以特定来源资金用于指定用途的办法,通常将这种有特定来源和专门用途的资金称为专用资金或专项资金。目前,财政专项资金分很多种,用在民生方面的居多,有教科文方面的,如义务教育公用经费补助、校舍维修改造、科技推广、科普惠农、广电村村通、宣传文化发展、博物馆纪念馆免费开放、计生扶助、档案抢修等专项资金;有农林水方面的,如农业综合开发、饮水安全资金、农业技术推广、退耕还林(草)补助、扶贫资金、水污染防治资金等专项资金;有经济建设方面的,如家电下乡补助、粮食直补、病险水库维修加固、自然灾害救助、廉租房保障、基本建设贴息等专项资金;有支持企业发展方面的,如政策性关闭企业补助、中小企业信用担保贴息等专项资金;有社会保障方面的,如最低生活保障补助、公共卫生服务体系建设补助、抚恤补助、医疗救助、就业补助等专项资金;有行政政法方面的,如法律援助、旅游发展基金补助、大学毕业生到村任职补助、司法保障等专项资金。

日常中,人们把财政资金专款专用俗称为"打酱油的钱不能买醋",把挪用、滥用专项资金俗称为"打酱油的钱买醋了"。

2.《预算法》中强调的绩效管理

新《预算法》首次把讲求绩效作为一条重要原则,和统筹兼顾、勤俭节约、量力而行、收支平衡并列。

在预算编制环节,要参考有关支出绩效评价结果;在预算审查和批准环节,各级人民代表大会有关专门委员会的审查结果报告应当包括提高预算绩效的意见和建议;在预算执行和监督环节,要求各级政府、各部门、各单位应当对预算支出情况开展绩效评价;在决算环节,要重点审查支出政策实施情况和重点支出、资金的使用及绩效情况。还有转向转移支付定期评估和退出、预算公开等方面都要体现预算绩效管理。

绩效预算的特征包括:

(1)战略性。绩效预算必须重视组织长期目标,使短期的预算指标与长期的组织发展战略相适应,增强各期绩效预算编制的衔接性,使绩效预算管理成为实现组织长期发展目标的推进器。

(2)资源优化配置性。绩效预算管理是一种全员控制、全方位控制和全过程控制体系,在绩效预算网络下,组织全部的资源应纳入预算管理监控,有限的资源被重新组合分配,组织内部职能的界限已经在逐渐削弱,通过绩效预算使之能相互融合在一起,以便更好地进行综合协调,减少资源闲置现象。

(3)系统管理性。绩效预算管理本身是一个机制化的系统控制过程,具有鲜明的程序性,使用纳入绩效预算管理的资源需要立项、编制、审批、执行、监督、差异分析和考评等,绩效预算管理系统设立的目的是降低预算风险,是一种自我约束、自我管理的管理信息控制系统。

(4)标杆性。绩效预算管理为组织日常经营业务、财务收支活动提供控制尺度和衡量标准,同时将绩效预算作为标杆,使所有预算执行主体知道自己的行动目标和努力所能达到的结果。

3.结果导向审计与问题导向审计

目前,政府审计正日趋向绩效审计转型,根据绩效审计关注的不同出发点,可以把审计分为结果导向和问题导向两种基本类型。

结果导向审计以对既定标准是否得到遵守的客观评价为特征(即使这种导向也可能涉及分析因素)。结果导向审计关注的问题是:被审计单位的绩效如何取？得了什么结果？有关要求或目标有没有达到？在这种情况下，审计人员检查被审计单位的绩效（经济性、效率性、效果性），并将所发现的情况与既定标准（目的、目标和规章）及审计标准（或多或少在主要检查开始之前就已经确定）进行比较。如果审计标准很难确定，审计人员可能需要与该领域专家一起确定可靠的标准，该标准应当是客观的、相关的、合理的和可达到的。有了审计标准就能对审计发现进行评价。在这种审计模式中，所谓绩效方面的缺陷就是对既定规范或标准的偏离。所提出的审计建议经常以消除这种偏差为目标。

问题导向审计是以独立分析为特征，主要关注分析问题的核实和分析，一般不参考事先确定的审计标准。在这种情况下，绩效方面的缺陷和问题是审计的出发点而不是审计的结论。审计的主要任务是核实所述问题的存在情况，并从不同角度分析问题（与政府项目和活动的经济性、效率性和效果性有关）的原因。问题导向关注的主要问题是：所述问题是否真的存在？如果存在，如何理解这些问题？问题的原因是什么？审计人员对可能的原因提出假设并对这些假设进行测试。这个角度是分析性的和有用的，目的是就所述问题及如何处理问题提供最新信息。审计人员的分析工作是不受限制的，所有可能的重大原因都要加以考虑，只有总目标可以被看作理所当然的。比如，如果有迹象表明现有体制导致了严重的经确认的问题，则不排除提出有关修改法律、规章和政府部门职能结构的建议。

4. 政府审计的价值定位

政府审计实质上是国家依法使用权力监督、制约权力的行为，其本质是国家治理这个大系统中的一个内生的具有预防、揭示和抵御功能的免疫系统。为此，政府审计在国家治理中的价值定位如下：

（1）为国家治理进行科学决策提供及时、客观、可靠的信息，促进国家治理各项政策措施的执行。

（2）在国家权力体系中发挥权力制约和监督的作用，促进规范权力的配置和运行。

（3）注重揭示和反映经济社会运行中的薄弱环节和风险，维护国家安全。

（4）揭露违法违规问题和滥用权力的行为，维护经济社会秩序。

（5）从体制、机制、制度层面反映问题和提出改进建议，促进国家治理创新。

(6) 关注民生和资源环境保护,努力维护人民的根本利益,促进生态文明建设。

(7) 实行审计信息公开和问题整改跟踪制度,推动落实民众在国家治理中的知情权和参与权。

(三) 理解"打酱油的钱买醋"和"打酱油的钱不能买醋"

分析水污染防治相关资金损失浪费、被套取——"打酱油的钱买醋了",究其原因有:

(1) 预算资金编制的不科学。如果在预算编制环节,"打酱油的钱"和"买醋的钱"配置不合理,必然造成财政资金闲置与短缺并存,人们从主观上或客观上都会倾向用"打酱油的钱买醋"。

(2) 预算资金拨付的时滞性。由于全国"两会"和各省市"两会"召开后,预算资金才能配置完毕,这时候再拨付资金,即便是及时到位,小半年也已经过去了,这为预算资金的借用和挪用提供了借口。

(3) 预算资金审批环节软约束、预算资金使用职责不清、预算执行的随意性,为巧立名目、滥用职权、徇私舞弊使用预算资金提供了土壤。

分析水污染防治相关资金的闲置——财政资金执行中人们以"打酱油的钱不能买醋"为借口,造成财政资金极大的闲置和低效,究其原因有:

(1) 专项资金过多过散,国土、水利、环保、林业、财政等部门和发改委等职能部门或地方政府"九龙治水"抓项目,常常出现被人关注的热点或重点项目多渠道来源资金多,但一些必须且被人忽视的项目缺乏财政资金支持。

(2) 存在"违法"风险。根据现行《财政违法行为处罚处分条例》,如果"截留、挪用财政资金"或"违反规定扩大开支范围,提高开支标准",相关责任单位或责任人将面临警告或通报批评,记大过乃至降级、撤职、开除等处分。

(3) 部分领导存在懒政、惰政心态,缺乏责任心,怕担风险。

(四) 理解"打酱油和买醋的钱统筹使用"

把战略观和绩效观引入预算资金管理中,人们就能理解"打酱油和买醋的钱统筹使用"问题。

目前,影响"打酱油和买醋的钱统筹使用"的原因是多方面的,从审计情况看,主要有以下三个方面:第一,资金来源渠道多,分配中碎片化、部门化、司处化现象比较突出,以及一些专项"小、散"的问题,从源头上限制了财政资金整合,基层政府和项目单位"难作为";第二,一些现行制度规章与统筹使用财政存量资金的政策要求没有及时衔接,涉及专项分配使用的具体制度规定,特别是相关部门有些"专款专用""打酱油的钱不能买醋"等规定还没有修订完善,基层往往难以突破这些规定进行有效整合,造成"不能作为";第三,基层怕失去专项支持不敢整合,怕得罪专项主管部门不敢整合,怕影响专项考核、业绩等不敢整合。这些都严重影响了财政资金的统筹使用和效益的发挥。

(五)审计中如何处理"打酱油的钱不能买醋"的问题,以提升专项资金的价值增值

按照财政资金专款专用原则,预算安排这笔钱是用来做什么的,执行的时候就只能用来干这个,要不然就是资金挪用。为此,在审计预算资金时,审计人员都会按照预算资金管理办法及相关财经纪律进行专业判断,即坚决执行"打酱油的钱不能买醋"。尽管这增进了审计工作的权威性,但给审计人员带来困惑:

(1)如果国家关于财政资金管理相关条文没变,但现实情况变了,"打酱油的钱"多而"买醋的钱"少,被审计单位把"打酱油的钱买醋了",提高了财政资金的使用效率,取得了良好的社会效果。这时,审计人员应当如何判断?

(2)如果预算编制科学,但具体执行中情况复杂且有变,按原预算执行会造成损失和低效,被审计单位把"打酱油的钱买醋了",提高了财政资金的使用效率,取得了良好的社会效果。这时,审计人员应当如何判断?

(3)如果预算编制科学,但具体执行中情况复杂且多变,按原预算执行会造成损失和低效,被审计单位怕担责任和违规,坚持按"打酱油的钱不能买醋"不折不扣地执行了原来预算,带来财政资金的损失和浪费。这时,审计人员应当如何判断?

(4)如果预算编制不科学,按原预算执行会造成损失和低效,被审计单位怕担责任和违规,坚持按"打酱油的钱不能买醋"不折不扣地执行了原来预算,带来财政资金的损失和浪费。这时,审计人员应当如何判断?

针对以上困惑,审计应对的总原则是:政府审计要深挖问题,但绝对不能仅仅就问题论问题,而应当从问题的根源入手,思考制度变革、流程再造和机制创新。具体应该:

(1)针对困惑(1),审计人员应当针对政策文件的实用性进行深度研究,直接向政策制定部门提出变革政策制度的建议,这是我国国家治理动态优化的保障。

(2)针对困惑(2),审计人员应当建议被审计单位一方面按原渠道申报修改预算编制,另一方面完善内部控制,评估和应对"打酱油的钱买醋了"带来的风险。

(3)针对困惑(3)和困惑(4),审计人员应当建议被审计单位一方面按原渠道申报修改预算编制,另一方面通过激励约束机制和绩效评价制度,增强相关人员的责任心,并追究相关责任人的责任。

也就是说,应当将战略观和绩效观引入预算资金管理,政府审计也要做出相应的转变,主要表现在:

(1)由以审财务为主转向以审机制、审控制、审风险、审计绩效为主。

(2)由问题导向审计模式转向问题导向审计和结果导向审计融合。

(3)由常用审计方法转向综合、系统、数字化的审计方法。

(4)由侧重于发现问题处罚责任人转向向被审计单位、政府职能部门及国家提供价值增值的咨询意见为主。

## 四、分析思路

本案例讨论和分析的框架如图1所示。

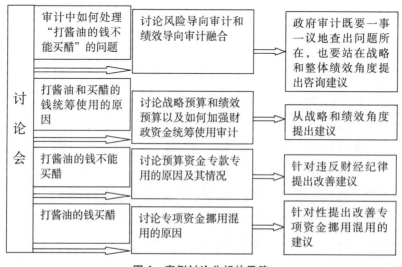

图1 案例讨论分析的思路

## 五、教学安排

（一）案例资料及讨论顺序

案例资料在课前发给学员,让学员阅读并进行小组讨论。

案例讨论的知识储备部分可以由教师提出知识点,建议学员上网或课前阅读相关文献,归纳总结并在课堂上陈述。这部分内容也可以由教师在课堂上进行简要介绍和讲授。

案例讨论主题如表6所示。

表6　案例讨论主题

| 序号 | 讨论主题 | 案例中的相关线索 | 涉及的相关理论和知识 | 结论/启示/感受 |
| --- | --- | --- | --- | --- |
| 1 | 打酱油的钱买醋 | | | |
| 2 | 打酱油的钱不能买醋 | | | |
| 3 | 打酱油与买醋的钱统筹使用 | | | |
| 4 | 审计中如何处理"打酱油的钱不能买醋" | | | |
| 5 | 政府审计如何提升价值 | | | |

（二）课时分配

1. 课前自行阅读资料,约2小时。

2. 讨论小组讨论并提交讨论记录,约1小时。

3. 讨论小组推荐代表陈述并进一步讨论,约1小时。

4. 课堂讨论与总结,约0.5小时。

（三）讨论方式

可以采用分小组头脑风暴式讨论,要求各讨论小组推荐代表陈述观点。

（四）课堂讨论与总结

课堂讨论与总结的关键是:归纳发言者的主要观点;重申讨论的重点和亮点;提请学员进一步思考焦点问题或争论问题;建议学员对案例素材进行拓展研究和深度分析。

### 六、主要参考文献

1. 国务院.中华人民共和国审计条例,1988.
2. 李金华.国家审计是国家治理的工具[J].财经,2004,1:1—5.
3. 全国人大常委会.中华人民共和国审计法,1994.
4. 审计署.审计机关公布审计结果准则,2001.
5. 审计署.中华人民共和国国家审计基本准则,2001.

(李晓慧编写,郑海英校审)

# 会计师事务所管理

# 绿大地：会计师事务所变更

曹 强

**摘　要**：2008—2010年，绿大地更换了三家会计师事务所，而且三次变更都发生在年报披露前夕。三次更换会计师事务所，绿大地都发生了诸如欺诈上市、业绩预告反复、高管人员频繁变动、董事长所持股份被冻结等事情，虽然给出了一些解释，但仍引发人们思考上市公司更换会计师事务所的原因及其影响。

**关键词**：会计师事务所　变更

## 一、绿大地及其欺诈上市

云南绿大地生物科技股份有限公司（证券代码：002200，简称"绿大地"）前身是云南河口绿大地实业有限公司，成立于1996年6月，2001年3月以整体变更方式设立为股份有限公司，2007年12月21日在深圳证券交易所挂牌上市，成为国内绿化苗木行业首家上市公司、云南省首家民营上市公司。

### （一）绿大地股权结构与高管变动

2001年至2011年3月，何学葵女士一直担任绿大地董事长，持股43 257 985股，占比28.63%，是第一大股东，占有绝对优势。2008年10月至2009年9月，她兼任公司董事长。截至2009年12月31日，公司无其他持股10%以上的股东。2009年的董事会成员中,除了董事长,其余董事不持股。2009年9月16日召开的第三届董事会第二十一次会议审议聘任徐云葵女士为公司总经理,才实现董事长与总经理的分离。2010年4月起,公司董事会秘书由董事长兼任,董秘一职长期缺位。

2009年9月,公司董事黎钢、董事赵国权因股权变动辞职。2010年5月,股东深圳殷图科技公司派出董事钟佳富在换届时因"个人时间不能满足工作需要"辞职。同时,绿大地总经理一职由2010年2月从昆明市商务局局长、党组书记一职退休的王光中担任。此后的2010年6月9日,公司监事会召集人刘玉红出于"个人原因"辞职,辞职生效后"将不在公司工作"。2011年12月2日,公司董事、常务副总兼财务总监王跃光也宣布出于"个人原因"申请辞去全部职务。据了解,王跃光是2009年5月绿大地免去蒋凯西财务总监职务后聘任的财务总监。然而,仅仅半年多时间,第二任财务总监王跃光就果断辞职,并与公司彻底断绝关系。

### (二)绿大地上市及股价变化

2007年12月6日,绿大地发行各方签发了上市招股说明书。招股书显示,2004年、2005年、2006年及2007年1月至6月,公司实现营业收入分别为14 673.6万元、15 779.2万元、19 054.5万元和13 274.5万元,实现净利润依次为3 342.1万元、3 723.6万元、4 707.1万元和3 341万元,呈现快速增长的势头。由于发行前公司每股收益高达0.84元(2006年),2007年上半年更是高达0.53元,最终绿大地以16.49元/股的发行价、近30倍的摊薄市盈率发行,募集资金总额为3.4629亿元。上市首日,绿大地以独一无二的题材及傲人的业绩获得资金追捧,一度触及涨幅限制而停牌,最高价为48.98元/股,最大涨幅为197%。

上市之后的绿大地并没有理会大盘的见底状态,而是继续上扬。2008年1月21日,公司股价最高涨至63.88元/股。虽然大熊市中绿大地股价也出现回落,但在整个2008年,绿大地股价的表现尚属坚挺,整年跌幅仅34%。其中,2008年4月至7月,绿大地股价还出现了一波约70%的涨幅。

### (三)绿大地五度变更业绩

2009年10月至2010年4月,绿大地披露的业绩预告和快报五度反复,由之前的预增过亿元,变更为最后的巨亏亿元。

2009年10月30日,公司发布2009年三季报,预计2009年度净利润同比增长20%—50%。2010年1月30日,公司将2009年净利润增幅修正为较上年下降30%以内。2010年2月27日,公司第三次发布2009年度业绩快报,净利润变为6 212万元。2010年4月28日,绿大地又将净利润修正为-12 796万元。2010年4月30日,公司最终发布2009年年度报告,披露公司2009年净利润为-15 123万元。

变了五次"戏法"后,绿大地2009年的净利润从最初的盈利约1.04亿元变为最终的亏损约1.5亿元。频繁变脸的业绩让公司审计机构——中审亚太会计师事务所对公司2009年度财务报告出具了保留意见的审计报告。

### (四) 绿大地欺诈上市被处罚

2010年3月17日,绿大地突然发布公告称,因公司涉嫌信息披露违规,证监会已经立案调查。

根据昆明市人民检察院的起诉书,2004—2010年,绿大地及被告人何学葵、蒋凯西、庞明星、赵海丽、赵海艳在不具备发行上市条件的情况下,干了四件大事:其一,注册了一批由绿大地实际控制的公司,利用所掌握的银行账户,操纵资金流转;其二,伪造合同、发票和工商登记资料,虚构交易业务,最终实现虚增资产、虚增收入以达到发行、上市的目的;其三,上市之后,他们向股东披露包含虚假财务事实的会计报告;其四,在中国证监会介入调查时,为了掩盖财务造假的事实,他们竟然故意销毁相关的会计凭证。

2011年12月3日,*ST大地公布了昆明市官渡区人民法院一审判决书。法院认定,2004—2007年,被告人何学葵、蒋凯西等利用相关银行账户操纵资金流转;采用伪造合同、发票、工商登记资料等手段,少付多列,将款项支付给其控制的公司、虚构交易、虚增资产,共计虚增营业收入2.96亿元;上市后,绿大地继续实施财务报表造假,2008年虚增收入8 564.68万元,2009年虚增收入6 856.1万元。

根据判决结果,公司犯欺诈发行股票罪,被判处罚金人民币400万元;原董事长何学葵犯欺诈发行股票罪,被判处有期徒刑三年,缓刑四年;被告人原财务总监蒋凯西犯欺诈发行股票罪,被判处有期徒刑三年,缓刑四年;外聘财务顾问庞明星和公司员工赵海丽获刑两年,缓刑三年;公司员工赵海艳获刑一年,缓刑两年。

## 二、绿大地财务舞弊的主要手段

我们梳理了绿大地材料,发现绿大地进行财务舞弊的手段并不高明,主要有虚增资产、虚增收入两种手段。

### （一）虚增资产

绿大地虚增资产情况如图1所示。

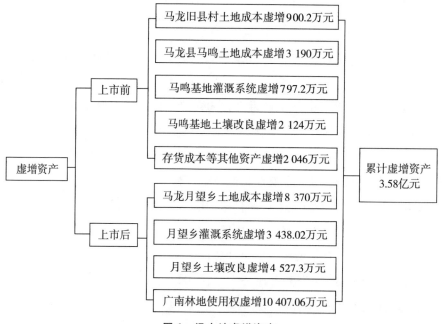

**图1　绿大地虚增资产**

从图1可以清楚地看到,2004—2009年,绿大地主要通过虚增资产的获取成本来提高资产规模,从而操纵经营业绩。绿大地虚增资产共计3.58亿元,其中虚增固定资产占虚增资产总额的30.4%,虚增无形资产占虚增资产总额的63.87%,存货等其他项目虚增占到5.7%左右。此外,2010年第一季度,公司在合并报表的过程中,北京分公司的资产在列入本部报表后又被列入合并报表,记了两次,由此虚增5 983.67万元的资产。

## (二) 虚增收入

绿大地虚增收入情况如图2所示。

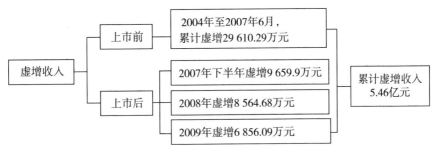

图2 绿大地虚增收入

由图2可知,2004—2009年,绿大地虚增收入总计逾5.46亿元,主要方式为自设关联方交易和销售退回。在公司上市前,绿大地主要通过自设关联方交易虚增收入。在招股说明书中,绿大地重点披露了历年的前五大客户,从表1可以看到,公司前五大客户的销售额占公司主营业务收入的比例较大,2004年甚至达到58.02%。在这些大客户中,昆明鑫景园艺工程有限公司为绿大地2007年上半年苗木采购第一大户,晁晓林在其中持有10%的股份,晁晓林同时又担任昆明润林园艺工程公司的法定代表人并持有80%的股份,后者2007年上半年向绿大地采购超过300万元的苗木。此外,在招股说明书中提及的大客户主要有10个,其中8家却在绿大地上市前后被注销。北京都丰培花卉有限公司首先被北京工商局吊销营业执照,随后天绿园艺也被吊销了营业执照,而同时设立、经营范围一致的贝叶园艺和万朵园艺则在2008年注销了工商执照。在2010年绿大地遭中国证监会调查后,自由空间园艺公司、鑫景园艺公司这两个采购大户也悄悄注销(见表2)。由此可见,公司收入增长的背后,实际是绿大地通过自设关联方虚增收入的现实。

表1 绿大地前五大客户销售额

| 项目 | 2004年 | 2005年 | 2006年 | 2007年1—6月 |
| --- | --- | --- | --- | --- |
| 五大客户销售额(万元) | 8 504.00 | 6 849.00 | 5 281.00 | 3 495.00 |
| 主营业务收入(万元) | 14 657.00 | 15 725.00 | 18 976.00 | 13 272.00 |
| 净利润(万元) | 3 342.00 | 3 724.00 | 4 707.00 | 3 341.00 |
| 五大客户销售额占收入比例(%) | 58.02 | 43.56 | 27.83 | 26.33 |

表 2  绿大地历年大客户交易与注册情况

| 客户名称 | 交易额(万元) | 注册地 | 成立时间 | 注销时间 |
|---|---|---|---|---|
| 昆明润林园艺有限公司* | 5 524.60 | 昆明 | 2005 年 2 月 | 2008 年 12 月 |
| 自由空间园艺有限公司 | 3 825.50 | 昆明 | 2002 年 11 月 | 2010 年 3 月 |
| 滇文卉园艺有限公司 | 2 530.60 | 昆明 | 2004 年 3 月 | — |
| 天绿园艺有限公司 | 3 298.10 | 昆明 | 2001 年 7 月 | 2008 年 4 月 |
| 祥佑旅游开发有限公司 | 1 345.19 | 昆明 | 1995 年 10 月 | 2007 年 8 月 |
| 万朵园艺有限公司 | 374.77 | 成都 | 2005 年 11 月 | 2008 年 6 月 |
| 贝叶园艺有限公司 | 1 669.78 | 成都 | 2005 年 11 月 | 2008 年 6 月 |
| 鑫景园艺工程有限公司 | 3 256.61 | 昆明 | 2004 年 7 月 | 2010 年 2 月 |
| 千可花卉有限公司 | 1 526.33 | 昆明 | 2004 年 9 月 | — |
| 都丰培花卉有限公司 | 1 152.11 | 北京 | 2004 年 10 月 | 2006 年 12 月 |

注:交易额为 2004 年至 2007 年 6 月的交易总额。*昆明五华花卉经贸公司 2005 年改制,更名为昆明润林园艺有限公司。

公司上市后,绿大地主要通过销售退回虚增收入。我国 2006 年《企业会计准则》规定,若销售退回属于资产负债表日后事项,则应按照资产负债表日后事项的相关规定进行会计处理,但出于经营业绩的压力,绿大地并未做出处理。2010 年 4 月,公司确认了 2008 年度、2009 年度苗木销售退回款项分别为 0.23 亿元和 1.58 亿元,分别占到 2008 年、2009 年销售收入的 7% 和 32%。

绿大地通过以上两种手段,最终达到虚增利润、操纵报表的目的。根据绿大地 2012 年 6 月 17 日披露的关于前期会计差错更正及追溯调整的公告,将 2010 年年初未分配利润调减 249 206 389.96 元,而这几乎超过其 2004—2009 年的所有净利润。

## 三、第一次审计师变更

2008 年 10 月 14 日,绿大地董事会审议通过不再聘请深圳鹏城会计师事务所,而改聘中和正信会计师事务所为公司 2008 年度审计机构,年度审计费用为 30 万元。在此之前,深圳鹏城会计师事务所与绿大地合作时间长达七年之久。

绿大地在不具备首次公开发行股票相关条件的情况下,为了达到上市目的,原董事长何学葵、原财务总监蒋凯西、四川华源会计师事务所所长庞明星经过共谋、策划,由绿大地原出纳主管赵海丽和原大客户中心负责人赵海艳登记注册了一批由绿大地实际控制或者掌握银行账户的关联公司,并利用相关银行账户操纵资金流转,采用伪造合同、发票、工商登记资料等手段,少付多列、将款项支付给所控制的成员公司、虚构交易业务,从而虚增资产、虚增收入。

  检察机关查明,2004年至2007年6月,绿大地使用虚假合同、财务资料,虚增云南马龙县旧县村委会960亩荒山使用权、马龙县马鸣乡3 500亩荒山使用权以及马鸣基地围墙、灌溉系统、土壤改良工程等项目资产共计人民币7 011.4万元;绿大地还采用虚假苗木销售交易,编造虚假会计资料或通过受绿大地控制的公司将销售款转回等手段,虚增营业收入2.96亿元。

  面对如此严重的造假行为,深圳鹏城会计师事务所仍然出具了标准无保留审计意见,而且在绿大地上市仅仅一年后,深圳鹏城会计师事务所便与绿大地解除了审计合约。绿大地给出的理由是,深圳鹏城会计师事务所为公司提供审计服务已达七年,服务时间较长,为进一步强化公司审计监督职能,改聘中和正信会计师事务所有限公司为公司2008年度审计机构。

## 四、第二次审计师变更

  2009年11月6日,绿大地改聘中审亚太会计师事务所有限公司为2009年度财务审计机构,聘期为一年,年度审计费用为50万元。

  绿大地给出的理由是,中和正信会计师事务所有限公司与天健光华(北京)会计师事务所有限公司实施合并,同时更名为天健正信会计师事务所有限公司(以下简称"天健正信"),鉴于合并后的天健正信将调整业务、机构和人员,无法保证公司审计业务的服务时间,为保证公司2009年度审计工作的顺利开展,经与天健正信协商,同意天健正信不再担任公司2009年度财务审计机构,改聘中审亚太会计师事务所为公司2009年度财务审计机构。

  在这次审计师变更前后,绿大地披露的业绩预告和快报五度反复,由之前的预计增长过亿元变更为最后的巨亏亿元。2009年10月30日,公司发布2009年三季报,预计2009年度净利润同比增长20%—50%。2010年1月30日,公司将2009年净利润增幅修正为较上年下降30%以内。2010年2月27日,公司第三次发布2009年度业绩快报,净利润变为6 212万元。2010年4月28日,绿大地又将净利润修正为-12 796万元。2010年4月30日,公司最终发布2009年年度报告,披露公司2009年净利润为-15 123万元。变了五次"戏法"后,绿大地2009年净利润从最初的盈利1.04亿元变为最终的亏损1.5亿元。

在此次审计师变更前后,绿大地公司高管发生了频繁的变动。2009年9月,公司董事黎钢、董事赵国权因股权变动辞职。2009年12月2日,公司董事、常务副总兼财务总监王跃光宣布出于"个人原因"申请辞去全部职务。王跃光是2009年5月绿大地免去蒋凯西财务总监职务后聘任的财务总监,然而仅仅过了半年多时间,第二任财务总监王跃光就果断辞职,并与公司彻底断绝关系。

2010年5月,股东深圳殷图科技公司派出董事钟佳富在换届时因"个人时间不能满足工作需要"辞职。同时,绿大地总经理一职由2010年2月从昆明市商务局局长、党组书记一职退休的王光中担任。此后的2010年6月9日,公司监事会召集人刘玉红出于"个人原因"辞职,辞职生效后"将不在公司工作"。

## 五、第三次审计师变更

中审亚太会计师事务所在2009年给绿大地出具了保留意见的审计报告。为此,绿大地聘请中准会计师事务所就公司2009年度审计报告中发表保留意见的事项及2009年度报告补充及更正事项进行专项审计,费用为18万元。随后不久,2011年1月11日,绿大地再次表示变更审计机构,中审亚太会计师事务所不再担任公司审计机构,改聘中准会计师事务所为公司2010年度审计机构,费用依旧为50万元。

绿大地给出的理由是,鉴于中审亚太会计师事务所的工作安排,经双方协商一致,中审亚太会计师事务所不再担任公司2010年度财务审计机构;为了保证公司2010年度财务报表审计工作的顺利开展,与中准会计师事务所有限公司协商一致,拟聘请中准会计师事务所为公司2010年度审计机构。

2010年12月20日,绿大地董事长何学葵所持股份被公安机关司法冻结。董事长股份被司法冻结的消息一出,绿大地股价在23日和24日出现连续两个无量跌停;此后,股价在27日和28日再次下挫5.5%和9.11%后才逐渐企稳,绿大地流通市值在四个交易日蒸发了17.5亿元。紧接着,2010年12月31日,绿大地再次发布公告,称公司接到公安机关通知,因涉嫌违规披露、不披露重要信息而接受调查。2011年3月18日,绿大地再次发布公告称,公司控股股东、董事长何学葵因涉嫌欺诈发行股票罪,已被云南省公安机关逮捕。同日,何学葵向绿大地递交辞去公司董事、董事长职务的申请。

中准会计师事务所对绿大地2010年年报出具了无法表达意见的审计报告。由此,绿大地在2011年5月4日被实施退市风险警示,公司股票被冠以"*ST"标记。

## 案例使用说明

### 一、教学目标与用途

适用课程：高级审计理论与实务、会计师事务所管理。

适用对象：审计专业硕士、会计专业硕士，延伸适用于所有管理类的专业硕士（如 MBA 等），以及企事业单位高级管理人才

教学目标：近年来，上市公司发生会计师事务所变更的现象日趋频繁，引发投资者对财务报告质量和审计质量的广泛质疑。本案例详尽描述绿大地公司会计师事务所变更，引导学员思考会计师事务所变更的内在动因，使投资者更为清晰地认识会计师事务所变更背后蕴含的信息风险，同时为监管机构进一步加强对会计师事务所变更的管理提供案例经验支持。

### 二、思考题

1. 深圳鹏城会计师事务所截至 2007 年已经为绿大地提供审计服务七年之久，为何不继续承担绿大地 2008 年的审计工作？仅仅是因为服务时间太长吗？

2. 中和正信会计师事务所与天健光华（北京）会计师事务所的合并是否为导致事务所变更的根本原因？为什么？

3. 中准会计师事务所对绿大地出具何种审计意见？会计师事务所出具的审计意见类型是否会引发会计师事务所变更？

### 三、分析思路

在"金融界"网站收集绿大地 2007—2010 年发布的临时公告和年度财务报告，了解绿大地在业绩发布、高管变更和股权方面存在的种种异常，了解在公司各种异象下伴随而来的会计师事务所的频繁变更，从理论上寻找导致会计师事务所变更的可能原因，结合实际分析绿大地三次会计师事务所变更的内在动因。

### 四、理论依据与案例分析

（一）审计师变更的原因

1. 规避风险、降低与客户风险相关的诉讼和管制成本

Antle 和 Nalebuff（1991）发现，当公司管理人员采用激进的会计政策和方法

调高公司盈余时,会计师事务所为了规避可能由此引发的诉讼和管制而更倾向于辞聘。Defond and Jiambalvo(1993)在分析美国 8-K 格式报告中有关意见分歧的陈述时也发现,辞聘的会计师事务所坚持采用稳健的会计政策和方法,以此将客户风险降到可接受的范围。

Krishnan(1994)考察了变更前一年发生会计师事务所变更的公司和未发生会计师事务所变更的公司的审计意见形成过程,结果发现为了规避与客户相关的风险,会计师事务所在审计意见形成的过程中使用了稳健的会计处理方法,最终导致会计师事务所的变更。DeFond and Subramannyam(1998)以 1990—1993 年变更会计师事务所的非金融类公司为样本,比较样本公司以琼斯模型估计的可操纵性应计的变化情况,具体研究盈余管理风险与会计师事务所变更的关系。结果发现,发生变更的会计师事务所更倾向于选择保守的会计政策,充分关注和规避上市公司盈余管理所带来的潜在诉讼风险。刘旻和李树茁(2005)以我国 2001 年和 2002 年发生会计师事务所变更的上市公司为研究样本,也得出了类似的结论。Krishnan and Krishnan(1997)直接比较会计师事务所辞聘的客户和自愿解聘的客户在诉讼风险上的差异,结果发现会计师事务所辞聘客户的诉讼风险显著高于自愿解聘客户。Shu(2000)在 Krishnan and Krishnan(1997)的基础上进一步将会计师事务所辞聘客户与一个随机保留客户样本和一个自愿解聘客户样本进行比较,结果发现会计师事务所辞聘客户的诉讼风险显著高于随机保留客户和自愿解聘客户。会计师事务所客户接受决策方面的研究也为事务所运用辞聘战略管理与客户相关的风险提供了间接证据。Johnstone and Bedard(2003)研究发现,随着审计风险、客户经营风险和会计师事务所经营风险的增大,接受客户的可能性逐渐减小。Johnstone and Bedard(2004)的研究也表明,会计师事务所将高风险客户从自身客户组合中剔除,而且新接受客户的风险显著小于保留客户。

中国证监会调查发现绿大地涉嫌欺诈上市。2004 年至 2007 年 6 月,绿大地利用其控制的多家公司,采用阴阳合同等方式虚增资产;以虚构银行回款的方式虚增收入;以虚增资产、虚假采购的方式将资金流出,再通过其控制公司将资金转回来虚增销售收入。调减后,公司上市前三年连续亏损;而且,在招股说明书中,绿大地虚增 2006 年年末银行存款,虚增金额占货币资金期末余额 50%以上。在绿大地上市之前,深圳鹏城会计师事务所已经为绿大地连续提供审计服务六年,因此深圳鹏城会计师事务所相当了解绿大地财务报告中存在的风险。在绿大地上市一年后,深圳鹏城会计师事务所很可能出于规避风险的目的而选择辞聘。

在上市以后,绿大地采用与上市之前同样的方法虚增2007—2009年的资产和主营业务收入,财务报表依然存在重大舞弊。此时,中和正信会计师事务所与天健光华(北京)会计师事务所完成了合并,合并后不仅使事务所规模扩大,更重要的是事务所的质量控制和风险管理得以进一步增强。因此,合并后的中和正信会计师事务所很可能也是出于规避风险的目的而选择辞聘。

2. 规避会计师事务所出具不清洁审计意见的原因

Chow and Rice(1982)对1973—1974年美国上市公司进行了分析,结果发现与管理层变更、需要增资、发生兼并等因素相比,收到不清洁意见的公司更有可能变更会计师事务所,即出具不清洁意见是导致公司变更会计师事务所的重要原因。就我国上市公司而言,具备证券期货执业资格的不同会计师事务所出具的标准无保留意见审计报告没有本质的区别,如果会计师事务所对公司年报出具了非标准无保留意见的审计报告,那么该公司的利润分配、正常股票交易都可能受到影响。因此,收到不清洁审计意见的公司有可能变更会计师事务所,寻找比较宽容的会计师事务所。耿建新和杨鹤(2001)研究1995—1999年A股上市公司发生的会计师事务所变更情况后发现,除1995年度外,其他4个年度被出具过非标准无保留意见的上市公司变更会计师事务所的比例都明显高于未被出具过非标准无保留意见的上市公司。而中审亚太会计师事务所对绿大地2009年度财务报告出具了带强调事项段的保留意见,因此绿大地可能是出于规避不清洁审计意见的目的而解聘中审亚太会计师事务所。

3. 控股股东或高层管理人员变更

公司控股股东变更之后,新任控股股东往往会考虑将公司审计机构更换为其信任的会计师事务所。即使控股股东未发生变动,但高层管理人员发生更换,也可能发生会计师事务所变更,其理由是高层管理人员(主要是总经理)往往负责会计师事务所的提名。

4. 公司规模扩张

如果被审计单位的经营规模扩大——具体表现为经营范围、地域的扩大和业务量的增加,会计工作量和复杂程度会相应提高。此时,客户需要寻找质量更高的事务所以适应规模扩张后的审计需求。

5. 公司存在融资需求

准备发行股票的公司,可能会改聘规模较大的会计师事务所,期望借助这类会计师事务所的专业特长和声誉成功发行股票。

6. 公司财务状况恶化

财务状况恶化的公司往往会想尽各种方法提高利润、推迟公布(或者隐瞒)信息,而会计师事务所通常不会支持公司的这些举动,意见分歧会导致会计师事务所出具不清洁的审计意见或者公司变更会计师事务所。此外,会计师事务所出于控制审计风险的考虑,往往会主动退出财务状况恶化公司的审计业务。

7. 市场竞争

在激烈的竞争环境下,其他会计师事务所可以采用低价揽客的方式吸引公司变更会计师事务所。

8. 签字注册会计师跳槽而将业务带到新的会计师事务所

在我国财政部和证监会于2003年11月发布《关于证券期货审计业务签字注册会计师定期轮换的规定》之前,并不要求会计师事务所定期轮换签字注册会计师。一方面,考虑到审计业务的连续性,会计师事务所内部往往会委派同一位(或两位)签字注册会计师长期为一家公司服务,造成签字注册会计师对公司各方面的情况比较熟悉;另一方面,公司对签字注册会计师个人存在一定的依赖性,如果签字注册会计师个人跳槽,可能会引起客户相应变更会计师事务所。

(二)证券市场对审计师变更的监管

已有案例证明,审计师变更尤其是频繁变更对揭示会计舞弊风险是有一定意义的。因此,证券市场中的不同主体应该关注审计师变更事项。

1. 投资者

尽管我国建立了较为完善的信息披露制度,但是投资者与上市公司之间依然存在信息不对称。投资者获得的信息可能是被上市公司"粉饰"过的。相比投资者,会计师事务所和审计人员由于在审计中能了解、获取更多的关于被审计单位的信息,可以更多地对被审计单位的报表做出判断并体现在审计报告中,因此也容易引发被审计单位的不满而被辞聘或主动解除业务约定。投资者应该关注审计师变更信息,从而更加谨慎地做出判断,规避可能的风险。

2. 分析师

证券分析师是依法取得证券投资咨询执业资格并在证券经营机构就业,主要就与证券市场相关的各种因素进行研究和分析(包括证券市场、证券品种价值及其变动趋势进行研究及预测),并向投资者发布证券研究报告、投资价值报告等,以书面或者口头的方式向投资者提供上述报告及分析、预测或建议等服务的专业人员。证券分析师是一个新兴职业,从业人员一般具备对资本市场的了解和基本的分析技术。对于分析师而言,应该关注审计师变更,挖掘审计师变更背后的原因,利用一定的手段调查和研究问题,为社会各界提供更有价值的分析和预测。

3. 监管者

资本市场监管本质上是一种政府监管。监管者负责针对资本市场进行制度制定和监管,其根本目的是维护资本市场的秩序、防范资本市场的风险。监管者对资本市场中个体(上市公司)的监管要有一套完善的指标体系,审计师变动就是一个重要的风险指标。发现这样的问题后,监管者必须要及时采取监管措施,发现问题、解决问题,以减弱对资本市场的危害。

## 五、教学安排

教师将案例案情穿插到讲授审计理论的课堂上,引导学员分组讨论由案例引发的思考题,并推荐代表陈述讨论内容,教师点评并引导案例分析的深化,具体安排如表3和表4所示。

表3 课堂教学方案

| 内容 | 主角 | 组织与要求 | 时间 |
| --- | --- | --- | --- |
| 根据绿大地上市后存在的各种异象及伴随而来的会计师事务所频繁变更 | 教师 | 介绍案例案情,并提出案例思考题 | 8分钟 |

(续表)

| 内容 | 主角 | 组织与要求 | 时间 |
|---|---|---|---|
| 列示案例讨论主题,并根据课堂学员人数分组 | 教师 | 由教师列出案例讨论主题,明确每个案例讨论小组围绕案例讨论主题矩阵讨论、分析案例问题 | 2分钟 |
| 案例讨论 | 学员 | 要求每个案例小组结合所学的理论知识,针对分配的思考题进行讨论,并完善案例讨论主题的相关内容 | 15分钟 |
| 陈述与点评 | 学员和教师 | 要求每个案例小组推荐一名代表陈述讨论情况及达成的共识和存在的分歧,完善案例讨论主题的相关内容;教师点评案例小组的讨论情况,并引导学员深入理解问题 | 10分钟 |

表4 案例讨论主题

| 序号 | 讨论主题 | 案例中的相关线索 | 涉及的相关理论和知识 | 结论/启示/感受 |
|---|---|---|---|---|
| 1 | 深圳鹏城会计师事务所截至2007年已经为绿大地提供审计服务七年之久,不继续承担绿大地2008年审计的原因是什么? | | | |
| 2 | 中和正信会计师事务所与天健光华(北京)会计师事务所的合并是否导致会计师事务所变更的根本原因?为什么? | | | |
| 3 | 会计师事务所出具的审计意见类型是否会引发会计师事务所变更? | | | |

# 六、主要参考文献

1. Antle, R. and B. Nalebuff. Conservatism and auditor-client negotiations. Journal of Accounting Research, 1991, 29: 31—54.

2. Chow, C. and S. Rice. Qualified audit opinions and auditor switching[J]. The Accounting Review, 1982, 57(2): 326—335.

3. DeFond, M. and K. Subramanyam. Auditor changes and discretionary accruals [J]. Journal of Accounting and Economics, 1998, 25: 35—67.

4. DeFond, M. L. and J. Jiambalvo. Factors related to auditor-client disagreements over income-increasing accounting methods. Contemporary Accounting Research, 1993, 9: 415—431.

5. Johnstone, K. M. and J. C. Bedard. Audit firm portfolio management decisions. Journal of Accounting Research, 2004, 42: 659—691.

6. Krishnan, J. Audit or switching and conservatism. The Accounting Review, 1994, 69(1): 200—215.

7. Krishnan, J. and J. Krishnan. Litigation risk and auditor resignations. The Accounting Review, 1997, 72(4): 539—60.

8. Krishnan, J. and J. Krishnan. Litigation risk and auditor resignations. The Accounting Review, 1997, 72(4): 539—60.

9. 耿建新,杨鹤.我国上市公司变更会计师事务所情况的分析[J].会计研究,2001,44: 57—62.

10. 刘旻,李树苗.中国上市公司盈利管理与审计师变更的实证研究[J].预测,2005,6: 47—51.

（曹强编写,李晓慧校审）

# A 会计师事务所：员工激励机制改善

张樱川　申　君

**摘　要**：针对 A 会计师事务所人力资源现状及激励机制的现状，剖析其根源并提出改善方案，进一步引导学员了解会计师事务所如何构建激励机制以及如何改善。

**关键词**：员工激励机制　改善

## 一、A 会计师事务所基本概况及人力资源现状

1988 年，A 会计师事务所由当地市财政局组建成立。1998 年，A 会计师事务所顺利完成脱钩改制，成为有限责任制的社会中介机构。2011 年年底，根据财政部、工商总局《关于推动大中型会计师事务所采用特殊普通合伙组织形式的暂行规定》的通知，A 会计师事务所改制成为特殊普通合伙企业。A 会计师事务所自 1997 年起取得证券期货从业（审计）资格，总部设在成都，在北京、重庆均设有分所。在中国注册会计师协会 2017 年 1 月 12 日公布的《2016 年会计师事务所综合评价前百家信息》（以下简称"百家信息"）中，A 会计师事务所排名前 40。A 会计师事务所本着"诚信、和谐、不断进取"的发展理念，为客户提供审计、资本金验证、资产评估和管理咨询等专业服务，经过约三十年的发展，2011 年年底已经拥有 30 余家上市公司、新三板企业及众多大型国有企业、集团

公司等优质客户资源。在公布的百家信息中,A 会计师事务所 2016 年度业务收入逾 2 亿元,人均产值超过 45 万元。

截至目前,A 会计师事务所共有员工 450 人。其中,注册会计师 244 名,占员工总数一半以上;业务员工 415 人,占员工总数的 92.22%。业务员工中合伙人所占比例为 9.17%,项目经理所占比例为 7.23%。

A 会计师事务所业务员工队伍构成特点为:①学历普遍较高,硕士研究生学历占 10%,大学本科学历占 80%,40% 的员工拥有中级或高级专业技术职称;②员工趋于年轻化,大部分业务员工年龄为 22—30 岁,占比约为 65%,年龄在 30 岁以下、30—50 岁、50 岁以上人员构成比例为 5∶2∶1。由此可见,A 会计师事务所是一支以 87 后、90 后为主力的年轻队伍,员工年龄呈年轻化趋势,30—50 岁的业务骨干比例不高,且员工平均离职工龄为 3 年。也就是说,员工在工作了 3—5 年,刚刚成长为能独立承担大中型项目就出于种种原因离开,寻求其他的发展。

## 二、A 会计师事务所激励机制的现状

### (一) 薪酬制度

1. 年薪

A 会计师事务所采用月薪、年底双薪加年终绩效奖金的方式发放员工薪酬。员工分为见习审计员、助理审计员、审计员、高级审计员、项目经理、经理、高级经理七个职级,每个职级又分为两个小职级,每个职级均确定统一的年薪控制幅度(见表 1)。

表 1  职级工资设置

| 职级 | 月工资额(元) | 年度控制幅度 | |
| --- | --- | --- | --- |
| | | 底限(万元) | 高限(万元) |
| 高级经理 | 26 000 | 49.22 | 56.25 |
| 经理 A | 22 375 | 42.19 | 49.22 |
| 经理 B | 20 750 | 36.56 | 42.19 |

(续表)

| 职级 | 月工资额(元) | 年度控制幅度 | |
|---|---|---|---|
| | | 底限(万元) | 高限(万元) |
| 项目经理 A | 16 750 | 33.75 | 42.19 |
| 项目经理 B | 12 625 | 25.31 | 33.75 |
| 高级审计员 A | 10 250 | 16.88 | 21.09 |
| 高级审计员 B | 8 375 | 14.06 | 16.88 |
| 审计员 A | 6 000 | 11.25 | 12.66 |
| 审计员 B | 5 250 | 9.84 | 11.25 |
| 助理审计员 A | 4 500 | 8.44 | 9.84 |
| 助理审计员 B | 3 875 | 7.03 | 8.44 |
| 见习审计员 A | 3 500 | 5.06 | 6.75 |
| 见习审计员 B | 2 800 | 3.52 | 5.06 |

注:除基本月工资外,年底发放双薪。

2. 外勤津贴

对项目经理及以下职级业务类员工按距离事务所办公地点的远近发放外勤补助,标准均为 50 元/天。发放周期按月进行,每月根据上月的外勤统计结果发放。但由于外勤统计不及时等,存在发放不及时的情况,可能存在 1 月份的外勤津贴在 3 月份或 4 月份才发放的情况。

(二) 福利制度

A 会计师事务所制定了一套福利制度,具体包括:

1. 考试假

尚未取得注册会计师资格(或注册税务师、注册资产评估师,视员工所在岗位确定)的员工如需参加资格考试,可根据情况适当请假复习(每科考试最多可请两次带薪的考试假)。

2. 年假

工龄是衡量员工年假时间长短的重要指标,所有员工不论等级均享受年假,员工之间可以通过协商串休。

3. 带薪旅游

为了缓解员工工作压力，A 会计师事务所每年都会组织员工外出旅游，费用全部由 A 会计师事务所承担，而且外出旅游期间工资照发。带薪旅游不仅能使员工放松身心，还能增强员工之间的沟通，增进团队的整体凝聚力。

4. 集中休假

针对事务所年报审计加班较多的情况，每年五一期间统一安排两周的带薪休假。

5. 五险一金

所有员工的缴费基数并不是按照工资总额，而是根据 A 会计师事务所所在地区的年度平均工资为缴费基数缴纳。

### （三）培训制度

A 会计师事务所的培训以内部培训为主，主要为入职培训、在岗培训、行业培训等。

新进员工在正式上岗之前都要接受两周左右的集中培训，培训内容以事务所成立及发展历史、规章制度、基本审计程序等为主。入职培训对于新员工审计思维的形成具有基础引导作用，对于复制性较高的工作底稿的规范编制具有规范的作用。

在岗培训主要是在项目的实际执行中，针对具体的业务问题，由项目负责人对项目组成员、高级别对低级别员工进行有针对性的指导。在业务淡季，不同项目的项目负责人会总结年审期间遇到的难点及解决对策、提高项目效率的办法等与大家进行交流，共同总结经验教训。

根据规定，注册会计师每年需要参加后续教育。A 会计师事务所具备独立承办后续教育的资格，每年 12 月组织全体员工进行业务培训，主要针对修订准则、监管新要求、行业最新发展动态等。

### （四）文化建设

A 会计师事务所一直秉持"质量至上、踏实诚信"的执业理念，在保证审计质量的同时，力求不断为客户提供更加优质的服务。这种质量优先的文化确保了事务所的稳步发展，赢得了社会各界的普遍赞誉和高度信赖，在社会公众中树立了良好的企业形象。

### （五）办公环境

A会计师事务所办公场所地处繁华地段,交通极为方便,中午还为员工提供免费午餐。

### （六）绩效考核制度

1. 考核时间

A会计师事务所制定了一套绩效考评机制并形成了规范性文件,主要针对业务部门正式员工的绩效管理,用于每年一次的绩效考核。考核周期采用公元纪年。由于1—4月是会计师事务所的传统忙季,因此实际考核工作时间一般为每年的4—5月。

2. 考核内容(以审计人员为例)

审计人员的考核总成绩为项目考核综合得分、质监部考评分数、客户部考评分数、部门主任考核(专业进步与学习能力、团队领导协作能力、工作效率及主动性、职业道德品质)等结果的加权合计分。其中,质监部考评分数主要考评员工的工作底稿质量及业务报告质量,客户部考评主要依据客户电话回访情况对员工进行评分。各项得分的权重及考评人如表2所示。

表2　考核项目与考核人

| 序号 | 项目 | 标准分 | 考评人及计分标准 |
| --- | --- | --- | --- |
| 1 | 项目考核综合得分 | 20 | 根据项目考核分数及项目工时分布得出综合得分 |
| 2 | 质监部考评分数 | 20 | 质监部考评 |
| 3 | 客户部考评分数 | 20 | 客户部考评 |
| 4 | 专业进步与学习能力 | 10 | 部门主任考评 |
| 5 | 团队领导协作能力 | 10 | 部门主任考评 |
| 6 | 工作效率及主动性 | 10 | 部门主任考评 |
| 7 | 职业道德品质 | 10 | 部门主任考评 |

项目考核综合得分计算如表3所示。

表3 考核综合得分统计

| 序号 | 项目代码 | 项目名称 | 考核人打分 | | | | | | | | | | 项目平均得分 | 项目工时 | 工时权重 | 项目考核得分 |
|---|---|---|---|---|---|---|---|---|---|---|---|---|---|---|---|---|
| | | | 1 | 2 | 3 | 4 | 5 | 6 | 7 | 8 | 9 | 10 | | | | |
| 1 | | | | | | | | | | | | | 0 | | 0.0 | 0.00 |
| 2 | | | | | | | | | | | | | 0 | | 0.0 | 0.00 |
| 3 | | | | | | | | | | | | | 0 | | 0.0 | 0.00 |
| 4 | | | | | | | | | | | | | 0 | | 0.0 | 0.00 |
| 5 | | | | | | | | | | | | | 0 | | 0.0 | 0.00 |
| 6 | | | | | | | | | | | | | 0 | | 0.0 | 0.00 |
| 7 | | | | | | | | | | | | | 0 | | 0.0 | 0.00 |
| 8 | | | | | | | | | | | | | 0 | | 0.0 | 0.00 |
| 9 | | | | | | | | | | | | | 0 | | 0.0 | 0.00 |
| 10 | | | | | | | | | | | | | 0 | | 0.0 | 0.00 |
| 合计 | | | | | | | | | | | | | 0 | 0 | 0 | 0.00 |

注:利用项目组织架构进行项目打分时,要求针对发生直接工作关系的上下级打分。

3. 考核要求

(1) 执行考核工作的主要人员是被考核人员部门主任,考核行为必须保证客观公正,严格按照考核标准进行,不能主观随意,尽可能排除外在因素的影响。考核必须严格在考核期内进行,对于超过考核期的相关因素不予考虑。

(2) 考核人与部门秘书等在收集、统计相关考核结果时,应对考核记录及结果保密。

(3) 实行"背靠背考核",即考核人与被考核人进行考核面谈,各方考核的分数不予告知与沟通,仅就考核期被考核人的表现与改进建议等进行沟通;同时,部门主任在绩效面谈时应将考核结果杰出或较差及需要重点关注的员工作为面谈的主要对象,必要时应做面谈计划和面谈小结。

(4) 被考核人必须客观评价自身在考核期内的工作表现,如实填写考核报告,对考核结果存有异议的,应及时与考核人沟通;与考核人无法达成共识者,可向上一级反映。

4. 绩效考核结果分为五个等级

（1）杰出。工作业绩卓越，远远超过所任职务的标准要求，考核得分为90—100。

（2）优秀。工作业绩良好，超过所任职务的标准要求，考核得分为80—89。

（3）合乎水准。工作业绩尚可，达到所任职务的标准要求，考核得分为60—79。

（4）尚可接受。工作表现稍微欠缺，低于所任职务的标准要求，考核得分为50—59。

（5）令人失望。不能接受的工作表现，与所任职务的标准要求相差甚远，考核得分为50以下。

5. 晋级、降级与嘉奖流程

根据既定的考核程序进行考核之后，考核结果直接作为员工晋级、降级与嘉奖的参考依据，具体程序如图1所示。

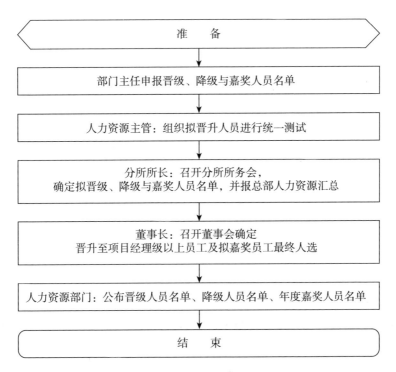

图1　晋级、降级与嘉奖流程

## 三、A 会计师事务所激励机制存在问题的成因

### （一）行业竞争激烈，相关激励制度建设不完善

近年来，审计市场的竞争愈演愈烈，越来越多的国内知名所及国际四大会计师事务所选择在 A 会计师事务所所在地区成立分所，这让在当地具有较大影响力的 A 会计师事务所倍感压力；再加上行业准入门槛较低，绝大部分会计师事务所集中在年报审计、验资等业务上，很少涉及对于像管理咨询等收费较高、对专业知识和理论联系实际能力要求较高的业务，在这方面与国际所差距太大，竞争处于绝对劣势。很多会计师事务所为了能继续生存下去，以降低审计收费承揽业务。A 会计师事务所为了在这样的重重困难中谋求进一步的发展，各合伙人将工作重心放在了挖掘客户和拓展业务上，把如何获得更优质的客户、更高的市场占有率置于工作首位，忽视了员工管理。

我国注册会计师行业起步较晚、发展期较短，关于事务所内部控制制度多数是在借鉴国外事务所的基础上，结合国内事务所面临的实际情况，仍处于不断摸索、修订的过程中。尤其是人力资源管理体系，与国外会计师事务所相比，无论是制度建设还是执行都存在较大差距。目前，我国会计师事务所在激励方面大多没有建立科学系统的体系，执行也多是体现管理层的理念、思想，不能为 A 会计师事务所在激励制度的有效建设上提供借鉴。现阶段，A 会计师事务所的激励制度只是停留在运用一些相对较低的、狭窄维度的一般行为规则和宽松的管理方法，凭借管理层的个人经验和感觉进行，具有随意性。管理层缺乏对激励制度细致、全面的认知，没有建立起一个独立、完整、全方位、多层次的激励体系，也没有内容翔实的激励细则。

### （二）一言堂式的合伙文化

A 会计师事务所是从原财政局脱钩改制而来的，原来的所长到后来的董事长再到现在的首席合伙人，都是由同一个人担任。将近三十年对事务所的管理，使得其他合伙人也产生了依附于首席合伙人的心理，很多决策、规定都由首席合伙人说了算，成为合伙人的一言堂。晋升机制、薪酬分配方式几乎仍在沿用多年前的制度。员工不论能力大小，只能从底层做起，按照晋升规则慢慢成长。

在收入分配上，更是主要取决于领导者的喜好。近两年，A会计师事务所将一些拥有较强工作能力和丰富专业知识的优秀年轻员工吸收为新晋合伙人，但也只是名义上授予"合伙人"的称谓，新晋合伙人并未享有真正合伙人的收益分配。这对以智力投入为主的、"人合"型的会计师事务所而言，一言堂式的合伙人文化限制了事务所往可持续方向快速发展的步伐。

### （三）对短期利益的追求

对于理性的经济人而言，节约成本、创造经济利益最大化是一切经营活动追求的目标，作为会计师事务所也是如此。业务收入不仅是衡量事务所发展状况的重要指标，还是每年中国注册会计师协会对会计师事务所进行排名的重要依据。因此，会计师事务所各位合伙人专注于拓展客户，不断承接新的审计项目。他们认为只要有源源不断的业务，会计师事务所就会持续发展、做大做强，忽略了员工应该与事务所一同成长才能达到可持续健康发展的目标，忽视了员工的各项需求，缺少对员工个体发展的投入。

随着业务量的逐渐增加，现有员工的能力、精力、时间已经不能负荷过多的项目。为了降低成本，事务所招聘大量刚毕业的大学生，安排没有足够能力的审计员负责整个项目，不仅增加了高级别员工现场指导、复核的时间及精力，还可能发生疏漏，为审计质量埋下隐患。

新晋员工的入职培训及老员工的后续教育往往是一笔不小的费用，但出于对成本的考虑和对利益的追求，事务所对员工的培训基本上只注重专业技能（因为专业技能是与业务收入提高息息相关的因素，能对工作效率的提高和工作质量的改进起到立竿见影的作用），很少组织和开展团队协作能力、与客户的沟通能力、工作的抗压能力等对员工个人成长有益、对工作提升起辅助作用的培训，甚至每年也就只有一次外派培训机会且不超过10人，几乎都是项目经理以上人员参加，这对于一家拥有400多名员工的会计师事务所来说，培训力度确实偏弱。

合伙人缺乏长远的眼光，片面追求短期利益和个人利益，没有认识到事务所的核心竞争力是人力资源，对项目经理及以上核心员工的绩效考核集中在业务收费上，没有综合考虑其在团队建设、员工培训等方面的付出，也就不可能有效地激励员工、调动员工的主观能动性，从而更好地推动事务所向前发展。

# 四、A会计师事务所激励机制的改善

由于注册会计师行业的特征,员工是会计师事务所可持续发展的关键因素,因此人力资源管理在会计师事务所内部控制和各项管理工作中具有举足轻重的作用,而激励制度又是人力资源管理的重点与难点。A会计师事务所现行激励制度的不合理,不但没有达到预期的激励效果,甚至出现人才流失的离职潮。我们在分析A会计师事务所激励制度问题成因的基础上,结合激励制度的相关理论,在增强企业文化的背景下,分别从物质激励和精神激励两方面充分考虑员工的不同需求,将薪酬分配与绩效考核相结合,提高福利制度的灵活性,改善工作环境,推进个性化的培训制度,合理规划员工职业生涯发展目标并与事务所的组织目标相结合,增强员工的归属感,提高员工的忠诚度,促使他们不断保持工作的热情和学习的主观能动性,在得到自我成长的同时不断为A会计师事务所创造更高的业绩,促进事务所持续、和谐、健康地发展。

## (一) 物质激励制度优化

### 1. 薪酬结构的优化

薪酬是最重要的物质激励方式,简单而有效,也是影响员工工作积极性和自觉性的重要因素。A会计师事务所的年薪主要包括基本工资和奖金等,针对A会计师事务所在薪酬方面存在的问题,建议从以下两方面进行完善。

(1) 增加技术补贴。为了鼓励员工自觉学习、努力提高执业相关知识和技能,对参加与本岗位工作性质相关的职业技术资格考试、技术职称考试等并取得相关资格证书的,给予每月300—1 000元不等的技术补贴(见表4)。将对学习型氛围的鼓励以补贴的形式落实到员工的月薪酬上,这也提高了员工利用工作之余积极学习的热情。

表4 技术补贴标准

| 职称或资格名称 | 补贴标准 |
| --- | --- |
| 注册会计师 | 1 000元/月 |
| 注册税务师 | 800元/月 |
| 高级技术职称 | 500元/月 |
| 中级技术职称 | 300元/月 |

（2）强化奖金与绩效考核挂钩。A会计师事务所应尽快建立和完善绩效考核制度，将奖金的核算、分配与绩效考核联系起来。

依据员工多层次、多方面的需求情况，科学合理地设立员工绩效评价制度及奖惩方式，明确员工绩效考核标准和考核流程，尽可能做到客观、公正，涵盖员工工作内容、团队配合等各个方面，在现行按工时及业务收入考核的基础上，将员工的执业质量、工作强度、工作效率、工作态度、职业道德水平、专业胜任能力、市场开拓能力、培训完成情况、团队建设及配合等因素充分考虑进绩效考核制度中，对不同职级的员工侧重不同的考核内容，并将考核结果应用于奖金分配中，做到奖金分配的公开、透明、合理，以此充分调动员工的主观能动性和创造性，达到薪酬激励的目的。

① 编写岗位说明书。在对各职别岗位职责、工作内容进行调查、分析的基础上，形成各职别的岗位说明书，将岗位职责、主要工作任务、工作权限、业绩标准等动态的岗位职责分析以书面形式固化下来，目的是用简练的语言让每一个岗位的员工都能对自己所在职级需要承担的职责、完成的主要任务、达到的目标、考核的指标等有所了解，对未来可以晋升的岗位有更清晰的认识，以此更好地激励他们完成本职工作并努力向更高级别晋升。

以A会计师事务所高级项目经理的岗位说明如下：

主要工作任务包括服从合伙人（部门经理）调配，承接本部门较大型的业务项目；负责对承接项目审计计划的撰写，能够分析项目所处行业、宏观政治经济环境等，较准确地判断项目的主要审计风险、重要性水平和可容忍错报；带领项目组实施现场审计，根据项目组成员情况，合理分工、及时指导，并对审计工作底稿进行现场复核，考核成员业务能力；与被审计单位协调处理有关业务问题，沟通重大事项；带领项目组成员编制会计报表和附注；负责审计底稿的整理和归档；协助各监管部门对本部门审计项目的问询、检查等各项监管工作；完成合伙人交办的其他工作等。

高级项目经理的任职条件包括具有中国注册会计师执业资格，精通会计、审计、内部控制等相关知识，熟悉相关法律法规，在项目经理岗位上工作满四年以上（其中本所工作经历为两年以上），能独立组织完成各类型项目的审计工作，有一定的市场开拓能力；道德品质良好，具有较强的领导能力和项目管理能力、较高的人际沟通和对外协调能力、强烈的责任感等。

针对高级项目经理的主要考核指标为业务收费、执业质量等客观因素;工作积极性、职业道德水平、客户满意度等工作态度主观因素;专业胜任能力、市场开拓能力、自我成长等工作能力因素。

② 实施合理的工时核算方法。A 会计师事务所对项目经理以下员工主要按工时计算奖金,因此亟待改进和完善项目人员安排的合理性、工时的准确性。首先,项目负责人要总结以往年度审计该项目的经验和教训,挑选合适的、不同职级的人员组成项目组成员。其次,在编写审计计划时,将进驻审计现场到出具报告所需完成的工作逐一细化到每位项目组成员。为了规避能力较强的员工在现场窝工、混工时的情况,审计计划应重点将项目组成员工作落实到具体工时上。这样既能提高项目效率,也能因材施教地发挥每一位项目组成员的主观能动性和工作积极性,同时便于项目负责人统计工时、核对工时,为不断提高项目效率和审计质量打下坚实的基础。

③ 将项目的难易程度与项目收费结合起来。A 会计师事务所在对项目经理及以上职级的奖金按项目收费进行分配时,应该将项目的难易程度转化为系数并纳入分配考虑因素中。对于 A 会计师事务所的项目经理来说,针对老项目只承接不谈收费,有些项目出于种种原因收费一直就低、性价比不高,应该把难度系数考虑进去,在考核时根据项目收费相应调整系数,使其达到合理水平后再进行奖金分配。

④ 适当的税后利润共享。会计师事务所是建立在"人合"基础上的企业,发展的关键是智力型人才,因此不能简单地以出资人的出资比例进行税后利润分配。首先,为了体现非出资人(项目经理)在工作中所承担的责任、风险及其对事务所做出的贡献,各出资人、合伙人可以经过充分的协商讨论,通过章程的约定,增加非出资人分享税后利润的激励制度。其次,每年从税后利润中拿出一定的比例,根据绩效考核的情况,在项目经理以上员工中进行分配。例如,对于 A 会计师事务所来说,以税后利润 10% 作为上限,根据当年效益的高低选取适当的比例,用于对贡献突出的项目经理进行分配。对项目经理的绩效考核结果进行排名,根据排名情况确定不同的分配系数,排名前 30% 的分配系数为 1.2,排名 30%—60% 的分配系数为 1,排名 60%—80% 的分配系数为 0.75,排名 80%—100% 的分配系数为 0.60。最后,根据项目经理应享有的税后利润分配标准,乘以相应的分配系数作为其分享的税后利润。

2. 创建科学完善的绩效考核体系

绩效考核是为了激励和激发员工,引导他们按照目标明确地开展与事务所目标相一致的工作,达到员工与事务所的共同进步和发展。

按照管理学理论,完整的绩效管理体系一般包括五个环节,它们之间相互独立又相互联系、环环相扣、往复循环推进。这五个环节包括绩效计划、计划实施、绩效考核、绩效沟通和绩效改进。

(1) 拟定绩效考核计划。首先,明确绩效考核的目的和对象,考核对象从助理审计员到高级项目经理等各职级员工。绩效考核是为奖金分配、职务晋升提供客观依据,尽可能做到相对公平,为各职级员工提供明确、充足的发展空间,充分调动员工的工作积极性、主动性和创造性,提高工作热情和工作效率,实现事务所与员工的和谐可持续发展。

其次,确定考核内容和方法。对纳入考核范围的员工,分别从职业道德规范遵守情况、专业知识与执业技能具备水平、工作任务完成及业绩拓展、工作态度、客户满意度等方面设计指标。其中,以执业能力、质量和职业道德遵守情况为考核重点,辅以其他考核因素,客观地判断员工的综合表现。根据 A 会计师事务所的情况,可以选用 360 度全方位考核法,不仅高级别要对低级别评分,低级别也要对高级别评分。

最后,确定考核周期,一般分为季度考核和年度考核。季度考核以季度结束后两周内为宜,年度考核以年度结束后一个月内为宜。由于会计师事务所的行业特点,当年 10 月至次年 5 月为忙季,建议将年度考核周期确定为每年 7 月至次年 6 月。

(2) 实施绩效考核计划,进行绩效考核。绩效考核计划中有定量指标、定性指标两种设计。对于业务量、业务收入、项目组人员成本等可以量化的指标,获得信息相对比较容易,但员工的工作态度、客户满意度等定性指标就很难直接获得,这就要求在实施绩效考核计划的过程中,持续不断地指导和监督,随时掌握相关情况,同时及时与员工沟通,关注其内心困惑,解决其工作或生活中的困难,保证审计质量,为客户提供更好的服务。

绩效考核是绩效考核体系中关键的一环,是将各项指标设计运用于实践中得出结果的过程。对于 A 会计师事务所来说,由于绩效考核观念尚处于起步阶段,观念没有深入人心,推行自上而下、自下而上的考核方式可能有些困难且耗时较长,但可以综合多方面的评价,给予员工客观的考核结果。

（3）绩效沟通。在绩效考核周期结束后,考核者与被考核者就绩效表现、考核结果进行面对面的直接沟通。考核者根据考核结果,指出员工在工作中的优点和不足;员工也能表达工作中的不满或现行制度需要改进的地方。通过彼此的交流,让员工意识到自己的不足,在后续的工作中改正并完善,继续发扬优点;针对工作中存在的问题,让合伙人得到需要他们出面改善的反馈信息,或者共同制订绩效改进计划。与此同时,在绩效沟通的过程中,发现绩效评价可能出现的错误,及时进行修正,达到公开、公正、公平的效果;发挥绩效考核的作用,提高员工的工作积极性,达到激励的效果。

（4）绩效改进。在分析员工绩效考核结果的基础上,找出个体绩效表现中存在的问题,并针对存在的问题制订合理的绩效改进方案,尽可能地提供知识、技能等方面的支持和指导,协助员工落实并实施改进计划。随着会计师事务所的发展、员工的不断进步,绩效改进使得绩效评估的标准与指标设置能随着发展的步伐相应地做出调整,对员工的绩效考核切实起到改进、保持、推进的作用。

绩效改进意味着一个考核周期的结束,但又是另一个考核周期的开始,从建立新的考核计划到绩效改进,如此不断循环前进,促进会计师事务所和员工的共同进步、获得共同发展。

会计师事务所只有在完善绩效考核体系后,才能将其运用于奖金分配中,做到公平、透明、有针对性地激励员工。因此,会计师事务所应该尽快建立并不断完善绩效考核体系。

3. 福利体系的多元化

A会计师事务所的福利虽然种类较多,但多为物质激励,较为单一,其中又以社会保险为主。但是,无论是社会保险还是节日补贴、旅游津贴,几乎都是象征性的,尤其是节日补贴,数十年都是同一金额,从来没有增加过。在物价飞涨的年代,旅游津贴也显得寥寥可数。A会计师事务所应该结合经济大环境的发展,对各项补贴、津贴与时俱进。

会计师事务所可以根据不同员工的个性化需求,有针对性地提供多种福利选择,使每位员工得到自己所需的。例如,每年不定期举行团体活动,爬山、羽毛球、乒乓球、篮球、足球、瑜伽等,甚至可以发放健身卡、运动套票等,或者请瑜伽教练上门培训……不仅给予员工自由选择的权利,还可以丰富业余生活、加强体育锻炼。在紧张的工作之余,除了能拥有一份爱好,更重要的是强身健体、改善身体健康状况;与此同时,还能加深员工互相之间的了解,培养团队精神、提高凝聚力。

对工作十年以上的员工应该设置"忠诚奖",给予丰厚的纪念奖励,比如带有A会计师事务所标志的手表、钢笔或者现金奖励等。这不仅让工龄较长的员工感受到事务所对他们的关心,更增强了他们对事务所的归属感,全心全意为事务所的发展贡献力量。

4. 改善工作环境

相较于其他知名会计师事务所在同地区的分所而言,A会计师事务所的办公环境的确不尽如人意。首先,针对人员扩张迅速的现实情况,考虑购置新的办公楼,并且将未来发展的各种变量考虑进去,尽量人性化地摆放办公桌,做到宽敞办公。其次,重新装修现有办公楼,改善以往狭窄拥挤的情况,尽可能通透敞亮,并且重新调整办公桌的高度、宽度等,可以留给其中几个部门使用,如果新办公楼足够宽敞,也可以只作为底稿库房使用。毕竟,办公环境是事务所留给员工和客户的第一直观印象。一方面,良好的办公环境提升了员工工作的舒适感;另一方面,在客户对会计师事务所进行考察或者拜访时,能够在一定程度上增强客户对事务所的认同感和好感度,从感官上就能感受到事务所的素质和格局,对事务所业务的开展也有着积极的作用。

随着业务规模的不断扩大、人员的增加,也应该更新换代许多陈旧的办公设备或者添置新设备。比如现在一个部门一台打印机,一家事务所总共只有两台装订机,打印机因为使用年限较长、硒鼓耐受度不高,两天就要重新换装墨粉,导致部分工作被搁置……诸如此类的情况还有很多,说明现有的办公设备完全不能应付现在的项目规模,尤其在后期整理底稿时,各个项目都需要打印、装订的情况,因为办公设备的捉襟见肘,降低了工作效率,甚至出现无法按时将底稿归档的情况。所以,A会计师事务所应该重视必备办公设备缺乏给工作带来的诸多问题,做到及时购买、更换。

## （二）精神激励机制优化

### 1. 建立并增强企业文化，以核心价值观激励人

企业文化是会计师事务所内部治理的重要组成部分，是在长期的生产经营过程中积累形成并为事务所成员所认可、遵守和传承的经营理念与共同价值观，体现了经营管理过程中的精神凝聚力。会计师事务所有别于传统行业，是以知识型员工的智力作为主要生产力的行业。根据马斯洛的需求理论及实践，与获得较高的物质报酬相比，精神层面的激励和约束能更深入地激发知识型员工的各项潜能，创造更好的绩效。这种精神的激励和约束归根结底是来自事务所文化，而文化往往又与事务所各项制度融汇交织，对制度予以补充。所以，会计师事务所的企业文化不应该只是精神层面上的引领，更应该作为一种核心价值观贯彻到事务所的各项制度中，发挥精神凝聚和内在激励的作用。

2006年，财政部发布《会计师事务所质量控制准则第5101号——业务质量控制》和《中国注册会计师审计准则第1121号——历史财务信息审计的质量控制》，两项准则均对事务所的文化建设做出了明确规定：会计师事务所应当制定政策和程序，培育以质量为导向的内部文化。强调会计师事务所要树立质量至上的意识，建立以质量为导向的业绩考核、薪酬分配及晋升机制，并记录制定、执行的过程和结果；合理确定合伙人及各职级员工的责任，避免重商业利益轻业务质量；树立从合伙人到各个职级清晰、一致及经常的行动示范和信息传达，向全体员工强调质量控制的重要性及具体的实施政策和程序，将审计质量作为所有工作的重心。

对于A会计师事务所来说，在执业过程中树立了"质量至上、踏实诚信"的合伙制文化，但这种文化还要进一步地深入推广，充分应用于管理和业务的各个方面。具体措施有：在制定招聘、晋升标准时，以合伙制文化为指导，注重业务能力强、职业道德高的员工；在员工入职培训、后续教育时，不断强调合伙制文化理念，使员工在业务素质得到提高的同时也能更深入地体会到企业文化的导向作用；从审计现场到各级复核，在不同层次上严把质量关；在绩效考核时，指标的设置应该体现质量的重要性，达到激励员工的目的。

### 2. 树立以人为本的观念，实现关怀激励

会计师事务所是"人合"的企业，只有依靠员工的智力付出才能不断地前

进,员工是会计师事务所发展的核心力量,只有员工的辛勤付出才能给事务所带来收入的不断增长和良好的执业口碑。因此,会计师事务所应当树立以人为本的价值观,在情感上给予员工更多的关注,营造和谐、轻松、进取的工作氛围;重视员工的个性化需求,鼓励有管理能力的专业型员工充分发挥潜力,往管理层或者合伙人方向转型;将事务所发展与员工发展统一起来,引导员工建立与事务所合伙制文化相匹配的价值观和事业目标,并给予充分的肯定,发挥员工的主动性和创造性,使员工在实现自我价值的同时不断实现事务所的目标。通过实施关怀激励,让员工对事务所有了认同感和归属感,建立起个人和组织长久紧密、互为依托的依赖关系,形成相对良好、稳定的人文氛围,凝聚成一种合力与整体趋向,使会计师事务所具有更强的竞争力和发展力。

3. 建立职业规划体系

A会计师事务所没有为员工的职业生涯规划提供清晰的思路,然而优秀的员工必然会前瞻性地思考未来的自我发展需求。因此,员工的成长和诉求推动着会计师事务所要提前为员工规划长期、可持续成长的路径,为员工追求个人事业上的成功提供必要的帮助,不断寻求事务所战略目标和员工个人发展的平衡点,希望员工在个体不断成长的同时为事务所创造更多的价值,使得员工和事务所能共同实现长期的可持续发展。

首先,在了解员工自我成长需求的基础上,建立符合事务所发展要求的员工职业生涯规划方案。员工参照岗位说明书的要求,明确在目前岗位需要做到什么、晋升到更高的职级需要学习什么,将确定的目标带入具体工作岗位中,不断自我学习、提高岗位技能。在此过程中,员工会产生对目前岗位的思考、对未来晋升的困惑,并决定自己未来应该朝什么方向努力,如专业技术方向、项目管理方向、业务拓展方向、客户维护与保持方向等。在绩效考核沟通中,员工与合伙人就上述问题进行交流,合伙人对考核结果给予评价和指导,并对员工未来的职业发展提出建议:在最合适的时间投入精力去提高哪方面的能力。员工在合伙人的建议下,修正自我的职业发展方向;事务所为员工发展提供多层次的发展平台,以员工的不断自我完善带动事务所的共同发展。

其次,按照传统的职业发展路径,员工想要追求更高的薪酬待遇和地位,往往只能谋求职位晋升。但像会计师事务所这样"人合"特性的企业,管理岗位

（合伙人）相对较少，在现有业务规模的情况下，合伙人不退出就没有普通员工晋升的机会；而自己独立拓展业务达到一定规模成为新的合伙人，这也不是一些以专业技术为发展路径的员工所能企及的。在这种情况下，需要针对这部分专业技术员工调整职业发展规划，使得事务所员工的发展不限于以管理型合伙人为目标，还可以走专业路线，成为技术型合伙人。

完整、清晰的职业发展规划使员工在进入会计师事务所时就能确切地知道自己将来的发展路径和可能的发展机会，明确自己是否适合将注册会计师作为终生职业，还是历练几年后另寻出路，由此增强员工对会计师事务所的归属感，达到激励的效果。

4. 建立个性化的培训制度，关注员工的需求

在会计师事务所这个特殊的行业，员工的专业知识、执业能力和职业水准是会计师事务所发展的基本动力，因此后续教育对于事务所特别重要。但是，在培训中，事务所应该摒弃单纯为了满足企业发展需要的培训理念，而应结合满足员工需求、以员工职业发展为目标的培训理念，改变以往培训中员工应付式的被动学习或者不学习的情况，有针对性地提升培训效果，以此激发员工的学习积极性，激励他们快速掌握培训知识并应用于实践中，达到事务所与个人的双赢。

A会计师事务所应当从根本上转变员工培训是一种额外消费的观念，真正意识到人才是事务所发展的核心竞争力，愿意在员工专业知识的更新、执业技能的提高上投资，加大培训力度，以此建立学习型的会计师事务所，不断激励员工自发性的学习和进步。具体可以从以下三方面入手：

（1）建立事务所内部信息资源分享。A会计师事务所现有七个审计部门，每个部门的业务在行业分布上各有侧重，可以在6—9月按月或者每两周进行一次部门间的信息分享。每个部门根据所擅长的业务领域或行业板块，就项目现场的审计流程、注意事项、行业的特殊性风险、典型性问题、如何提高项目审计效率及项目的不足和教训等方面开展不拘泥于形式的经验交流，鼓励与会者提出看法和建议并讨论，全员参与互动，以此开阔视野、扩大知识面、拓宽思维，弥补员工在某一方面的不足，提高员工的学习兴趣和可记忆性，达到共同进步的目的。对于在经验分享中有突出表现的员工及团队，可以在绩效考核中予以体现，并与奖金分配相结合予以激励。

（2）借用外部培训。会计师事务所内部业务毕竟是有限的，涉及的行业领域也是有限的，但是市场经济的多样性要求事务所员工必须不断努力提高知识水平、执业技能，才能跟上客户发展的步伐，为客户提供更加优质的服务，同时提高事务所的业界口碑，赢得更多的潜在客户。因此，单靠会计师事务所内部的知识共享已经不能满足员工自我提升的需要，为了保持员工的成长性，事务所必须借助外部培训。比如，在遇到具有共性的、同时又是员工工作不可或缺的知识盲点时，可以外聘有关专家实施培训；针对最新推出的审计准则、会计准则，为了理解得更透彻到位，可以从每个部门抽调业务骨干到国家会计学院进行有针对性的学习，学成回来再对全所员工进行宣讲；根据某一个部门的工作需要，由标准部门收集相关资料，组织针对该部门的培训课程；根据每个员工职级的不同，所需培训的内容可以各有侧重，设计符合员工个性化需求的培训计划；鼓励员工参加注册会计师执业资格考试，在其取得相应的资格证后，给予一定程度费用的报销；对于项目经理以上职级的员工，可以允许其自发参加培训项目并给予一定的费用报销，学习完毕后，在内部的信息资源交流会上向其他员工传达。

（3）培训内容多样化。A会计师事务所在完善针对员工专业知识方面培训的同时，还要重视对员工良好的团队协作能力、领导能力、沟通能力及抗压能力等综合素质方面的培训。完成一个审计项目需要项目组成员的团队协作、齐心协力，以团队利益为重、和睦相处，才能提高工作效率；与客户的良好沟通，会使双方合作无间，工作得以顺利开展，使工作中的问题得到有效解决，减少误会和麻烦；会计师事务所的工作一般时间紧、任务重，员工难免会感觉到压力，产生消极负面情绪，事务所应该有针对性地培训员工调节和缓解压力，可以组织户外拓展训练，使员工在完成自我挑战的同时，发掘自己的潜能、磨炼战胜困难的毅力、培养团队精神、改善人际关系、缓解工作压力。

5. 让年轻员工参与招聘，提高其工作主动性

让年轻员工参与招聘过程，校园招聘会、人员面试不再只是合伙人或人力资源部门决定的管理行为。新招聘员工即将和现有员工一起共事，而现有员工对招聘岗位的人物设定有自己的认识，认真听取年轻员工的意见也显示出事务所管理者对他们的信任与尊重，以此激励员工更加主动地参与事务所的经营管理，为事务所的可持续发展贡献力量。

## 案例使用说明

### 一、教学目标与用途

适用课程：高级审计理论与实务、会计师事务所管理。

适用对象：审计专业硕士、会计专业硕士，延伸适用于所有管理类的专业硕士（如 MBA 等），以及企事业单位高级管理人才。

教学目标：针对 A 会计师事务所人力资源现状及其激励机制的现状，剖析根源并提出改善方案，进一步引导学员了解会计师事务所激励机制以及如何改善。

### 二、思考题

1. 结合本案例，讨论会计师事务所的特征。
2. 结合本案例，讨论会计师事务所激励机制的特殊性。
3. 结合本案例，讨论如何完善会计师事务所激励机制。

### 三、理论依据与案例分析

（一）会计师事务所激励机制的特殊性

1. 会计师事务所的特征

会计师事务所作为一种知识密集型的中介组织，具有以下四方面的特征：

（1）"人合"是会计师事务所的基本性质。会计师事务所的产销链主要在于：员工投入智力资源，凭借专业知识和职业判断为委托者提供财务报表审计或者其他咨询服务，并出具相关审计报告或咨询建议书。由此可见，从投入到产出，员工是不可或缺的关键性因素，也是会计师事务所的核心竞争力。会计师事务所提供的产品是与理财咨询相关的服务，这样的产品性质决定了资本的准入门槛较低、需求较少，资本能发挥的作用有限，而发挥主要作用的是从事这一行业的专业人才。所以，会计师事务所的根本性质是"人合"。

由此，会计师事务所在设计激励制度时，首先应该考虑员工的需求，根据个体（如智力、能力高低、对事务所贡献大小及承担风险高低等）的差异性为基础进行薪酬分配，充分发挥知识密集型行业的优势，调动所有员工的主观能动性和创造性,不断拓宽业务渠道、提高服务质量,进而创造出品牌效应且不断发展壮大。

(2) 所有者与经营者身份的统一性。会计师事务所"人合"的特性,决定了不同于普通企业中投资者与管理者的委托-代理关系,合伙人不仅是日常审计工作的参与者,还是会计师事务所管理事务的组织者和实施者。

每位合伙人掌握的业务资源不同,对审计质量的把控不同,分管业务、专业技术或质量控制的分工不同,都会影响其对事务所发展的贡献。因此,不能像公司制企业一样,简单地按照出资份额作为分配的唯一标准,还应当充分考虑各合伙人的贡献大小,以人力资本作为收益分配的考量因素,做到分配的相对公平,才能达到激励的效果。

(3) 业务产品的公共性。会计师事务所的收入来自客户委托业务,为客户提供优质的服务以赢得客户是事务所不断发展的另一重要因素。然而,注册会计师的独立性,要求其在为客户提供优质服务的同时,还应该秉持公平、公正的职业态度,为大众投资者、监管机构、金融机构、政府部门等其他第三方提供真实可靠的财务信息。由此可见,会计师事务所提供的产品可能会用于客户、股东、潜在投资者、债权人、债务人和政府等各种信息使用者,所发表的意见不仅承担着对委托人的合约责任,也承担着相应的社会监督责任。

因此,会计师事务所尽可能选择优质客户,在确保独立性的前提下,为客户提供更加满意的服务,也应作为完善激励制度的重要考量因素。

(4) 审计意见的风险性。会计师事务所工作中的很大一部分是为资本市场提供年度报表审计工作。这类工作时间集中性强、工作量很大、事务烦琐,很有可能因风险把控不到位、问题处理不及时而导致重大失误,甚至引起审计失败。因此,注册会计师在业务承揽中承担了一定程度的风险。尽管在审计过程中,注册会计师依据会计准则、审计准则并运用各种审计方法保证审计质量,但纷繁复杂的企业生产经营形态致使审计工作依然会存在百密一疏的情况,出现不可避免的错误。注册会计师为了降低审计风险,会计师事务所保证发表意见的可靠性,必然要投入大量的时间和精力。

因此,会计师事务所建立合理完善的激励制度,促使员工主动地不断学习,提高业务水平、工作责任感,才能更好地控制风险,提升审计质量,保证事务所的可持续发展。

2. 注册会计师对激励的要求

（1）较高的风险承担要求匹配较高的薪酬。根据马斯洛的需求层次理论，薪酬不再是较高层次的智力专业型员工的主要激励因素，但薪酬仍被赫茨伯格归入双因素理论的保健因素，含义是较高层次的知识型员工在薪酬增长到一定程度后，除非继续提升到质的飞跃，否则无论如何改进薪酬制度，也很难使员工获得满足感。但这并不是意味着这部分员工不重视薪酬了，反而更好地印证了双因素理论。作为保健因素，如果员工对薪酬不满，就很可能极大地挫伤工作的主动性和创造性，引发员工离职。在对会计师事务所员工离职原因的调查中，我们发现对薪酬的不满成为较高层次员工离职的首要因素。他们在项目中担任了管理者和执行者的角色，从基础工作的风险控制到现场复核、后期整理及出具报告，花费了非常多的时间和非常大的精力，并且承担了项目的主要压力。因此，会计师事务所应该考虑较高层次员工的人力资本贡献，体现"人合"的性质，在分配剩余收益时，适当考虑这部分员工的价值，而不是仅仅根据出资额在各合伙人之间进行分配。对于合伙人而言，为会计师事务所挖掘或保持不可或缺的客户资源，创造了大量的经济价值，承担着项目绝大部分的风险，但是按出资额进行分配，很可能只有较少的收入。这些不合理的薪酬待遇，直接削弱了关键员工对会计师事务所的满意度，工作积极性下降，忠诚度降低，离职率升高。按照经济学原理"风险越大，收益越高"，既然员工承担了一定程度的风险，就应该提供与风险相匹配的适当报酬，以体现这部分员工的工作价值。

（2）自我价值的实现。会计师事务所员工中相当一部分是由注册会计师构成。他们通过理论的学习、实务的摸索，用几年的时间考取注册会计师资格证，与一般的企业员工相比，会计师事务所的员工更希望学以致用，在实践工作中体现注册会计师的专业价值。注册会计师秉持着成为财务审计领域专家、在为资本市场服务的过程中有所建树的目标在会计师事务所供职，一方面凭借自己的专业获得相应的报酬，另一方面在此过程中实现上述目标，获得事业上的成功。工作对于注册会计师来说，不仅是谋得必要生活所需的社会活动，更是体现人生价值的一种手段。因此，他们能主动地承担工作压力，独立或者以团队的方式完成工作，希望通过不断的努力和创造尽可能地达到工作和人生目标。由此可见，具有挑战性的工作且给予适度的自主权，更能激发注册会计师的主动性和创造性,使他们从完成较高强度和难度的工作中获得满足感,并找到体现自我价值的方式。

(3) 个人的不断成长。会计师事务所是为客户提供专业技术服务的,客户所属的行业类型千差万别、跨度极大,这就要求员工不仅要专,还要有广泛的知识涉猎和行业认识。在这个信息高速发展、经济巨大变革的时代,知识的更新速度一日千里,会计师事务所的员工应该树立终身学习的观念,除了在会计领域不断地吸收新鲜知识、实现自我增值,还要对其他行业的知识补给充满渴望,比如与工作相关度极高的税务、法律、金融等。只有在理论及实务上不断地提升,注册会计师才能跟上日新月异的市场竞争环境,跟上客户发展的步伐,为客户提供更加优质的服务。员工进入会计师事务所,在获得薪酬、实现组织目标的同时,更希望保持不断的成长性,通过实务学习来完善自身的专业知识、丰富人生经历,达到对自身成长的追求目标。因此,会计师事务所应当结合事务所的发展规划和人才需求特点,重视员工的性格特质及专业能力方向,着力营造学习型的工作氛围,建立系统化、多层次的员工培训制度。培训内容并不限于各行业的专业知识和实务操作技能,还可以涉及宏观经济、国际局势甚至人生观、价值观等内容,并且作为贯彻会计师事务所员工职业生涯的教育理念。因此,会计师事务所应当为员工可持续的职业发展提供平台,满足员工自我提升的需求,激励员工为实现个人和组织目标更主动、积极地工作。

(4) 良好的团队合作与工作氛围。会计师事务所的审计工作是一种高强度的脑力劳动,依赖于个人的理论知识和执业能力,巨大的业务量及专业领域分工也离不开团队的配合。所以,会计师事务所应当为注册会计师提供轻松、良好的工作环境和工作氛围,有助于培养配合默契的工作团队。这不仅给员工较大的工作自由度,发挥其独立自主性,同时团队合作对于提高审计效率和审计质量具有重要意义,将这些有着共同目标的人才整合在同一支团队中,为共同的理想目标奋斗。

(二) A 会计师事务所的激励制度

尽管 A 会计师事务所的激励制度是在实践管理中总结教训并不断完善而来的,在较长的时间中对员工起到了较大的激励作用,但随着注册会计师行业的不断发展变化,尤其是 90 后就业人员的增加,现有激励制度显现出固有的问题。

1. 现有制度的优势

现有制度的优势在于:以质量至上为导向的事务所文化,营造了专业的工作氛围和良好的团队人际关系。

从员工入职培训到项目实践,A 会计师事务所都强调质量至上的执业精神,以这样的文化氛围熏陶员工,并引导员工的价值观和专业操守以"质量"为重,从而约束员工的执业行为,严格把关项目风险,达到提高审计质量的效果。会计师事务所员工的工作依靠个体的智力投入,有着较高的自由度和独立性,审计质量的高低在很大程度上取决于个人的责任感和专业能力。以质量为导向的文化会在员工心目中潜移默化地形成较强的责任心,促使员工自觉提高业务修养、遵守执业准则、保证审计质量,同时营造了良好和谐的执业氛围和正面的执业理念,给员工传递出事务所的未来发展是良性且可持续的。由此,员工愿意在这样有精神追求的会计师事务所长期工作,结合实现自我价值与事务所的组织目标而奋发进取。

A 会计师事务所通过在岗培训和集体旅游,在由项目负责人向项目组成员、高级别员工向低级别员工进行有针对性辅导的过程中以及在一同出行的轻松氛围中,增强了员工之间的联系,也增进了彼此之间互相关心、互相照顾的情谊。这种方式不仅帮助员工快速地熟悉审计业务和工作程序,提高业务水平,还培养了员工之间的团队精神、增强了员工凝聚力。会计师事务所员工一般有着较高层次的精神需求,良好的人际关系、团队工作氛围也是吸引、留住他们的重要因素。

2. 现有制度的问题

(1) 薪酬制度不健全,考核过程不透明。A 会计师事务所各职级的基本工资差距较小,同一级别,不论学历高低,基本工资都一样。虽然通过注册会计师考试会给予补贴,但是补贴金额很少。对于中高级职称或具备其他资格证书的员工,则没有任何补贴。A 会计师事务所现在的基本工资设置并没有体现出高学历、职称和资格证书的优势,没有起到鼓励员工主动学习、积极提升自己并努力考取各种证书的目的,也容易让那些高学历或已经取得相关职称、资格证书的员工心理产生不平衡。虽然文凭和证书并不完全代表具备专业的能力,但反映了个体的再学习能力和较大的培养潜力。

A会计师事务所奖金分配主要有两个指标:项目经理以下员工以项目工时长短计算奖金,项目经理按承做业务的收费情况提成分配。这样的分配方式无形中把"利益"放在了首位,过于注重有利于增加事务所收入和利润的因素,而忽略了其他一些对事务所发展起着重要推动作用的因素,比如业务质量、高级别员工对低级别员工的业务培训、心理辅导等。

对项目经理以下员工的考核主要集中于项目时间,没有充分考虑员工个体的能力水平及工作效率差异,一些能力较强、效率较高的员工可能在同一时间内完成了较多的工作,但获得的报酬与那些工作能力较弱的员工相差无几,直接导致部分员工产生惰性、工作积极性下降,甚至出现磨洋工的情况。除工时透明度较高以外,分配基数按什么标准确定、奖金如何计算,员工均无从知晓。分配结果不对外公开,只有员工个人清楚自己的奖金情况。没有一套标准、透明的奖金分配体系,从某种程度上说,就是完全依靠合伙人的主观判断、参考一起共事的项目组成员的评分而人为地做出奖金分配,随意性较大,没有任何依据可言,致使同级别员工可能因合伙人喜好的不同而奖金较为悬殊。

对于项目经理级别的员工,完全按照业务收费情况进行奖金分配,存在以下问题:一是没有充分考虑项目的难易程度,项目收费本身就存在一定问题。部分项目在承接时可能出于维护客户关系、期待下一次合作等因素的考量,收费偏低,或者项目收费在承接之初就已经谈好,但是进场以后才发现项目情况远不能覆盖当初的费用,项目经理为了保证业务质量,依然要付出相当多的时间和精力做好项目。按照A会计师事务所的规定,项目收费由分管合伙人负责谈判,项目经理不参与,但是在分配奖金时,却完全不考虑项目难度与收费的合理性,单纯按照项目收费进行分配,势必造成项目经理所获报酬与付出不成正比的情况,从而打击了项目经理的工作信心和工作热情。二是项目经理没有挑选固有业务的权利,承做哪个项目均由各合伙人安排。若承做的是性价比低的老项目则耗时耗力,在这个过程中即使有新的业务出现也根本没有精力和时间再去承接。这就使得部分项目经理陷入一种恶性循环,一年从头忙到尾,却因为固有业务的性价比低而不能获得匹配的报酬,也无法通过新承接业务来改善个人收入。相比之下,另外一些项目经理可能只需承做一两个性价比高的业务,就能轻松获得很高的报酬。这种相对的不公平造成项目经理陆续离职。三是没有考虑项目经理在团队建设中对员工业务培养、心理辅导、业务质量提升等方面的作用,没有将"仁""德"纳入分配因素,而这些因素作为个体在社会生活中的立身根本,对注册会计师来说更加重要、不可忽视。

(2) 人才流失严重,人力资本的补偿不足。伴随 90 后逐步进入职场,其个性化也日趋明显。他们中大部分人的家境尚可,父母有着较为稳定的工作,暂时不需要他们挑起养家的责任,相对来说,这部分员工更渴望自由和挑战,不愿意在一家公司"从一而终"。另外,会计师事务所频繁的出差、高强度的工作量,使得员工缺乏基本的个人时间和业余生活,容易产生厌倦感、疲劳感等持续的负面情绪,有些甚至因压力太大而导致身体出现问题。A 会计师事务所没有把握好新进员工的个性特点,适时地调整激励制度,满足他们精神上的需求并给予充分的自由度,导致流动率居高不下、优秀人才流失严重。另外,由于分配方式的不合理,导致很多对待遇不满意的高级别员工离开事务所另寻出路,事务所在薪酬方面也欠缺招募高素质人才的吸引力。与此同时,在没有竞争力的薪酬制度下,人手的紧缺只能依靠招聘大量的大学毕业生予以补充,员工结构断层明显。新进员工经验的不足,势必要求项目经理花更多的时间进行现场指导,甚至是点对点的培训,从而增加了项目经理的隐形成本;然而项目经理的收入只与项目收费相关,长此以往,付出远远超过报酬的补偿,致使项目经理看不到希望、产生挫败感、丧失工作热情,甚至萌生辞职的念头。长此以往,会损害事务所的核心竞争力,致其发展停滞不前。

(3) 培训制度不完善。A 会计师事务所对于已工作一段时间的员工培训不太重视,只是保证完成中国注册会计师协会要求的后续教育,没有形成自成体系的培训模式。随着我国经济与世界经济的不断融合发展,会计知识的更新日趋频繁,并且逐步与国际接轨,会计师事务所员工只有不断地加强学习才能跟上发展的步伐、与时俱进。但是,出于成本费用的考虑,每年到国家会计学院学习的机会非常少,能够参加外出培训的人员也只有少数的项目经理。而他们出于项目安排的原因,很少有时间将其所学在所内予以分享。这样,大部分员工只能依靠自身的自觉性学习新知识、了解新的业务技能。这样的成长相对来说显得较慢,可能会让员工感觉无法得到自我发展、未来薪酬也不会有更大变化,不如趁早离职,寻求更好的发展平台,从另一方面加速了离职的产生。

(4) 职业生涯规划的缺失。A 会计师事务所与员工职业生涯规划相关的管理工作仍处于比较初级的阶段。员工招聘和新员工入职培训可能会涉及部分职业生涯规划的内容,但都轻描淡写地带过,并不具象且没有形成长期的远景规划。A 会计师事务所的员工大都依靠自我成长、独自摸索,部分愿意以事务所为长期发展方向的员工心目中的个人职业发展规划大致为:考取注册会计师资格证,独立承做大型项目及上市公司审计,并且能够对外拓展业务,挖掘新的客户,晋升为合伙人。而这条路只是职业规划的一个方面,想要实践并且实现也并非想象中的那么容易,注定是漫长而艰难的。职业规划管理工作的缺失,导致部分对注册会计师行业抱有极大热情的员工不能在自我发展遇到困难或处于瓶颈时得到有效的帮助和启发,从而丧失对这个行业的信心,进而离职另寻发展。

(5)晋升机制的形而上。A 会计师事务所虽然设立了职务晋升制度,但基本上还是论资排辈、根据合伙人喜好晋升,而每位合伙人对晋升制度标准的把握不同,也会影响员工的晋升情况。如果想要成为合伙人,不仅要具备注册会计师资格,还要满足业务量底限标准等诸多条件,而 A 会计师事务所的品牌效应远远低于国际甚至国内其他大所,依托品牌开拓业务并不容易。况且,员工存在个体差异,有些员工的对外拓展能力较弱但专业方面具有很强的能力,设置拓展业务量的标准就限制了这部分员工晋升合伙人的渠道。因此,晋升制度形同虚设、晋升环节缺乏监督、级别越高晋升越困难等现实状况,导致员工因看不到未来发展的希望而纷纷选择离开,给事务所的人员结构造成了极为不利的影响。

(6)亟待改善的办公环境。近年来,随着 A 会计师事务所业务的不断扩张,人员也在持续增多,现有的办公场所已经不能承载如此多的员工,出现了淡季办公桌不够、人挤人的情况。办公场所所在的写字楼已经有十几年的房龄,很多设施存在老化、长期需要检修的情况,电梯等安全性也存在隐患。办公环境的狭窄、陈旧,使得员工、客户从感官上得不到良好的体验,也可能降低对事务所的信任度。

(三)A 会计师事务所员工激励机制改善的理念与具体措施

1. 树立以人为本的观念

任何行业如果想要取得卓越的发展业绩,人的因素永远是第一位的,人力资源在企业发展中扮演的角色至关重要,因此企业要给予员工更多的重视,树立人本观念。首先,以人为本的企业理念要保证员工在企业中有归属感,因此要将企业发展目标与员工个人发展目标结合起来,让员工参与企业发展规划的制订中,在激励机制制定的过程中也应该充分考虑员工的意见和建议。其次,要通过深入员工队伍,了解员工需求,给予员工切实的关怀,提升员工的责任感和使命感,使员工将企业视为自己的家一样地付出全部努力。企业发展前景更好不仅有利于企业自身发展,对员工本身也是一种精神激励。以人为本的理念就是坚决防止人为因素在企业激励机制中发挥重要作用,必须做到客观公正。

(1) 品质文化建设应该作为企业文化建设的前提。会计师事务所与其他企业存在很大的不同,会计行业最注重品质,因此会计师事务所首先应该将品质观念作为企业文化建设的前提,只有提高品质才能保证事务所在激烈的竞争中赢得客户的信任。品质观念的融入必须从员工培训环节开始,培训之初就要保证员工树立品质观念。

(2) 文化建设要体现对员工的关怀。人力资源是会计师事务所的血脉,只有广泛吸纳并留住优秀的员工才能保证事务所的绩效始终保持高位,因此以人为本的观念是企业文化必不可少的。以人为本不但能体现人文关怀,而且对员工的稳定性也具有很大的帮助。企业不仅要对员工提出要求,还要对员工真心付出;不仅在物质上给予员工充足的保障,还要在精神上给予时刻关怀。

2. 建立知识共享制度

员工薪酬高低与个人整体素质相关,而会计行业在知识上具有的重要特点就是更新速度快,即使本身业务素质较高的员工也不能始终跟上国际会计准则的变化速度,同时企业实际情况的变化也会给会计工作带来变化,这样员工的整体素质就不能始终跟上企业业务发展的需要。知识共享作为企业员工的教育培训制度能保证员工知识储备的丰富和完善,提高员工的业务素质,在员工激励机制的指引下也就能保证薪酬符合自身的期望。因此,事务所有必要建立知识共享机制,使企业内部及同行业从业者之间能够实现知识共享,相互促进、相互鼓励,实现会计行业的持续发展。

3. 树立目标,规划员工发展路径

对于任何一家企业,长远的发展规划是其能够取得进步的必备因素,A会计师事务所自然也不例外。A会计师事务所只有在确定目标以后,才能对员工进行整体规划,其人力资源职业生涯规划过程如图2所示。除此之外,我们专门设计了一份员工职业发展规划表(见表5),A会计师事务所从员工填写的表格能清楚地了解员工的职业规划,也能保证员工清楚地明确在A会计师事务所发展过程中自身面临的各种机会。这就在无形中对员工形成了一种激励,同时也能使员工在工作中找到方向,提升整体归属感,增强员工的稳定性。

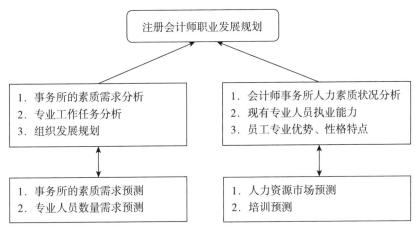

图2　人力资源职业生涯规划制定过程

表5　员工职业发展规划

| 一、个人基本情况 | | | |
|---|---|---|---|
| 姓名: | 年龄: | 现岗位名称: | 职级: |
| 学习经历(自初中毕业开始)<br>时间、学校、专业 | | | |
| 性格特点 | 性格类型、情商、自信心、兴趣爱好等 | | |
| 工作岗位倾向: | 个人倾向于哪种类型的工作 | | |
| 目前具备的主要技能 | 具备的基本素质、执业资格、人际交往能力、适应力、抗压能力等 | | |
| SWOT分析 | 个人的优势、弱势、机会、威胁分析 | | |
| 下面对您吸引力最大的是哪些(可多选): | | | |
| 1. 培训体系完善、工作难度较大、具有挑战性、工作时间不死板<br>2. 工作时间能够灵活掌握<br>3. 工作受约束较小<br>4. 高薪酬 | | | |

(续表)

5. 福利水平较高、范围广
6. 培训体系完善、进修机制完善
7. 同事素质较高,能够给自己极大的帮助
8. 良好的晋升渠道
9. 其他

审计、管理咨询、税务咨询、管理哪个渠道更适合您,为什么?需要事务所为您提供何种技能培训?


您对目前的工作是否满意?是否喜欢目前的工作?


您对未来职业发展有无详细规划?有的话请详细列出并说明各个阶段的目标实现需要什么条件。


### (四) 完善激励体系

#### 1. 创建科学完善的绩效管理体系

实事求是的思想是企业创建绩效管理体系的前提,也是企业绩效管理体系能保证科学性的重要支撑。首先,实事求是要求 A 会计师事务所在创建绩效管理体系的过程中严格根据自身发展的实际情况进行,不能照抄照搬其他企业或者会计师事务所的经验,否则绩效管理体系的作用就会大大减弱。其次,A 会计师事务所的绩效管理体系要与企业的长远发展规划相适应,对企业的长期目标有帮助,这样的绩效管理体系才有实际意义,才能对企业绩效的提升贡献力量。最后,企业绩效管理体系的核心还是员工的利益,作为员工激励的重要手段之一,绩效管理体系的优劣决定了激励机制的合理性。因此,绩效管理体系必须符合员工的切身利益,不能以损害员工利益为前提。绩效管理流程如图 3 所示。

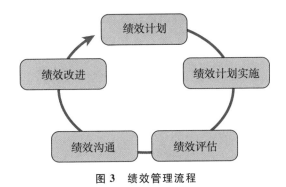

图 3　绩效管理流程

企业员工管理活动必须有一定的激励与考核机制相配合,实行激励制度的主要目的是较好地动员员工参与到工作中,保证培训活动达到预期的目标,考核机制的主要目的在于保证员工积极参与工作并取得一定的效果,对员工的工作进行考核有利于员工加强对自身的约束。因此,企业内部建立一套针对员工工作绩效的激励考核制度是非常必要的。完善的绩效考核计划是绩效管理体系建设的前提,企业应当从以下几个方面着手制订绩效考核计划:

(1) 明确绩效考核的目的。一个被广泛接受的概念就是人才作为现代市场竞争的核心因素,对企业核心竞争力有至关重要的影响,企业只有掌握关键人才能在市场竞争中立于不败之地。对于会计师事务所来说,优秀的人才团队是重要的财富。A 会计师事务所实行绩效考核的主要目标在于:依据绩效考核结果,更为科学合理地制定激励机制,保证激励机制符合各员工的实际工作情况。

(2) 明确绩效考核的内容。在培训中合理导入激励机制与绩效考核机制。首先,企业领导者应当把提高员工素质、发展和培养人才作为自己的基本职责与任期目标之一,将企业员工培训提升到战略的高度,保证培训工作的顺利开展;其次,企业应当把培训结果(员工在培训后提高的工作效率)作为员工获得、保持、晋升岗位或者失去、调换岗位的必备条件和依据。由于关系到切身利益,员工自然而然地就会主动更新知识、自我提高,进而有利于企业人力资源素质的整体提升,也为企业提高效率和效益提供了强有力的保障。具体来讲,A 会计师事务所的培训绩效考核与激励机制可以从以下两个方面进行:

① 加强培训绩效考核。由 A 会计师事务所人力资源部门负责安排、管理统一的培训项目,参与并督导各部门的内部培训。各部门应把每月培训计划及

培训大纲与培训内容提前报人力资源部门备案,以便人力资源部门实施监督与统一管理。人力资源部门把培训大纲与培训内容提前报人力资源部门备案,各部门应根据培训计划及员工的排班情况安排并通知员工参加培训,把培训名单报人力资源部门。员工应按照所安排的时间参加培训,凡迟到、早退或不到者,人力资源部门将比照考勤制度给予相应的处分。

②加强激励机制。每次课程结束后,人力资源部门将安排考评。效果考评的形式为书面问卷结合口头问答及岗位抽查。岗位抽查指人力资源部门就所讲授的课程内容是否被学员运用到实际工作中进行随机考核。主要考评方式为书面考评,根据考评情况给予评分:80分以上为优秀、60—80分为中等、60分以下为不及格。凡每次考评不及格者,降职一级;待重考合格后,回升原职位。考评优秀者将视情况予以奖励。人力资源部门应建立员工培训档案,记录员工所接受的培训课程、考评成绩等。培训考评结果将作为评选优秀员工、员工晋升、调整工资等的依据。

具体来说,将原来的定性考核为主改为定量考核为主,考核指标包括工时考核、项目考核、部门主任考核和附加考核四项。

**工时考核**

审计员及以下职级员工工时考核满分为60;高级审计员及以上职级员工工时考核满分为40。按完成标准值的比例计算考核分数,达到或者超过标准值计满分,低于标准值60%的不计分。

纳入考核的工时为有效工作时间,包括项目工时和公共事务工作工时。其中,项目工时是指员工参与业务项目所花费的工时,具体为计入项目并且有项目编码的工时;公共事务工作的工时是指所内为员工提供培训授课、编制教材、招聘面试、质量检查等工作的工时。

年度有效工时利用率标准值:项目经理及以上员工、高级审计员及审计员、助理审计员及以下人员分别为75%、85%、95%(由于高级别员工承担了部分客户沟通协调、市场开发等工作,可计算的有效工时数有所减少,因此有效工时利用率标准值稍低)。

对于工时,要求平时做好填报审核工作;月度按员工和项目维度分别做好项目工时统计工作。

**项目考核**

① 审计员及以下职级员工。项目负责合伙人会同项目负责经理对项目组成员承办项目情况进行考核打分。项目考核分数为20。

② 高级审计员以上人员。高级审计员及以上员工项目考核分数为50。

项目成本回收率考核分数20：项目负责合伙人根据项目管理组提供的高级审计员及以上员工负责的项目成本回收率情况进行考核打分，项目管理组对全部项目考核分数进行加权汇总。

项目综合考核分数10：项目负责合伙人根据项目负责经理（项目角色）在项目中的专业能力、沟通协调能力及承办项目执业质量进行项目综合打分。

执业质量考核分数20：执业质量考核主要由质监与技术支持部门负责，考核以考核年度质监部门编报的"业务质量与风险控制报表"所列示的指标及数据为基础计算、考核，不再追加其他考核指标。具体如下：

A. 业务报告质量情况，计8分。其中，已加盖公章后业务报告修订率考核计3分，质监部门日常复核评价计5分。

B. 工作底稿质量情况，计12分。其中，底稿及时归档率考核计4分，业务质量检查评价计8分。

C. 违反项目管理系统控制出具报告情况。每发生1次扣3分，质监考核分扣完为止。

D. 发生重大风险事项情况。发生业规302号第八条非重大风险责任事项的，本年度每发生1次扣5分，质监考核分扣完为止；本年度发生业规302号第七条重大风险责任事项的，一票否决，质监考核分计0。

E. 违反职业道德情况。本年度若有发生则一票否决，质监考核分计0。

**部门主任考核**

业务部门主任根据业务人员全年承办项目及公共事务整体情况，对其专业进步与学习能力、团队领导协作能力、工作效率及主动性、职业道德等进行综合评价。其中，审计员及以下员工，部门主任考核分数为20；高级审计员及以上员工，部门主任考核分数为10。

**附加考核**

① 项目管理组对全所高级审计员以上员工担任外勤主管和项目负责经理承担项目的平均数、平均承办项目收入进行统计，分析高于平均数50%和低于

平均数的情况并在考核表中记录相应情况。本考核项目作为决定被考核人职级升降、嘉奖的重要参考。

② 业务人员360度考核。由本年度共有项目关系的员工进行360度打分，打分方式为对上下级员工进行百分制打分并撰写考核评语及建议。考核分数及评价将作为被考核人职级升降、嘉奖的重要参考，并关注与落实考核评语中的问题，但暂不计入本年度考核总分数。

③ 参与公共事务活动考核。员工在考核年度中对全所或所在机构公共事务服务（如培训授课、教材编制、市场开发及品牌建设、专业技术委员会讨论等）做出额外突出贡献的，由各分所所长会同总所相关职能部门根据实际情况进行评定，可在考核总分中增加附加分。附加分满分为10，凡加计此项目分数的，考核人均需在备注中写出详细理由。

**考核结果**

A会计师事务所业务部门员工绩效考核结果分为五个等级：杰出，即工作业绩卓越，远远超过所任职级标准要求，考核得分为90以上；优秀，即工作业绩良好，超过所任职级标准要求，考核得分为80—89；合乎水准，即工作业绩尚可，达到所任职级标准要求，考核得分为60—79；尚可接受，即工作表现稍微欠缺，低于所任职级标准要求，考核得分为50—59；令人失望，即不能接受的工作表现，与所任职级标准要求相差甚远，考核得分为50以下。

根据年度考核结果确定员工考核年度的年终绩效奖金及员工的职级调整。

通过上述对业绩考核指标的修订，A会计师事务所提高了对业务部门员工的项目考核比重，降低了部门主任的考核打分比重，更多地以客观数据说话，可以有效地降低业务部门员工的"部门属性"，与A会计师事务所"总分所一体"的发展模式相适应。

（3）改革绩效考核的时间。目前，A会计师事务所一年进行一次绩效考核，考核时间为次年4—5月对上年员工绩效进行考核。这存在两个问题：首先，考核频次过低，导致考核者在对被考核者进行评价时可能只考虑被考核者近几个月的表现，从而出现误差；其次，会计师事务所工作的特殊性，业务忙季基本为上年12月至次年4月，现行的考核周期为1—12月，但由于自然年度结束后事务所处于业务忙季，实际考核开展时间为次年4—5月，导致业务最忙时段（1—4月）的考核要等到次年才纳入考核周期。这样，考核就失去了相应的时效性,对上年工作的考核结果很容易与员工现时的自我评估结果及员工在忙季的实际工作状况出现较大差异,致使员工对考核结果不满意、离职等情况发生。我们建议 A 会计师事务所适应其工作性质,将考核周期调整为上年 7 月至次年 6 月;同时对于考核内容中的项目考核,应做到即时考核(在项目完成工作底稿归档时同时召开项目总结会,完成项目组内部考核并报人力资源部门存档),从而避免所有的考核在一年时间过去后由考核人员"写回忆录"的情况。

2. 采用宽带薪酬制度

薪酬作为员工工作的物质回报,是员工工作的主要动力,包括工资和奖金等内容。薪酬激励是最为直接、有效的激励方式,A 会计师事务所可以实行宽带薪酬制度,对薪酬体系进行改革。

沿用 A 会计师事务所现有职级体系,同时将职务体系与薪酬挂钩,形成以职级体系为基础、结合宽带薪酬形式的薪酬体系(见图 4)。

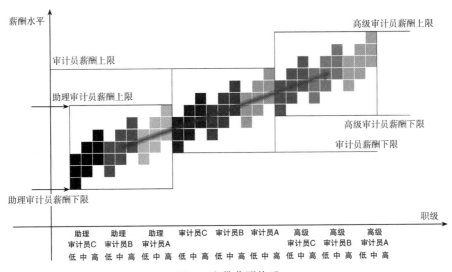

图 4　宽带薪酬体系

各大职级内分为若干小职级,以满足考核后的职级晋升需要;各职级对应的薪级水平又可分为多档,同一职级员工可根据胜任能力及考核结果确定所属薪级水平。

可满足同一职级资深员工薪酬上涨需求,可满足同一员工职级上升需求的同时维持原有薪资水平等不同的管理需要,同一职级员工产生薪级差距又能更好地激发员工的工作主动性以争取更高的薪级水平。

若有可能则可根据项目中所担任角色及项目有效工时,发放项目职务工资,取代现在的年终绩效奖金。

3. 对效益薪酬占比进行改进

在现有薪酬体系中,各职级效益工资的年薪占比参差不齐,其中审计员 B 级别最低仅为 12%,甚至低于助理审计员级别。随着职级的提高,员工所从事的工作越来越不可被量化,事务所应通过提高效益薪酬占比来激励员工更好、更高效地完成岗位工作。但弱化效益薪酬占比是整体薪酬体系的发展方向,最终将由通过绩效确定的薪级体系取代效益薪酬。

效益薪酬与固定薪酬的年薪占比如图 5 所示。

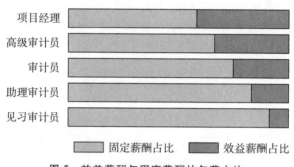

图 5　效益薪酬与固定薪酬的年薪占比

4. 建立授薪合伙人制度

会计师事务所人力资源的一个重要特点就是合伙人在企业发展中扮演的角色往往比其他企业更为重要,而传统的利润分配机制并不能很好地体现合伙人的利益要求,按照出资额比例确定利润分配比例并不能完全反映出资人所承担的风险。同时,普通员工与合伙人之间的薪酬制度、晋升制度隶属不同的体系,两者无法有效衔接。建议 A 会计师事务所通过合伙人协议做出规范,建立授薪合伙人制度。授薪合伙人即准合伙人,从高级经理中晋升产生,基本薪酬待遇按员工的薪酬版本,但参与利润分配。这样可以打通普通员工与合伙人之间的晋升通道。会计师事务所每年从税后利润中拿出一定的比例,对授薪合伙人进行分配。对于 A 会计师事务所来说,可以将税后利润的 10% 为上限对授薪合伙人进行分配,具体为对授薪合伙人的绩效考核结果进行排名,根据排名结果确定不同的分配系数,排名前30%的分配系数为1.2,排名30%—70%的分配系数为1,排名70%—90%的分配系数为0.95,排名90%—100%的分配系数为0.75。

5. 丰富会计师事务所的福利体系

目前,A会计师事务所的福利种类较为丰富,但还可以根据不同员工的个性化需求,有针对性地提供多种福利选择,使每位员工得到自己所需。我们建议会计师事务所增加相关福利,以更好地提升员工的归属感。

在保留原有福利项目的基础上,考虑以非薪酬性激励增强员工对公司福利的满意度,可以从以下几方面入手:户籍激励、补充医疗保险、健身保健、开发新的兴趣活动小组、举办运动比赛、统一组织员工旅游等福利项目,力争在控制福利支出的前提下,有效提高员工满意度,达到显著福利效果。

(1) 户籍激励。对现有政策的调研发现,北京、上海、深圳各地均有申报当地户籍的相关措施,只是因各地户籍政策松紧程度不一致,办理难度不一致。事务所可考虑适当地投入,对多年服务的老员工给予户籍政策的激励,这一方面是对员工服务多年的认可,另一方面可增强员工的归属感。

(2) 购买补充医疗保险。补充医疗保险目前是大型企业广泛采用的福利项目,它是对社会基本医疗保险的有益补充。以北京为例,目前北京全年累计1 800元以上的医疗费可通过社会保险报销,若企业购买了补充医疗保险,则可通过商业保险公司为员工报销1 800元以下的部分。由于企业员工平均年龄比较小,每年实际通过社会保险报销医疗费的人数非常少,如果购买了补充医疗保险,更多的员工就可以享受医疗费用报销。

由于补充医疗保险保费比较高(600—1 000元/人年,起付线及报销比例不同则保费不同),经过估算,即便我们按600元/人年的标准购买,最终员工报销的医疗费总额也很难达到保费总额,相信其他事务所也存在类似的情况。但是,为什么还要购买呢?我们认为,主要是基于员工个人角度,员工会感觉受保障程度非常高,虽然他很可能报不了那么多医疗费,可能一年只有200元,但是发生的大部分医疗费可以报销会让员工感觉非常好,从而对企业产生很强的被保障感及归属感。因此,购买补充医疗保险的费用虽然比较高,但是福利效果非常好。

（3）健身保健。事务所可挑选健身中心为员工购买按次计费的健身卡，进行健美、有氧锻炼、器械训练、瑜伽等锻炼，强健员工体魄，提高员工健康水平，让员工感受到企业的贴心关怀。

（4）开发新的兴趣活动小组。事务所可开发乒乓球、游泳、台球等兴趣活动小组，使更多的员工参与到喜爱的活动中。

（5）举办运动比赛。事务所可在各分支机构范围内开展羽毛球、乒乓球等运动项目比赛，若条件允许则可组织各地优胜选手进行决赛。举办此活动可增进员工之间相互了解、放松员工身心、增强员工凝聚力。

6. 提高培训的质量和刚性

会计师事务所员工，特别是低职级员工，其工作除了为取得满足生存、安全等基本需要的薪酬，更多的是看重在事务所能接触各种企业，能学到更多的专业知识。员工在事务所的学习，可以分为执行业务过程中的学习、与事务所统一组织的专业培训两部分。目前，A会计师事务所建立了分职级培训的培训体系，并按年编制培训计划、组织培训。但培训的强制性不够，培训实施过程中若遇需要执行业务时，则培训往往让位于业务。建议A会计师事务所在制订培训计划时，充分考虑业务的执行情况，培训计划任务分解到人。一旦培训计划通过，就要无折扣地执行。员工当年若未参加相应职级的培训则不得晋级，以此提高培训的强制性。

就培训内容来说，A会计师事务所在对高级审计员及以下职级员工培训时，均采用内部师资；在对项目经理及以上员工培训时，才部分聘请外部师资。我们建议A会计师事务所将培训员工分层予以细化，将现有的两大层级分为三大层级。考虑到审计员及高级审计员是A会计师事务所现场审计的中坚力量，在对这两个职级的员工进行培训时，除采用内部师资重点培训审计专业问题外，还应拓展培训内容。

7. 提升客户质量

会计师事务所员工的工作效果，除了受员工本人素质的影响，还与所服务客户的质量密切相关。客户的质量差，除了会影响审计工作时间和审计成果，还会影响事务所员工的稳定性。根据我们的统计情况，会计师事务所有较多的员工离职，是因为所服务客户的质量不高（包括企业的内部控制制度缺失或不能有效运行,企业财务人员专业水平低及对审计工作不配合)等。会计师事务所应当在做强做大自身的基础上,从客户挑选事务所转变为事务所挑选客户,给业务人员创造良好的审计环境,这也是对业务人员更高层次的激励,促进员工更好地发挥"经济警察"的作用。

## 四、教学安排

### (一)案例资料及讨论顺序

案例资料在课前发给学员,让学员阅读并进行小组讨论。

案例讨论的知识储备部分可以由教师提出知识点,建议学员上网或课前阅读相关文献,归纳总结并在课堂上陈述。这部分内容也可以由教师在课堂上进行简要介绍和讲授。

案例讨论主题如表6所示。

表6 案例讨论主题

| 序号 | 讨论主题 | 案例中的相关线索 | 涉及的相关理论和知识 | 结论/启示/感受 |
| --- | --- | --- | --- | --- |
| 1 | 会计师事务所员工激励的特征 | | | |
| 2 | A会计师事务所员工激励的问题 | | | |
| 3 | 完善A会计师事务所员工激励的理念 | | | |
| 4 | 完善A会计师事务所员工激励的具体措施 | | | |

### (二)课时分配

1. 课前自行阅读资料,约2小时。

2. 讨论小组讨论并提交讨论记录,约1小时。

3. 讨论小组推荐代表陈述并进一步讨论,约1小时。

4. 课堂讨论与总结,约0.5小时。

### (三)讨论方式

可以采用分小组头脑风暴式讨论,要求各讨论小组推荐代表陈述观点。

### (四)课堂讨论与总结

课堂讨论与总结的关键是:归纳发言者的主要观点;重申讨论的重点和亮

点;提请学员进一步思考焦点问题或争论问题;建议学员对案例素材进行拓展研究和深度分析。

## 五、主要参考文献

1. 胡奕明.事务所绩效与报酬模式的选择动因[J].中国注册会计师,2004,10:57—61.

2. 中国注册会计师协会.注册会计师行业发展规划(2016—2020年).中国注册会计师,2016.

(张樱川、申君编写,李晓慧校审)

# Z会计师事务所：员工绩效评价体系构建

肖 红

**摘 要**：在外部激烈市场竞争和内部业务多元化拓展的压力下，会计师事务所必须制定健全的绩效考核方式，以提升事务所的声誉和竞争力。针对Z会计师事务所员工绩效管理的问题，运用平衡计分卡理论，对从财务、内部流程、客户和学习与成长四个方面具体分析事务所，制定符合会计师事务所发展的有效的绩效评价体系

**关键词**：员工绩效管理 平衡计分卡 员工绩效评价体系

## 一、背景

目前，国内中小型会计师事务所缺乏健全的管理机制，具体表现在：

1. 不完善的领导体制

会计师事务所改制后，仍存在专权现象，决定会计师事务所的所有权利还依然在领导人身上，包括怎样分配利润与工作，所谓的民主也只是形式上的，致使注册会计师与事务所之间、股东与股东之间出现利益矛盾。会计师事务所的决定都由一位领导者做出，民主理念在机构内部只是走个形式，甚至员工绩效考核也只是领导者自己做决策，既没有合理性也并不公平。

2. 缺乏合理的员工激励体制

首先，会计师事务所的股东或合伙人长期以来只顾眼前利益而看不见长远发展，排斥非合伙成员，合伙人与非合伙人在分配利润时出现冲突；其次，会计

师事务所在利润分配上还是搞平均主义,没有最大限度地提高每一位成员的工作积极性。

3. 缺乏适当的从业人员配置机制

中小型的会计机构经常存在人员过多的情况,人员职业素质比较低,没有能力承担注册会计师的职责,也缺乏高执业水平的成员,没有办法根据岗位安排人员。产生这种问题就是因为中小型会计师事务所在招聘的过程中过于盲目,为了能够满足繁忙的年审工作要求,往往在一月份就盲目招人,年审工作结束后又大量裁员。年年如此操作导致不合理的人员结构,不能很好地留住与培训优秀员工,不利于会计师事务所的长期与可持续发展。

4. 缺乏健康的文化氛围

大多数会计师事务所眼光比较短浅,看不到长远的利益,只图短期的利益所得,不注重质量水平,只想赚点快钱然后就解散,没有着重于企业内部文化建设,不去维护机构声誉,没有考虑长期的发展。这些都是目前中小会计师事务所存在的内部问题,也是员工绩效考核评价的问题。产生这些问题的原因在于没有完善的领导者体制、没有健康的企业氛围,也就无法构建完整的员工绩效评价考核体系。会计师事务所的所有决定由一位领导者做出,民主理念在机构内部也只是走个形式而已,甚至员工绩效考核也只是领导者自己做决策,既没有合理性也不公平,更没有实践的意义。会计机构不把可持续发展作为长期发展目标,没有构建员工绩效考核体系的意识,就不会把太多的人力与物力花费在构建完善的绩效考核体系上,也不会激励员工有动机去构建全面的机构绩效考核体系。绩效考核对于会计机构来说不是一项管理手段,没有起到企业管理的作用,只是单单地被列为一个考评手段,只是做个简单的形式考核,只看眼前的蝇头小利,没有重视事务所的长期发展,没有充分地发挥考核绩效的功能,只会盲目地招来人员后又盲目地解散,浪费资源的同时也妨碍了中小型会计机构的长期发展,而且频繁的人员变动也妨碍构建完整的员工绩效评价体系。

## 二、Z 会计师事务所概况

### (一)事务所现状

1996 年,Z 会计师事务所成立,是四川省内成立最早的会计师事务所之一。

发展到今天,Z会计师事务所造价咨询业务、税务业务、评估业务分别单独成立了造价咨询公司、税务公司和评估公司,成为一个依托集团优势、在省内具有较大影响力的本土事务所。根据2016年公布的会计师事务所综合评价,Z会计师事务所在四川省内排名第8,在全国范围内排名第99。

Z会计师事务所涉及的行业比较广泛,如电子机械、金融、能源、通信、公用事业、医药教育、纺织化工、出版发行、交通运输、生产加工、建筑施工及房地产等,主要客户有大型国有企业、具有一定知名度的外资企业、国内股份有限公司、事业单位、民营企业、行政管理单位和事业单位等。

### (二) 组织结构

Z会计师事务所是股东会领导下的主任会计师负责制,事务所内部设置了执行董事、股东会及监事会等组织,日常运作采用执行董事领导下的执行管理委员会负责制,培训管理委员会、业务管理委员会、风险与质量管理委员会共同构成执行管理委员会,还设置了客户服务部、人力资源部、财务部、行政部、审计一部、审计二部和审计三部等(见图1)。

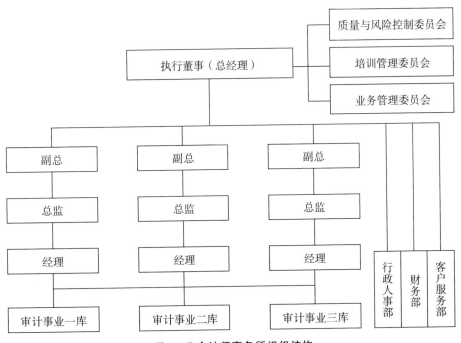

图1　Z会计师事务所组织结构

### (三) 人力资源分布状况

Z会计师事务所拥有大批高素质、高专业人才,员工普遍具备较强的业务能力且敬业意识较强。截至2017年10月,Z会计师事务所员工共计136人,包含高级会计师3人、高级经济师4人、注册税务师20人、司法鉴定师14人、注册会计师95人。事务所管理阶层包括合伙人及审计、评估、造价咨询各单体公司负责人和各公司部门经理。

## 三、Z会计师事务所员工绩效评价存在的问题

Z会计师事务所员工绩效评价现存问题主要有:

### (一) 缺乏绩效评价的沟通与反馈机制

(1) 在制定绩效考核制度之前,Z会计师事务所应该对所有员工培训后再征求他们的意见,让员工各抒己见。但事实上,Z会计师事务所仅在制度制定后组织了一次对员工的宣导,并没有给员工提意见的机会。除了被动接受,员工并没有机会主动参与并发表意见,而且宣导时间很短,仅针对制度的部分事项进行了宣导,导致员工对公司绩效考核的认识不够、了解不深,没有认识到这个问题对于自身的重要性。

(2) 在考核的过程中,Z会计师事务所没有切实履行职责,针对员工在绩效考核过程中遇到的问题,事务所并没有引起足够重视并予以解决。这导致员工工作态度消极,没有从根本上认同绩效考核制度。

(3) 在一个考核周期结束之后,Z会计师事务所组织了与员工的谈话,告知考核结果和员工这一年的表现情况,并依据考核结果确定员工下一年度的薪酬和职务级别。由于平时缺乏数据积累,除了告知员工考核结果,事务所没有更深入地分析员工的个性特长、优缺点、成长空间等,对员工成长的帮助不大,造成员工更关心自己下一年度是否升职、年薪能达到多少,而不关心自己能获得多大的成长,对自身优缺点认识不足,也就很难在后续的工作中提高水平,无法达到实行绩效考核的目的。

## （二）员工对绩效评价的满意度低

（1）对绩效考核确定的内容不满意。绝大多数员工认为，绩效评价的最终目的就是考核，并且考核目的就是确定员工薪酬和级别，对员工的个人成长并没有太大作用。考核制度的制定人是会计师事务所高层人员，没有从员工的实际角度出发，考评时也主要按照高层的感觉进行。大多数员工认为应该进一步完善员工绩效评价体系。而事务所应该加强前期和员工的沟通和后期对员工的培训，加深员工对事务所发展前景的了解以及绩效考核对员工自身意义的认识。

（2）对绩效考核执行的过程不满意。在前期制定考核制度时，事务所没有积极收集员工的意见，因此在实行考核的过程中，员工只是被动地加入其中而不重视过程，只在乎最后的结果。完善的绩效考核应该是让员工积极参与其中，不能只是在表面上实行绩效考核，这种只关注结果的做法不符合事务所的发展，也不能从根本上带动事务所向好的方向发展。这样，员工只看重眼前的小利益，不能从事务所的长远角度进行考虑；同时，事务所的负责人没有切实关注员工的需求，没有在工作中给予他们一定的鼓励，致使员工积极性极大地下降。绩效评价工作在运行过程中也过于烦琐。表面上，Z会计师事务所执行的绩效评价制度与员工的薪酬及职位挂钩，但由于在执行过程中要求员工填制各种烦琐表单，工作人员态度恶劣、沟通简单粗暴等，造成员工情绪反弹较大、基础数据收集困难，员工的薪酬和级别评定加入了管理人员的主观意愿，也削弱了员工对考评公正性的信任。

（3）绩效考核的结果不理想。Z会计师事务所制定的绩效指标与战略目标相脱节，针对普通员工设计的绩效指标过于重视工作量而忽略质量，仅较为明确工作量考核指标，如设定了基本工时率等，但未细化质量考核指标，也未设定指向质量考核指标的数据收集渠道和方式，使质量考核难以做到客观有效，往往凭管理层的主观印象进行考核。这种考核方式造成员工在与合伙人、经理讨论项目所需工时时会尽可能多要，在项目执行过程中出工不出力、磨洋工，使得项目成本高企、工作效率低下；同时，由于质量指标不细化、质量考核流于形式，使得员工并不重视审计质量。长此以往，会计师事务所的声誉必然会下降，最终造成难以挽回的损失。

# 四、基于平衡计分卡的Z会计师事务所绩效评价体系的构建

针对已有员工绩效考核中存在的问题,结合平衡计分法基本原理,Z会计师事务所建立起一套基于平衡计分卡的新绩效评价体系。

## (一)将平衡计分卡引入事务所的必要工作

1. 根据实际情况,确定战略地图

在分析绩效指标时不可以只从财务、内部流程、客户和学习与成长四个方面进行,还要确定战略地图,否则这四个方面之间不一定存在联系,发挥的作用也不大。因此,我们必须明确战略地图,知晓四个方面之间的联系。不同的会计师事务所制定的战略地图存在差距,应该结合事务所的状况进行合理规划。

2. 量身制作、指标细化

平衡计分卡并非单纯的卡片,也不存在模板,而仅仅提供了思考逻辑。事务所在利用这种方式时应该结合事务所自身的发展状况,只能借鉴其他公司的成功经验,不可照搬全抄。

3. 坚持全员参加

平衡计分卡直接和事务所内部的所有部门相联系,事务所内的支持部门及业务部门都要予以重视,要求全体员工积极参与,发挥平衡计分卡的作用,提升员工的工作效率。在尚未实行平衡计分卡时,应该通过诸多传播渠道进行普及,让员工了解平衡计分卡的重要作用,使其与员工自身利益相关联。

4. 做到反复沟通

平衡计分卡具有层次分明的特点,无论是实施还是设计,事务所的管理层都应该和不能理解该绩效评价体系的管理者进行协调和沟通,重视信息传播及信息交流。管理层应该与员工建立良好的沟通关系,使他们对事务所实行的战略和平衡计分卡有一个较为深刻的理解,同时向他们详细分析使用平衡计分卡的优点,获得他们的支持,减缓双方之间的摩擦,最终实现事务所的发展壮大。

5. 及时调整

事务所在制定平衡计分卡之后还要根据具体的执行状况做出调整,因为在实际运用时,平衡计分卡存在的不足会逐渐显现,并且随着事务所需求的变化,原来合理的方案也会开始不合理。因此,事务所应当根据实际发展状况,不断完善评价指标,并构建合适的信息反馈机制,根据员工所反馈的信息,不断完善指标。

6. 绩效考核与薪酬挂钩

事务所应该将绩效考核和薪酬相联系,并在员工的工作中予以践行。通过薪酬制度来确保绩效考核机制可以得到全面落实,员工受到奖励及薪酬两个方面的刺激,能够激发工作积极性,加快事务所战略目标的达成。

（二）四个维度的构建与说明

1. 财务维度的指标构建与说明

基于Z会计师事务所目前的规模和管理现状,为了保证绩效评价的效率、效果,绩效评价的工作量不宜过大,所需纳入衡量指标的因素不宜过多,在财务方面着重考虑收入、成本和费用三项（见表1）。在收入方面,不仅要实现主营业务收入的增长,还要进一步拓展业务范围、抢占市场份额,并有效增加咨询业务收入,实现"做大做强";在成本和费用方面,Z会计师事务所在超预算支出方面存在一定的问题,为此有必要建立一套更为完善的成本核算系统及内部监督体系,实现自管、互管、共管。

表1 Z会计师事务所平衡计分卡：财务维度

| 战略目标 | 成功的主要因素（CSF） | 业务评估指标（KPI） |
| --- | --- | --- |
| F1 提高营业利润 | 营业收入 | 主营业务收入<br>员工成本 |
| F2 扩大收入组合 | 业务量 | 咨询业务收入<br>法定业务收入 |

2. 客户维度的指标构建与说明

对于会计师事务所而言,客户是影响其营业状况的主要外在因素,客户的数量和质量直接影响收入与利润,因而基于客户维度构建一套有效的衡量指标是平衡计分卡下提高绩效评价水平的关键一步。

会计师事务所不同于一般的企业团体，不能只追求盈利和客户满意度而在自身职责方面做出让步，对于影响注册会计师独立性的要求应当严词拒绝。虽然这会让某些抱有特殊需求的客户"不满意"，但这根红线不能碰。在保证审计独立、可靠的前提下，如何提升服务质量、增强客户满意度，是在客户维度确立指标时所要考虑的重点。为此，可以提高沟通质量和效果，如言谈文明礼貌、亲切友好、及时解答客户疑惑；做好客户意见反馈，及时改进服务水准，也能有效联系客户、稳定客户群体。具体而言，从客户维度需要考虑的衡量指标主要有客户保持率、客户对服务的满意程度、新老客户带来的收入、接到客户投诉的数量、与客户保持联系的频率等（见表2）。

表2  Z会计师事务所平衡计分卡：客户维度

| 战略目标 | 成功的主要因素(CSF) | 业务评估指标(KPI) |
| --- | --- | --- |
| C1 稳定现有客户 | 客户满意程度 | 现有客户保持率 |
| | | 现有客户投诉次数 |
| | 建立客户信息管理制度 | 了解客户内部控制和相关政策 |
| | | 了解客户的问题及其行业的常规风险 |
| | | 识别客户经营上的问题和改进的方法 |
| | | 识别客户的主要风险及潜在的技术问题 |
| | 与公司管理层讨论客户问题 | 讨论次数 |

3．内部业务流程维度的指标构建与说明

要实现事务所做大做强的目标，不仅要提高服务质量、树立外部声誉，还要提高内部管理的质量和效率，一套合理有效的事务所内部业务流程是基础（见表3），只有抓好内部管理，才能从源头上提高执业质量、减少执业风险。忽视内部建设，即使增加了客户数量、扩大了业务规模也终究只是短期效用，一旦出现员工大量流失、内部效率低下、责任感降低、推诿扯皮、赏罚无措的情况，招牌再大也终有守不住的一天。另外，注册会计师行业要求的不仅是高超的审计能力，更要求在提高执业质量的同时尽可能地将审计风险降到最低。

表3　Z会计师事务所平衡计分卡：内部流程维度

| 战略目标 | 成功的主要因素（CSF） | 业务评估指标（KPI） |
|---|---|---|
| I1 建立统一、标准的专业要求 | 增强基本技能 | 具有很强的会计和审计技能 |
| I2 服务水平 | 信息处理工具先进性 | 了解并运用计算机等相关手段<br>了解并完成各项目的技术手段 |
| I3 明确职工职级要求 | 明确工作职责 | 适当地汇集、总结自己完成的工作 |
| | 员工的工作能力 | 按时完成工作 |
| | | 有能力寻找材料并记录结果 |
| I4 建立完善的质量控制体系 | 建立质量控制部门<br>审计工作底稿 | 审计报告格式的完整性、合规性，审计工作底稿的清晰、整洁，审计结论具有充分的证据 |

（1）规范服务标准化管理，提升服务质量。进一步加深员工对专业技能的掌握程度，提升员工在信息处理方面的能力，尤其是计算机技术的熟练掌握能有效降低出错率、提高服务效率和质量。

（2）完善人员管理制度，明确职级晋升制度。人员管理不仅要注重人才培养合理有效、职级晋升公平公正、心理疏导及时到位，还要注重团队精神的培养。审计工作往往以团队的形式展开。因而团队成员之间融洽地沟通、高效地合作对于审计工作的效果是至关重要的。

（3）加强质量控制，注重体系建设。对于会计师事务所而言，执业质量是其发展的基石。在日益激烈的市场竞争中，如何在复杂多变的职业环境下降低审计风险是Z会计师事务所需要考虑的重心之一，而要确保审计风险最低，就需要质量控制部门真正发挥防范风险的作用。为此，一方面要设立强有力的质量控制部门，建立切实有效的质量管理评价指标，统一业务报告格式，并确保其完整、合规、便于整合分析；另一方面，要确立对工作底稿的规范化管理，工作底稿记录着审计人员最原始的工作步骤和证据，其是否清晰、完整直接影响财务报告的质量。

4. 学习与成长层面的指标构建与说明

对于注册会计师行业而言，员工的知识技能、专业素质对于会计师事务所本身的发展而言至关重要。作为一个典型的知识密集型行业，确保员工能不断提升自身素质、得到足够的成长空间,是会计师事务所在同质竞争中获胜的决定性因素。为此,事务所应当注重团队内部培训、定期组织专业考试,保持员工的学习能力(见表4)。投入的培训费用、员工的参与次数和时间、团队内员工的注册会计师通过率等都能用于衡量Z会计师事务所在促进员工学习与成长维度的成效。而通过注册会计师考试的具体人数、行业领先后备人选人数这些客观数据可以显示员工素质水平。在提高员工对Z会计师事务所的满意程度方面,可以将指标细分为具体化的员工奖励方案,进一步提高员工福利水平,广泛听取员工意见并切实采纳。

表4　Z会计师事务所平衡计分卡:学习与成长维度

| 战略目标 | 成功的主要因素(CSF) | 业务评估指标(KPI) |
| --- | --- | --- |
| L1 提高员工的能力 | 参加公司内部研修 | 研修次数 |
| | 全国统一培训 | 培训次数 |
| | 注册会计师考试的通过 | 通过门数 |
| L2 提高员工对事务所的满意度 | 福利方面 | 活动次数 |
| | 具体化对员工的奖励方案 | 方案明确度 |
| | 鼓励员工提出建议和意见 | 意见接受率、建议采纳率 |

## (三)Z会计师事务所各指标权重设置

在确定采用平衡计分卡的四个维度确定衡量指标以后,最重要的工作之一就是要确定各维度之间的权重问题。只有确定了权重,才能突出重点,抓住绩效评价中的关键环节——确保绩效考核和绩效评估的客观、科学。为此,事务所应当结合层次分析法,用两两比较的方法确定判断矩阵,并以矩阵最大特征值所对应的特征向量确定权重系数。通过该方法确定的权重,经过两两比较得出的重要性等级,误差较小,可靠性也较高。判断矩阵的标度及其含义如表5所示。

表5　判断矩阵标度及其含义

| 标度(Ai/Aj=) | 含义 |
| --- | --- |
| 1 | Ai 和 Aj 一样重要 |
| 2 | Ai 比 Aj 稍微重要(程度轻) |
| 3 | Ai 比 Aj 重要一些 |

(续表)

| 标度(Ai/Aj=) | 含义 |
|---|---|
| 4 | Ai 比 Aj 重要得多 |
| 倒数 | Aji=1/Aij |

以 F(财务维度)、C(客户维度)、B(内部流程维度)、L(学习与成长维度)构造判断矩阵 X：

$$X = \begin{bmatrix} F/F & F/C & F/B & F/L \\ C/F & C/C & C/C & C/L \\ B/F & B/C & B/B & B/L \\ L/B & L/C & L/B & L/L \end{bmatrix}$$

确定权重的具体步骤如下：

(1)制定一份用于比较平衡计分卡下四个维度重要性的调查问卷(见表6)。

表6 平衡计分卡四个维度调查问卷

| 重要性程度 | | F/C | F/B | F/L | C/B | C/L | B/L |
|---|---|---|---|---|---|---|---|
| 相同 | 1 | | | | | | |
| 比较重要 | 2 | | | | | | |
| 重要 | 3 | | | | | | |
| 很重要 | 4 | | | | | | |
| 非常重要 | 5 | | | | | | |
| 比较次要 | 1/2 | | | | | | |
| 次要 | 1/3 | | | | | | |
| 很次要 | 1/4 | | | | | | |
| 非常次要 | 1/5 | | | | | | |

注：F 为财务维度，C 为客户维度，B 为内部流程维度，L 为学习与成长维度。

(2)收集调查问卷，计算平均值，并将平均值代入判断矩阵，得到四个维度的成对比较判断矩阵模型：

$$X = \begin{bmatrix} 1.00 & 0.80 & 2.88 & 3.00 \\ 1.26 & 1.00 & 3.88 & 3.75 \\ 0.35 & 0.26 & 1.00 & 1.23 \\ 0.33 & 0.27 & 0.81 & 1.00 \end{bmatrix}$$

(3) 计算出上述矩阵的最大特征值,其对应的特征向量是(0.338,0432,0.12,0.11),从而四个维度的权重如表 7 所示。

表 7　四个维度的权重

| 四个维度 | 权重(%) |
| --- | --- |
| 财务 | 32.8 |
| 客户 | 43.2 |
| 内部流程 | 12.5 |
| 学习与成长 | 11.5 |

根据表 7,对于 Z 会计师事务所而言,客户维度是权重占比最高的,达到 43.2%;财务维度占比略低于客户维度,为 32.8%;而内部流程和学习与成长的权重相差不大,都略高于 10%。可以说,Z 会计师事务所现在继续关注的重点在于客户维度,为此可以更多地关注提高市场占有率和客户满意度。对于财务维度,在把握客户维度的同时也会有相辅相成的作用。由于其他两个维度的占比相对较低,而目前 Z 会计师事务所的规模和收入不太理想,因而不应将过多的精力放在后两个维度上,可以在客户维度得到一定程度提升之后,再在内部流程和学习与成长维度上投入一定的精力。

这种直观的四个维度的权重分析,让 Z 会计师事务所全体员工对目前亟待解决的关键问题有了清晰的认识,有助于全所上下真正明确下一阶段的工作重心,让管理层在决定资源配置时有所侧重,让团队目标一致、拧成一股绳。这样,Z 会计师事务所的绩效考核才能更加科学而有效,真正发挥好绩效评价对于组织战略目标实施方面的辅助作用。

# 案例使用说明

## 一、教学目标与用途

适用课程:高级审计理论与实务、会计师事务所管理。

适用对象:审计专业硕士、会计专业硕士,延伸适用于所有管理类的专业硕士(如 MBA 等),以及企事业单位高级管理人才。

教学目标:剖析 Z 会计师事务所现有员工绩效考核问题,结合平衡计分卡的基本原理,构建员工绩效评价体系。不仅使学员了解会计师事务所员工绩效考核相关问题,也为进一步完善员工绩效评价提供思路和参考。

## 二、思考题

1. 剖析制约 Z 会计师事务所员工绩效考核的因素。
2. 平衡计分卡在会计师事务所运用的可行性。
3. 平衡计分卡在会计师事务所运用的有效性。
4. 设置会计师事务所平衡计分卡指标应注意的问题。
5. 构建基于平衡计分卡的绩效评价体系应注意的问题。

## 三、理论依据与案例分析

(一)制约会计师事务所员工绩效考核的因素

1. 混淆绩效考核与绩效管理的概念

Z 会计师事务所对绩效管理概念的理解过于单一,仅仅停留在绩效考核的层面,单纯地认为绩效管理就是绩效考核。实际上,绩效管理和绩效考核是包含与被包含的关系,绩效管理包含绩效考核,绩效考核是绩效管理的一部分。因为 Z 会计师事务所的绩效管理仍然处于绩效考核阶段,绩效管理体系不够完整,还忽视了战略目标和员工绩效评价之间的关系,导致该事务所的员工绩效评价产生问题。

2. 绩效考核体系脱离整体战略、考核指标单一、绩效考核不透明

具体来说:

(1)绩效考核体系脱离整体战略。事务所上到管理阶层、下到员工,在进

行绩效评价时,缺少对绩效评价的深入认识,没有从长远的角度出发,所以绩效评价体系对于短期目标能起到一定的作用,但是不适合事务所的长远发展,也就是 Z 会计师事务所的绩效考核没有上升到绩效管理的层次上。因此在整个事务所,下层员工对于公司战略目标的认识比较模糊,对绩效考核和公司战略目标关系的认识不够深刻。

(2) 考核指标单一。从 Z 会计师事务所的考核指标上分析,可以发现绩效与财务维度直接挂钩。也就是说,Z 会计师事务所绩效考核过于依赖财务维度方面的指标,相对来说,也就忽视了非财务性指标。这一现象会导致 Z 会计师事务所在员工的学习与成长上投入的关注度不够。如果是在一家偏技术型的事务所,这显然是一个较好的办法,但是对于 Z 会计师事务所这种以知识型为主的小型企业就不利于其长远发展,甚至会使绩效评价出现畸形发展的趋势。如果过于重视员工的财务性指标,相对就会轻视员工的成长与学习,致使事务所注册会计师在专业知识方面不再投入足够的注意力,缺少足够的专注会削弱会计师的专业判断能力。除此之外,还会对 Z 会计师事务所中注册会计师的积极性产生影响。因为如果在会计师事务所过于看重财务维度,多数员工就不能清楚地认识到事务所的绩效评价体系对会计师本身的影响,从而使这些会计师对职业的期望值降低,缺少足够的职业期望值就没有足够的工作积极性。

(3) 绩效考核不透明。Z 会计师事务所认为员工在事务所的考核评价体系中存在绩效考核不公平的问题。对于事务所的员工来说,他们只能被动地接受事务所的考核。在具体考核时,事务所的管理层过于看重员工的资历和辈分,加入了管理层的主观感情色彩,对一些没有足够资历和辈分却很有天赋的员工,考核体系缺乏公正透明。从这方面的问题来看,如果不及时解决,就会严重影响事务所绩效水平的提高。因此,如果管理阶层想要更加完善绩效评价体系,就应当将 Z 会计师事务所的绩效考核透明化、公正化。

3. 部门经理缺乏绩效评价理念和技能

从 Z 会计师事务所部门经理的角度分析事务所绩效评价问题的成因,分别是传统工作习惯和思维模式的冲突、技能欠缺和绩效评价文化落后。

(1) 传统工作习惯和思维模式的冲突。Z 会计师事务所在重建绩效评价体系时,部分部门经理不配合。造成这一现象的原因主要在于:如果在事务所实行一套全新的考核评价体制,也就意味着作为管理层中一分子的部门经理就必须花费新的精力和时间来学习;同时,如果构建新的绩效评价体系,还有可能会对部门经理原来的工作模式提出挑战,最终导致的结果就是部门经理拿着一样的工资,却要花费更多的时间和精力管理事务所。从这方面来看,显而易见,事务所的经理们不愿意推行新的绩效评价体系。

(2)技能欠缺。从笔者在Z会计师事务所的工作经历来看,大部分在事务所担任管理职位的人员是一些资历老、辈分大的注册会计师,除此之外,还有一部分是事务所的合伙人。从管理者的角色来看,这些人大多拥有专门的会计审计专业知识,但很少有人拥有专门的管理相关知识,正是因为管理学知识的欠缺,导致这些会计师在进行绩效评价时,多数情况下是靠主观进行评判,没有从科学的角度确定考核指标,更不要说在会计师事务所中开展与绩效评价相关的培训。

(3)绩效评价文化落后。从Z会计师事务所成立的历程来看,虽然在四川省的会计行业中,其成立时间较早,从而拥有充足的会计文化底蕴,这是其他事务所少有能比的,但也使一些不符合时代要求的员工绩效评价文化根深蒂固,不能及时更新,员工绩效评价文化落后。

4. 绩效评价基础比较薄弱

Z会计师事务所在改制之后,虽然引入了股东会、执行董事、监事会及执业委员会等制度,但实际上仍然是大股东(即主任会计师)一言堂,股东会、监事会形同虚设,各执业委员会均在大股东(主任会计师)的领导下开展工作,并没有引入真正的合伙制文化,绩效管理也围绕大股东(主任会计师)的意愿进行,维护的也主要是大股东的利益。这种组织结构明显不适应当前事务所的发展形势。在社会发展不断进步的今天,如果不及时更新事务所的管理体制,短时间内或许不会出现问题,但时间一长就会导致事务所管理体系混乱,员工工作价值也就无法通过绩效评价而凸显,从而削弱员工的工作积极性。

(二)平衡计分卡在会计师事务所应用的可行性

通常,人们认为利用平衡计分卡需要付出较高的成本,并且这一方法并不适用于小型会计师事务所,小型会计师事务所采用平衡计分卡弊大于利。由于会计师事务所具有一定的特殊性,制订了清晰的战略计划,而且员工的整体水平较高,人力资源管理建设已经相对完善,因此具备采用平衡计分卡的基础条件。

会计师事务所在利用平衡计分卡时需要考虑以下几个方面:①确定会计师事务所的战略任务,制定明确的使命;②会计师事务所追求规模的扩大及发展;③现行的人力资源管理机制较为完善;④建立有效的沟通方式。为此,我们有必要研究平衡计分卡在会计师事务所中实施的具体环境及有效性。

1. 确定会计师事务所的战略任务,制定明确的使命

现阶段,国内会计师事务所面临的主要问题就是并购。国际四大会计师事务所占据的地位过高,中小型会计师事务所面临的发展压力比较大,外部环境并不乐观,会计师事务所为了避免被吞并就必须明确未来一段时间的战略任务,制定工作内容。

2. 会计师事务所追求规模的扩大及发展

我国政府为了扶持会计师事务所的发展壮大而出台了优惠措施,鼓励会计师事务所更好、更快地发展。社会经济形势良好,加上政府部门给予的政策支持,会计师事务所的发展迎来了机遇,管理层在这种情况下也会把握机会寻求更长远的发展,这一局势也为会计师事务所引入平衡计分卡奠定了基础。

3. 现行的人力资源管理机制较为完善

会计师事务所对员工的学历要求较高,员工在进入会计师事务所工作之前必须通过严格的考核。与其他行业相比,其主要特点是员工的整体学历偏高,能够吸收新的管理模式和新理念,对于事务所制定的战略目标较易达成一致意见,内部管理者做出的决定较易获得基层员工的认可且决策的执行效率较高。所以相比于其他企业,会计师事务所可以更加容易地引入平衡计分卡,执行效率也比较理想。

4. 建立有效的沟通方式

尽管我国的会计师事务所无论是在规模还是在制度方面都与国际四大会计师事务所相差甚远,但是这也为管理层的工作提供了较大的发展空间,尤其是中小型会计师事务所决策灵活、工作效率较高。管理者利用平衡计分卡进行绩效评价易获得全体员工的理解,省去普及平衡计分卡所遇到的诸多麻烦,对

于平衡计分卡在实际工作中出现的不足,上级管理人员能够很快知晓并迅速做出决断并调整,促进平衡计分卡的运行。

(三)平衡计分卡在会计师事务所应用的有效性

通过平衡计分卡了解会计师事务所员工绩效方面的相关内容,分别从内部流程、学习及与长、客户及财务四个角度展开分析。

1. 有益于提升战略管理

提升战略管理模式能推动会计师事务所的持续发展。借助平衡计分卡,对会计师事务所的短期目标和长期目标做出调整,并明确非财务指标及财务指标,确定员工的绩效目标及会计师事务所战略目标,能有效提升会计师事务所应对风险的能力,建设品牌文化,进而达成事务所制定的战略目标。战略管理直接关乎会计师事务所的价值创造,事务所也应该针对战略管理制定相应的可行措施,付诸实践。因此,借助平衡计分卡能有效提升会计师事务所的战略管理,并实现会计师事务所的发展目标。

2. 有益于健全管理体系

管理机制是否处于正常运行状态关乎会计师事务所的工作状况。对于会计师事务所而言,管理体系主要侧重于人力资源管理,要求会计师事务所制定科学合理的绩效评价机制,确保最大限度地发挥人力资源的作用,达成会计师事务所制定的战略目标。因此,借助平衡计分卡能够有效实施人力资源管理,并通过实践对人力资源管理体系进行完善,推动会计师事务所的长远发展。

3. 有益于优化会计师事务所内部管理

会计师事务所的发展壮大离不开科学合理的内部管理,这也是保障会计师事务所长远发展的核心。我们从会计师、业务及客户三个维度展开分析:首先,会计师执行事务所当前的业务,他们是会计师事务所的重要工作人员,是人员结构的重要组成之一;其次,业务作为载体向客户提供服务,而业务的开展则需要会计师的努力;最后,客户业务的输送对象是会计师事务所获得经济收入的根源。对于内部管理而言,主要内容就是研究客户数量、客户对会计师事务所的满意程度以及员工为会计师事务所付出的努力,从而探寻能够实现最大化收益并使得会计师事务所价值最大化的方式,探索业务经营的要点。因此,借助平衡计分卡提升员工的整体素养,立足于内部管理的角度提升员工的专业水平,使客户得到满意的用户体验,从而提升事务所内部管理水平,帮助事务所获得最大化的收益。

(四)运用平衡计分卡设置会计师事务所绩效考核指标应注意的问题

会计师事务所在设置绩效考核指标时需要注意的问题有:

1. 财务角度

会计师事务所在探寻发展模式时,应该关注所有客户的收入状况,并了解会计师事务所业务带来的收入。立足于财务的角度,我们认为能从以下两个角度展开考核:①了解审计项目的工时及其带来的收入,进而了解事务所内部注册会计师的工作量;②执业环节需要的人力资源及财务,比如从审计项目消耗的成本可以知道注册会计师的工作效率。

2. 客户角度

立足于客户的立场,会计师事务所当前需要解决的重要难题就是怎样获取新客户、获得客户的认可、提升客户对会计师事务所的满意程度。为了解决这一难题就有必要了解客户的需求,将需求作为根本出发点。不仅如此,会计师事务所还应当针对客户展开调查,了解客户对事务所提供的服务的满意程度,从以下三个角度进行分析:①当前会计师事务所拥有客户的满意程度,了解客户的真实需求;②了解新业务的增长状况,从而对业务做出调整,提升业务效率;③了解客户的详细信息及回访率,针对事务所存在的问题与客户展开交流。

3. 内部流程方面

为了保障长远发展,会计师事务所必须设置完善的内部流程,这关乎会计师事务所的质量管理状况及风险控制能力。任何一个岗位都要明确具体的责任,员工在工作过程中能不逾矩,在此基础上对工作做出评价并不断完善,这样才能有利于内部管理工作的顺利进行。会计师事务所还应当考虑协同效应,要求各个部门予以配合。

4. 学习与成长方面

会计师事务所作为知识密集型企业,在人员构成上更为重视学历状况,对员工的学历提出了较高要求,因此人才资源是会计师事务所得以发展的重要推动力。我国注册会计师协会要求,任何会计师在获得从业资格之后还需要接受四十课时以上的教育并通过相关考试,如果员工还没有获得资格,会计师事务所应当激励员工通过相关学习及考试以获得该资格。针对参加后续教育且通过考试的员工,会计师事务所可以给予一定的物质奖励。除此之外,会计师事务所还应当制定相关措施,使得员工获得的理论知识能在工作中得到运用。比如,会计师事务所可以帮助员工完善职业规划,设置轮岗体系,促进各个部门之间的信息沟通。通过这样的方式,员工不必再跳槽以实现个人的职业规划,还能有效预防专业人才的流失。会计师事务所在构建员工绩效评价体制时,运用平衡计分卡并与员工的职业规划联系在一起,促使员工和会计师事务所共同成长。

(五)运用平衡计分卡完善会计师事务所绩效考核体系应注意的问题

运用平衡计分卡,将团队战略目标层层分解并确定权重配比,让会计师事务所全体成员真正体会到绩效评价带来的激励作用,积极主动为会计师事务所创造更多的价值。但是在运用平衡计分卡来完善绩效评价的同时,仍有必要关注以下方面:

1. 充分重视员工价值

平衡计分卡划分的四个维度中没有员工维度,但这并不意味着员工是不重要的。相反,Z会计师事务所是以员工为主要知识产出单位的服务型企业,若脱离了员工,企业就是无源之水、无本之木。更通俗地讲,即使之前各维度权重都已经比较出来,但各方面的具体改进措施还需要具体的人来实行。因而,应当把员工放在首位。另外,对于同质化竞争激烈、专业化水平要求很高的注册会计师行业,会计师事务所脱颖而出的核心竞争力就在于员工素质。因而,Z会计师事务所应当采取更好的激励措施,让员工充分感受到自身的重要性、拥有良好的发展平台;鼓励员工重视学习、提高专业技能,充分地挖掘和培养员工的智力资本。

2. 加速循环学习

学习与成长是平衡计分卡的一个重要环节。在平衡计分卡的整个管理体系中,学习不是一个静态的过程,也不是一个循环的过程,而是一个动态向前的过程。这主要是因为在学习过程中,会计师事务所制定的指标在运用中会不断出现新问题,而这些新问题的出现又会引导会计师事务所管理人员或者普通工作人员不断思考成因,然后有针对性地提出完善指标的方法。而在新指标的运行过程中,问题又会像上一个环节那样,出现问题,分析原因,最后解决问题。正是在这个不断循环的学习过程中,个人认知得以更正和上升。Z 会计师事务所通过的这种循环学习的方法,在运用平衡计分卡的过程中循环上升并不断调整。

3. 计量 Z 会计师事务所的企业价值

虽然平衡计分卡使用得好,在 Z 会计师事务所施行管理的过程中会发挥应有的作用,但是在运用平衡计分卡进行绩效评价之前,Z 会计师事务所对自身价值没有一个全面、科学的了解,平衡计分卡也不能发挥应有的作用。对于一家会计师事务所来说,如果更加清楚本企业内部的产品和服务状况,再结合客户的需求,就会成为推进事务所财务管理成功的重要因素。对于平衡计分卡来说,它不但承担着针对 Z 会计师事务所自身任务和战略发展过程分解战略目标,将战略目标逐项划分为符合员工实践目标和承担的责任,最重要的是还能让 Z 会计师事务所处于计分卡的动态平衡中。

4. 随着时期不同及时调整四个维度战略目标

不管是 Z 会计师事务所的实践工作还是 Z 会计师事务所四个维度战略目标的调整,都要不断随着时期而进行相应的调整。在会计师事务所发展的过程中,Z 会计师事务所不断向着更大、更强的方向前进,在发展过程中所面临问题的广度和深度也会逐渐增大,如果不及时调整四个维度的战略目标,就会对 Z 会计师事务所的发展产生消极的作用。因此,会计师事务所应该随着时期的变化而不断调整四个维度战略目标,让绩效评价中所实行的平衡计分卡发挥真正的作用。

## 四、教学安排

（一）案例资料及讨论顺序

案例资料在课前发给学员,让学员阅读并进行小组讨论。

案例讨论的知识储备部分可以由教师提出知识点,建议学员上网或课前阅读相关文献,归纳总结并在课堂上陈述。这部分内容也可以由教师在课堂上进行简要介绍和讲授。

案例讨论主题如见表8所示。

表8 案例讨论主题

| 序号 | 讨论主题 | 案例中的相关线索 | 涉及的相关理论和知识 | 结论/启示/感受 |
|---|---|---|---|---|
| 1 | Z会计师事务所员工绩效评价问题 | | | |
| 2 | 剖析制约Z会计师事务所员工绩效考核的因素 | | | |
| 3 | 平衡计分卡在会计师事务所运用的可行性 | | | |
| 4 | 平衡计分卡在会计师事务所运用的有效性 | | | |
| 5 | 运用平衡计分卡完善会计师事务所绩效考核应注意的问题 | | | |

（二）课时分配

1. 课前自行阅读资料,约2小时。

2. 讨论小组讨论并提交讨论记录,约1小时。

3. 讨论小组推荐代表陈述并进一步讨论,约1小时。

4. 课堂讨论与总结,约0.5小时。

（三）讨论方式

可以采用分小组头脑风暴式讨论,要求各讨论小组推荐代表陈述观点。

（四）课堂讨论与总结

课堂讨论与总结的关键是:归纳发言者的主要观点;重申讨论的重点和亮

点;提请学员进一步思考焦点问题或争论问题;建议学员对案例素材进行拓展研究和深度分析。

## 五、主要参考文献

1. 黄燕.基于平衡计分卡的中小会计师事务所绩效评价问题研究[J].经济研究导刊,2014,3:30—31.

2. 腾讯财经网站,http://stockhtm.finance.qq.com/.

3. 中国注册会计师协会网站,http://www.cicpa.org.cn/.

4. 周昱希.基于平衡计分卡下 Z 会计师事务所的绩效管理研究[D].长沙:湖南大学,2014.

(肖红编写,李晓慧校审)